社会福祉
学習双書
2024

第 6 巻

社会保障

『社会福祉学習双書』編集委員会　編

社会福祉
法　　人　全国社会福祉協議会

※本テキストは、精神保健福祉士養成課程カリキュラムにも対応しています。

刊行にあたって

　現代社会にあって、地域住民が直面する多様な課題や個々人・家族が抱える生活のしづらさを解決するためには、従来の縦割り施策や専門領域に閉じこもった支援では効果的な結果を得にくい。このことは、社会福祉領域だけではなく、関連領域でも共有されてきたところである。平成29（2017）年の社会福祉法改正では、「地域共生社会」の実現を現実的な施策として展開するシステムの礎を構築することとなった。社会福祉に携わる者は支援すべき人びとが直面する課題を「他人事」にせず、また「分野ごと」に分断せず、「複合課題丸ごと」「世帯丸ごと」の課題として把握し、解決していくことが求められている。また、支援利用を躊躇、拒否する人びとへのアプローチも試みていく必要がある。

　第二次世界大戦後、社会福祉分野での支援は混合から分化、そして統合へと展開してきた。年齢や生活課題によって対応を「専門分化」させる時期が長く続くなかで、出現し固着化した縦割り施策では、共通の課題が見逃される傾向が強く、制度の谷間に潜在する課題を生み出すことになった。この流れのなかで、包括的な対応の必要性が認識されるに至っている。令和5（2023）年度からは、こども家庭庁が創設され、子ども・子育て支援を一体的に担うこととなった。加えて、分断隔離から、地域を基盤とした支援の構築も実現されてきている。地域から隔絶された場所に隔離・収容する対応は、在宅福祉の重要性を訴える当事者や関係者の活動のなかで大幅な方向転換を行うことになった。

　措置制度から利用制度への転換は、主体的な選択を可能とする一方で、利用者支援や権利擁護も重要な課題とした。社会資源と地域住民との結び付け、継続的利用に関する支援や苦情解決などが具体的内容である。地域や家族、個人が当事者として参加することを担保しながら、ともに考える関係となるような支援が求められている。利用者を支援に合わせるのではなく、支援を利用者のニーズに適合させることが求められている。

　「働き方改革」は働く者全体の課題である。仲間や他分野で働く人々との協働があってこそ実現できる。共通の「言語」を有し、相互理解を前提とした協

働こそ、利用者やその家族、地域社会への貢献を可能とする。ソーシャルワーカーやその関連職種は、法令遵守（コンプライアンス）の徹底と、提供した支援や選択されなかった支援について、専門職としてどのような判断のもとに当該支援を実施したのか、しなかったのかを説明すること（アカウンタビリティ）も同時に求められるようになってきている。

　本双書は、このような社会的要請と期待に応えるための知識やデータを網羅していると自負している。

　いまだに終息をみせたとはいえない、新型コロナウイルス（COVID-19）禍は引き続き我われの生活に大きな影響を与えている。また、世界各地で自然災害や紛争・戦争が頻発している。これらは個人・家族間の分断を進行させるとともに、新たな支援ニーズも顕在化させてきている。このような時代であるからこそ、代弁者（アドボケーター）として、地域住民や生活課題に直面している人々の「声なき声」を聴き、社会福祉領域のみならず、さまざまな関連領域の施策を俯瞰し、地域住民の絆を強め、特定の家族や個人が地域のなかで課題解決に取り組める体制づくりが必要である。人と諸制度をつなぎ、地域社会をすべての人々にとって暮らしやすい場とすることが社会福祉領域の社会的役割である。関係機関・団体、施設と連携して支援するコーディネーターとなることができる社会福祉士、社会福祉主事をはじめとする社会福祉専門職への期待はさらに大きくなっている。社会福祉領域で働く者も、エッセンシャルワーカーであるという自覚と矜持をもつべきである。

　本双書は各巻とも、令和元（2019）年度改正の社会福祉士養成カリキュラムにも対応し、大幅な改訂を行った。また、学習する人が制度や政策を理解するとともに、多職種との連携・協働を可能とする幅広い知識を獲得し、対人援助や地域支援の実践方法を学ぶことができる内容となっている。特に、学習する人の立場に立って、章ごとに学習のねらいを明らかにするとともに、多くの工夫を行った。

社会福祉制度は、かつてないスピードで変革を遂げてきている。その潮流が利用者視点から点検され、新たな改革がなされていくことは重要である。その基本的視点や、基盤となる情報を本双書は提供できていると考える。本双書を通じて学ばれる方々が、この改革の担い手として、将来的にはリーダーとして、多様な現場で活躍されることを願っている。担い手があってこその制度・政策であり、改革も現場が起点となる。利用者自身やその家族からの信頼を得ることは、社会福祉職が地域社会から信頼されることに直結している。社会福祉人材の育成にかかわる方々にも本双書をお薦めしたい。

　最後に、各巻の担当編集委員や執筆者には、改訂にあたって新しいデータ収集とそれに基づく最新情報について執筆をいただくなど、一方ならぬご尽力をいただいたこともあらためて読者の方々にご紹介し、総括編集委員長としてお礼を申し述べたい。

　令和5年12月

『社会福祉学習双書』総括編集委員長

松　原　康　雄

目　次

第8章　介護保険制度の概要

*本双書においては、テキストとしての性格上、歴史的事実等の表現については当時のまま、また医学的表現等についてはあくまで学術用語として使用しております。
*本文中では、重要語句を太字にしています。

表紙デザイン：株式会社ビー・ツー・ベアーズ

第1章
現代社会における社会保障制度の現状と課題

学習のねらい

　わが国の社会保障制度は長い歴史をもっている。生活保護法が成立してから70年以上、皆保険・皆年金制度が創設されてからも60年以上の年月が経過している。このため、設立当初と現在とでは、制度を取り巻く環境が大きく変化している。本章の第1節では、そうした環境の変化を人口・経済・労働・家族といった4つの側面から確認する。

　そしてさらに、わが国で起きている社会変動のもとで、今日の社会保障制度が取り組むべき課題として、社会的包摂、男女共同参画、仕事と生活の調和などが重要であることを学ぶ。

第1節 社会保障制度を取り巻く環境の変化

　わが国の現在の社会保障制度は、半世紀を超える歴史をもっている。日本国憲法は、生存権を規定した第25条第2項で、国が社会保障の向上及び増進に努めなければならないと定めているが、その日本国憲法が施行されたのは昭和22（1947）年のことであった。また新憲法の制定を受けて、当時の社会保障制度審議会が吉田　茂首相（当時）に、わが国の社会保障制度のあり方について勧告したのは昭和25（1950）年のことである。

　現在の社会保障を構成する制度のいくつかが創設されたのは、日本国憲法や社会保障制度審議会勧告以前のことである。戦前のわが国で健兵健民政策の一環として導入された国民健康保険の施行は昭和13（1938）年にさかのぼり、さらに健康保険の施行は昭和2（1927）年にまでさかのぼる。また、戦時中に戦費調達を目的として制定された労働者年金保険（現在の厚生年金の前身）の施行も、昭和17（1942）年にまでさかのぼる。

　どこに制度の起点を求めるかによって、わが国の社会保障制度が存続してきた期間の長さは異なるが、いずれにせよ、わが国の社会保障制度が、半世紀を超える長きにわたって存続してきたことは間違いない。

　半世紀以上といってはみても、悠久の時の流れの中では歴史上のひとこまでしかない。しかし、現代のように社会変動のスピードの速い時代の中では、単に歴史上のひとこまといって片付けることはできない長さである。特に、20世紀なかば以降の日本社会の変化は、それ以前のどの時代に比べても著しい。

　わが国の社会保障制度は、一定の社会環境を前提としながら創設されたが、それらの多くがこの半世紀以上の間に大きく変化した。このため、今日の社会保障制度は、そうした変化の結果として生じた新しい状況への適応を求められている。この章の前半では、わが国の社会保障を取り巻く環境がどのように変化してきたかという点について、人口・経済・労働・家族といった側面に分けて検討していく。

1 人口の変化

　近代化する以前の伝統社会は、一般に、出生率も高いが死亡率も高い多産多死の社会であった。現在とは異なり、一組の夫婦から多数の子どもが生まれるものの、病気や事故などさまざまな理由によって、生まれてきた子どものうちの相当数が、成人になる前に死亡した。運よく生き延びて大人になることができたとしても、何らかの理由によって不慮の死を遂げる可能性が小さくなかった。

　このため、年齢が上昇するにつれて各年齢の人口は減少し、人口分布を性別年齢別のグラフで表現すると、正三角形や二等辺三角形に近い形を描くこととなり、人口ピラミッドとよばれた。**図1−1**は昭和5（1930）年の日本の人口ピラミッドを示しているが、まさに正三角形に近い形をしていた。

　一般に、社会が近代化されると、工業化や都市化が進み、人々の生活水準は上昇する。明治維新以降のわが国もこの点は例外ではなかった。近代化によって、国民の栄養状態や公衆衛生の状態が改善され、人々は病気にかかりにくくなった（有病率の低下）。また医療技術の進歩によって、ひとたび病気になっても、一命をとりとめるケースが増えた。

　国民の死亡率は次第に減少し、とりわけ乳児死亡率（生後1歳未満の子どもの死亡率）の低下は著しかった。わが国も他の先進諸国と同様に、19世紀後半から20世紀初頭にかけて、多産多死の社会から、多産少死の社会へと人口転換を遂げることになった。この人口転換によって死亡率は低下したが、その後も、高い出生率は維持されたため、わが国の総人

〈図1−1〉1930年の日本の人口ピラミッド

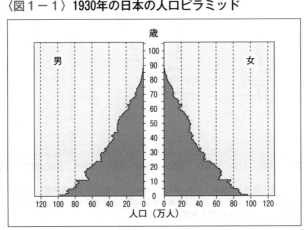

（資料）国立社会保障・人口問題研究所

口は急速に増加した。江戸時代のわが国の総人口は3,100万人程度で安定していたと考えられているが、第1回国勢調査が実施された大正9（1920）年には、5,596万人にまで増加している。

　江戸時代のなかばから明治維新のころまでの約150年間、わが国の人口はほぼ定常状態にあったわけだが、明治維新以後の約半世紀の間に、それが一挙に1.8倍にまでふくれ上がったことになる。

　第二次世界大戦では多数の戦死者が出たが、総人口はさらに増え続け、冒頭で述べた、社会保障制度審議会の勧告が出た昭和25（1950）年には、8,320万人を記録した。**図1－2**は、わが国の総人口の長期的推移を示したものだが、これを見ても、19世紀のなかば以降、とりわけ20世紀に入ってから、わが国の人口が急増していることがわかる。このため、この時期の人口増加は、人口爆発といわれる。

　最初の人口転換があってからしばらくすると、今度はさまざまな理由から、死亡率だけでなく出生率も低下しはじめる。出生率に関する指標としては、人口1,000人当たりの年間出生数で定義される普通出生率よりも、1人の女性が15歳〜49歳までの間に生むと考えられる子どもの数を示す「合計特殊出生率」のほうが、よく用いられる。

〈図1－2〉わが国の総人口の長期的推移

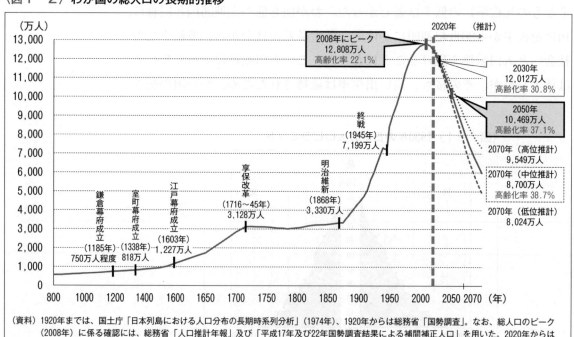

（資料）1920年までは、国土庁「日本列島における人口分布の長期時系列分析」（1974年）、1920年からは総務省「国勢調査」。なお、総人口のピーク（2008年）に係る確認には、総務省「人口推計年報」及び「平成17年及び22年国勢調査結果による補間補正人口」を用いた。2020年からは国立社会保障・人口問題研究所「日本の将来推計人口（令和5年推計）」を基に作成

（出典）国土交通省資料

〈図1－3〉　出生数及び合計特殊出生率の推移

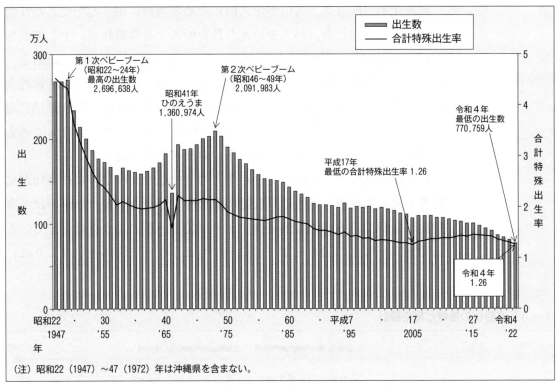

（注）昭和22（1947）～47（1972）年は沖縄県を含まない。

（出典）厚生労働省人口動態・保健社会統計室「人口動態統計」2022年をもとに一部改変

　わが国の場合、20世紀のなかばから、この合計特殊出生率の低下が始まっている（**図1－3**）。昭和22（1947）年に4.54だった合計特殊出生率は、昭和31（1956）年には2.22となり、わずか10年間で半減した。このように、社会保障制度が創設されるとともに、人口構造は多産少死の段階から、少産少死の段階に移行した。

　ところで、死亡率の低下は人々の**平均余命**（ある年齢の人が平均すると今後何年間生き延びられるかということを示した数値）を長くする。日本人の平均寿命（0歳児の平均余命）は昭和25（1950）年に男60歳・女63歳だったが、昭和50（1975）年には男72歳・女77歳、平成12（2000）年には男78歳・女85歳、そして平成22（2010）年には男80歳・女86歳、令和4（2022）年には男81歳・女87歳にまで上昇した。国・地域別で見ると世界第1位ではなくなったが、依然として最高水準に位置している。

　このように平均余命が延びて高齢者の数が増えたことと、すでに述べたような合計特殊出生率の低下によって子どもの数が減ってきたこと、この2つの要因が重なって、わが国は1970年代ごろから急速に人口の高

齢化を経験するようになった（**図１－４**）。

　　高齢化率（65歳以上人口が全人口に占める割合）が７％を超えた社会のことを高齢化社会、14％を超えた社会のことを高齢社会、そして21％（あるいは20％）を超えた社会のことを超高齢社会とよぶ慣習がある。わが国は昭和45（1970）年に高齢化社会、平成６（1994）年に高齢社会、平成17（2005）年に超高齢社会となった。令和５（2023）年９月15日現在では、65歳以上の人口は3,623万人となり、高齢化率も29.1％で過去最高となっている。高齢化率も世界で最高水準を記録している。

　　社会保障制度のうち財政規模が最大の公的年金制度は、現役世代が高齢者を支える仕組みである。公的年金が導入された当初、わが国は、高齢化率も低く、当時の人口ピラミッドは**図１－５**のような形をしていた（1950年）。前述の**図１－１**（1930年）のような正三角形というよりは、

〈図１－４〉高齢化の推移と将来推計

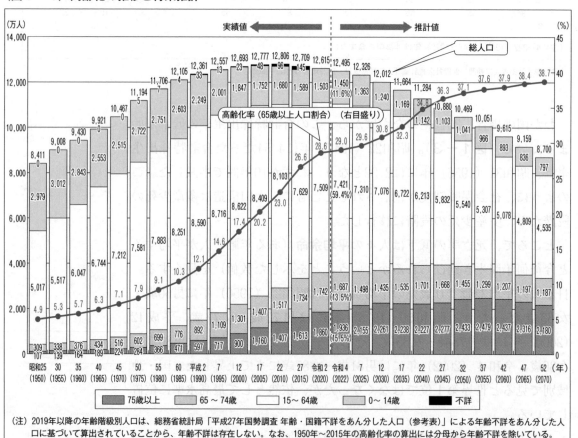

（注）2019年以降の年齢階級別人口は、総務省統計局「平成27年国勢調査 年齢・国籍不詳をあん分した人口（参考表）」による年齢不詳をあん分した人口に基づいて算出されていることから、年齢不詳は存在しない。なお、1950年～2015年の高齢化率の算出には分母から年齢不詳を除いている。

（資料）2020年までは総務省「国勢調査」（2015年及び2020年は不詳補完値による）、2021年は総務省「人口推計」（令和３年10月１日確定値）、2025年以降は国立社会保障・人口問題研究所「日本の将来推計人口（平成29年推計）」の出生中位・死亡中位仮定による推計結果。
（出典）内閣府『令和５年版 高齢社会白書』2023年、４頁をもとに一部改変

〈図１－５〉 1950年の日本の人口ピラミッド

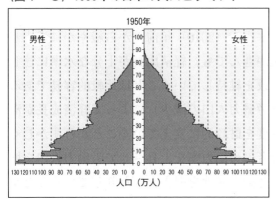

〈図１－６〉 2020年の日本の人口ピラミッド

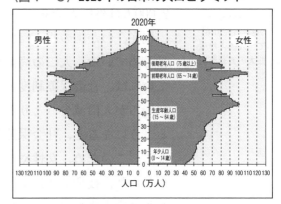

〈図１－７〉 2045年の日本の人口ピラミッド

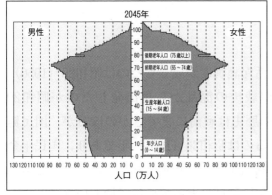

〈図１－８〉 2070年の日本の人口ピラミッド

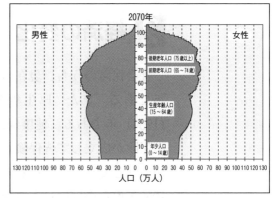

(出典) 1950年：国勢調査（図１－５）、2020年以降：国立社会保障・人口問題研究所「日本の将来推計人口（令和５年推計）」

底辺が長い二等辺三角形である。このため、高齢者に年金を給付することは、社会全体として見れば、さほど困難なことではなかった。ところが高齢化の進展によって、令和２（2020）年の人口ピラミッドは**図１－6**のような「釣り鐘型」になっている。さらに令和27（2045）年には、**図１－7**のような子どもよりも高齢者のほうが多い形になり、令和52（2070）年には**図１－8**のような、「壺型」の形になることが予想されている。このような人口ピラミッドの変化を見据えて、持続可能な公的年金制度を維持するためには財政均衡を図るための取り組みが必要となる。

　社会保障との関係で問題となる人口に関するもう一つの重要な変化は人口減少である[*1]（**図１－2**）。わが国の合計特殊出生率は20世紀のなかばごろから低下しはじめたが、しばらくの間は**人口置換水準**（人口を長期的に維持できる水準）を超えていたため、総人口はその後も増え続けた。昭和45（1970）年には１億人を超え、平成17（2005）年の国勢調査では１億2,777万人で、その後ほぼ横ばい状態であった。平成27（2015）

＊1
総務省の人口推計（令和４〔2022〕年５月〔確定値〕）では１億2,507万人で、前年同月に比べて67万人減少している。

＊2
政府は「経済財政運営
と改革の基本方針2018」
において、外国人材受
け入れ拡大の方針を打
ち出した。

年の国勢調査では1億2,709万5,000人となっているが、そのうち175万
2,000人は外国人である。[*2]

　現在、わが国の総人口は、平成22（2010）年前後から緩やかに減少し
はじめている。人口の高齢化が進んでも、経済成長が十分な水準に達し
ていれば、社会保障制度の財政を維持していくことは比較的容易である。
ところが人口減少（とりわけ労働力人口の減少）によって経済成長が滞
るようになると、社会保障制度を財政的に支えていくことがむずかしく
なる。このため、女性や高齢者の労働力率を上昇させて労働力人口を増
やしたり、技術革新によって労働生産性を引き上げたりしていくことが
今後ますます必要となってくる。

2 経済の変化

　社会保障のうち、現在の生活保護制度が成立したのは昭和25（1950）
年である。また、厚生年金が戦後の混乱から再出発したのが昭和29
（1954）年である。健康保険の歴史は戦前にまでさかのぼるが、国民健
康保険が成立して皆保険となるのは昭和36（1961）年であり、国民年金
が成立して皆年金となるのも昭和36（1961）年である。いずれにせよ、
1950年代なかばは日本の社会保障制度にとっての創設期ということにな
る。

　そのころの経済環境はどうだっただろうか。日本経済は第二次世界大
戦によって大打撃を受け、東京をはじめとする都市は一面焼け野原とな
って壊滅状態にあった。社会保障制度が本格化しようとするとき、日本
経済はどん底にあったのであり、決して社会保障にとっての経済環境が
順風満帆だったわけではなかった。むしろ経済的逆境の中で国民の生活
を守っていくために、社会保障制度が創設されたともいえる。

　とはいえ、経済の壊滅はいつまでも続いたわけではなかった。戦前に
存在していた技術を用い、各種の人的・物的資源を動員しながら徐々に
日本経済は回復した。昭和31（1956）年に、旧経済企画庁の『経済白
書』は「もはや戦後ではない」と宣言した。昭和30（1955）年の実質国
民総生産が戦前の水準に戻ったからである。

　そして昭和48（1973）年に石油ショックが起きるまで、日本は高度経
済成長を続けた。後述するような日本的経営（年功序列賃金・長期雇
用・企業別組合）も、このころ成立して大企業の高度成長を支えた。こ
の間に年平均約10％の経済成長が続き、国民総生産（GNP）は4倍以

上に拡大した。昭和43（1968）年にはドイツを抜いて、世界第2位の経済大国となった。[*3]「21世紀は日本の世紀」と賞賛する未来学者もいた。

　人口は若く、経済も高成長であったため、この時期の社会保障制度については持続可能性が問題となることはなかった。社会保障費用の伸びは国民所得（NI）の伸びの範囲に収まっていた。

　ところが、**福祉元年**[*4]と、石油ショックによって高度経済成長が突然終止符を打つことになった年が、同じく昭和48（1973）年に重なった。しかし、ただちに社会保障と財政の関係が取り沙汰されることはなく、当面は「福祉優先」の政策が取られた。しかし高齢化に人々が気付き、また低成長が続く中で、福祉を聖域化することがむずかしくなった。

　昭和56（1981）年には「増税なき財政再建」を掲げる行財政改革が始まり、社会保障と経済との関係が人々の間で取り沙汰されるようになった。当時の行財政改革は国有企業の民営化などが中心で、社会保障に累が及ぶことは少なかったが、それでも福祉は聖域化されることなく社会保障の効率化が求められるようになった。とはいえ、高齢化が一般市民にとっても身近な問題となってきたこともあり、また、1980年代後半は国内経済が好況だったこともあり、[*5]高齢者福祉に関しては資源投入の拡充が始まった。[*6]

　1980年代後半の好況はバブル景気とよばれたが、1990年代初頭にバブル景気はあっけなく終わった。その後、2000年代初頭まで日本経済は低迷を続けた。平成不況や複合不況などとよばれることになる。とはいえ、高度経済成長時代とは異なり、人口の高齢化が着実に進んでいたから年金をはじめとして社会保障費用は着実に上昇した。

　1980年代までの日本経済が比較的順調に推移してきたにもかかわらず、1990年代初頭のバブル経済の崩壊以降、大型金融機関の破綻が相次いだこともあり、日本経済は低迷を続けた。このため、この時期は日本経済の「失われた10年」とよばれるようになった。その後、ITバブルによる好況もあったが、平成20（2008）年のリーマンショックによって、日本経済は再び停滞に陥った。このため平成2（1990）年から平成22（2010）年をあわせて「失われた20年」といわれることもある。

　こうした経済状況の中、人口高齢化に伴って、一方で平成12（2000）年に介護保険制度がスタートするが、他方で、社会保障費の増加も問題視されるようになり、「聖域なき構造改革」（小泉構造改革）において、社会保障費の自然増を抑制する政策が打ち出された。とはいえ、ジニ係数で見ると、日本社会の所得の不平等は拡大し、格差社会となった（**図**

第1章

[*3]
世界第1位はアメリカである。なお、平成23（2011）年には中国が日本を抜き、世界第2位の経済大国となった。さらに令和5（2023）年にはドイツに抜かれると予測されている。

[*4]
昭和48（1973）年。年金の物価スライド制の導入、老人医療費の無料化、医療保険の給付率の引き上げなどが行われた年。

[*5]
昭和60（1985）年にG5（日・米・英・独・仏）首脳がニューヨークのプラザホテルに集まり、ドル高是正のため各国が協調行動をとることに合意した（プラザ合意）。その結果、日本は円高不況となったが、その後、日銀が低金利政策をとるとともに、企業が円高メリットを享受し始めたため国内景気は回復した。低金利による過度の貸し出しが行われたため、不動産や株式などの価格が高騰しバブル経済が発生することとなった。

[*6]
その後、1990年代の高齢者保健福祉推進十か年戦略（ゴールドプラン）を経て、介護保険制度の創設へとつながった。

〈図1－9〉OECD主要国のジニ係数の推移

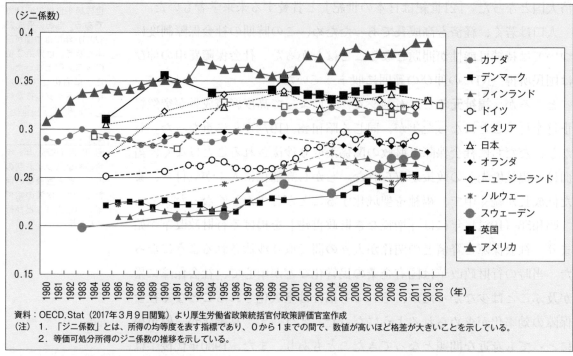

資料：OECD.Stat（2017年3月9日閲覧）より厚生労働省政策統括官付政策評価官室作成
（注）1．「ジニ係数」とは、所得の均等度を表す指標であり、0から1までの間で、数値が高いほど格差が大きいことを示している。
　　　2．等価可処分所得のジニ係数の推移を示している。

（出典）厚生労働省『平成29年版　厚生労働白書』2017年、28頁

1－9参照）。また貧困も増え、とりわけ子どもの貧困に世間の注目が集まるようになった。リーマンショックのときには年越し派遣村ができ、職を失った労働者が集まった。

　このため社会保障についても、持続可能性とともに機能強化が求められるようになった。そして、平成25（2013）年に社会保障と税の一体改革が始まった。

　平成25（2013）年に第二次安倍政権が誕生し、日本銀行と協力しながら、アベノミクス（金融緩和・財政出動・成長戦略）とよばれる経済政策を打ち出した。「異次元の金融緩和」とよばれる大幅な金融緩和を行い、景気を刺激した。その結果、企業の業績は向上し、政権発足前には1万円を下回っていた日経平均株価が2万円以上にまで上昇した。また、GDP（名目）も492兆円（平成24〔2012〕年〔10～12月期〕）から554兆円（令和4〔2022〕年〔7～9月期〕）と増えた。しかし令和4（2022）年に入り、物価上昇が始まり、同年12月、日銀は事実上の金利引き上げに踏み切り、金融緩和政策は転期を迎えた。

　社会保障制度との関係でいえば、民主党政権時代に子ども手当が導入され社会保障の家族関連給付が増加した。その後、第二次安倍内閣で名

BOOK 学びの参考図書

●阿部　彩『子どもの貧困』岩波書店、2008年。
　日本で「子どもの貧困」が社会問題として認識されるきっかけとなった著作の一つ。貧困の連鎖について指摘するとともに、再分配政策によって子どもの貧困率が逆転することもあり得るといった衝撃的な事実を明かしている。

称は児童手当に戻したものの、支給額を自公政権時代に戻すことはなかった。さらに、女性活躍との関連で保育所の待機児童数の多さが社会問題化した。これらをふまえて政府は全世代型社会保障を追求するようになった。

　ただし、有効求人倍率も増えたとはいえ、後述のように、雇用の増加の多くは非正規雇用の増加によって説明される。企業の内部留保は増えたものの、実質賃金及び実質世帯消費支出は減少している。また、ウクライナ紛争をきっかけとした世界インフレのなか、今後の日本経済は予断を許さない。

3 労働の変化

　20世紀後半のわが国の社会保障給付費の国民所得に対する割合は、西ヨーロッパの福祉国家の先発国に比べると、低い水準を維持していた。それが可能だったのは、一つには、同じ時期のわが国の高齢化率が西欧諸国に比べて低かったからである。しかし他方で、わが国の場合、人々の生活保障に対して、企業や家族の果たす役割が西欧諸国に比べて大きかったという事情もある。そこで次に、労働や家族をめぐる状況がこの半世紀以上の間にどのように変化してきたかについて見ておこう。

　労働をめぐる特徴の一つは、わが国の場合、ほかの諸国に比べて失業率が低く、1994年までの長い間、完全雇用（失業率が３％未満の場合には完全雇用とみなすことができる）に近い状態が続いた、ということである。つまり、働こうと思えば、働く場がある程度確保されていた。

　西欧諸国でも、世界的な好況が続いた1970年代の初頭までは失業率は低かった。その意味ではわが国と共通であった。ところが、1970年代のなかば以降、西欧諸国では経済停滞と物価上昇が同時に進行する中で、失業率が上昇して高失業が慢性化した。21世紀になってからもフランスやイタリアでは高失業が続いている。また令和２（2020）年には新型コロナウイルス感染症の拡大がこれに追いうちをかけた（**図１－10①②**）。

　わが国がこれらの西欧諸国と異なるのは、1990年代のなかばに至るまで、完全雇用の状態が続いたという点である。このため、わが国の社会保障制度は、西欧諸国とは異なって、失業関係の給付を低く抑えることができ、また雇用が確保されている分、公的扶助のための給付も少なくて済んだ。

　労働をめぐるもう一つの特徴は、**日本的経営**とよばれる仕組みが、比

〈図1−10〉調整失業率の推移（日本と主要国）

①ILO定義失業率

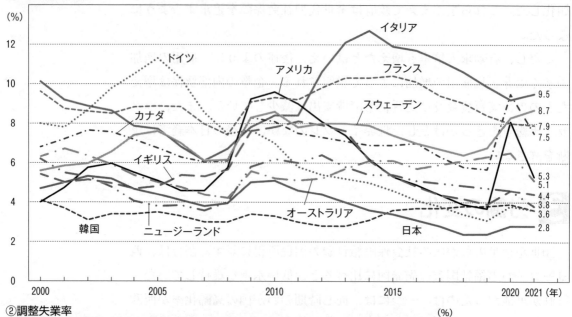

②調整失業率 (%)

	2005	2010	2015	2016	2017	2018	2019	2020	2021
日本	4.4	5.1	3.4	3.1	2.8	2.4	2.4	2.8	2.8
アメリカ	5.1	9.6	5.3	4.9	4.4	3.9	3.7	8.1	5.3
カナダ	6.8	8.1	6.9	7.0	6.3	5.8	5.7	9.5	7.5
イギリス	4.9	7.6	5.3	4.9	4.4	4.2	3.9	4.6	4.4
ドイツ	11.2	7.0	4.6	4.1	3.8	3.4	3.1	3.8	3.6
フランス	8.5	8.9	10.3	10.1	9.4	9.0	8.4	8.0	7.9
イタリア	7.7	8.4	11.9	11.7	11.2	10.6	9.9	9.2	9.5
スウェーデン	7.5	8.6	7.4	7.0	6.7	6.4	6.8	8.3	8.7
韓国	3.5	3.3	3.5	3.6	3.6	3.8	3.8	3.9	3.6
オーストラリア	5.0	5.2	6.0	5.7	5.6	5.3	5.2	6.5	5.1
ニュージーランド	3.8	6.6	5.4	5.2	4.7	4.3	4.1	4.6	3.8

（出典）労働政策研究・研修機構『データブック国際労働比較2023』2023年、151、153頁をもとに一部改変

　較的長く続いたということである。日本的経営は、長期雇用（「終身雇用」といわれたこともある）、年功序列賃金、企業別組合などによって特徴付けられる。企業は労働者が定年まで働くことを前提に、退職金や社宅などの企業内福利を提供した。労働者も、その見返りに企業へ忠誠を尽くした。年功序列賃金のため、若いときの賃金は低く抑えられていたが、勤続年数が増すにつれ賃金が上昇したため、労働者は住宅ローンや子どもの教育費の負担の増加に対応することができた。また定年後の生活は退職金をあてにすることができた。

　この仕組みのもとで、労働者はプライバシーや個人的自由を制約されたが、その制約を甘受すれば、生活保障を手に入れることができた。こ

うした企業保障の大きさが、（西欧諸国に比べた）社会保障の小ささを埋め合わせていたのである。[*7]

　しかし、こうした古きよき時代は終わりを告げた。第一に、かつてのような完全雇用は崩壊した。バブル経済が崩壊して以降の日本経済は、「失われた10年」「失われた15年」さらには「失われた20年」「失われた30年」などとよばれることがあるが、この経済的停滞のなかで、失業率が上昇しはじめた（**図1−10**）。平成7（1995）年以降は失業率が3％を超えた。21世紀に入ってからも、平成29（2017）年まで完全雇用とはよべない状況が続いた。

　2010年代に入ってから、失業率はわずかずつ改善されてきており、平成29（2017）年以降は3％未満が続いている。しかし、その裏で後述のような非正規雇用の増加にも注意しなければならない。ほかの国に比べると失業率は相対的に低い水準にあるが、雇用の安定を前提に社会保障制度を設計することが、西欧諸国と同様、わが国でも困難となりつつある。

　第二に、非正規雇用の割合が増加しつつあり、日本的経営の前提だった長期雇用の慣行は崩れた。**図1−11**は、雇用者（農林漁業を除く）に占める非正規雇用者の比率の推移を示したグラフである。男性の場合、平成2（1990）年に8.8％だった非正規雇用者の割合が、令和3年（2021）年には21.8％にまで増えており、13ポイントの増加である。女性は、男性に比べてもともと非正規雇用者の比率が高かったが、女性労働者の53.6％が非正規職となっている。

　年齢別で見ると、男性の場合、30代後半から50代前半までの層の割合も増加しているが、若年層や高年齢層に比べれば、ある程度、雇用の安定が守られている。これに対して、65歳以上の年齢層と15〜24歳の年齢層における非正規化の進展の度合いが大きい。前者は主として定年退職後の層であり、旧来型の生活保障システムのもとでも非正規の割合が大きかった。それに対して、後者の増加は、今後ますます旧来型の生活保障が成り立ちにくくなっていくことを示唆している。

　女性の場合は、結婚や出産による退職が多かったため、24歳以下の非正規割合は他の年齢層に比べると低かったが、全年齢層でみると近年は5割を超え、全体として見れば、やはり非正規化が進んでいる。

　日本的経営による企業保障の仕組みは、正規雇用者に対するものであって、非正規雇用者はその恩恵にあずかることができない。1990年代初頭までのように、雇用者の多数が正規職であったときは、社会全体の中

＊7

もっとも、わが国の場合には、社会保障給付費の拡張期が経済の低成長期と重なったために、西欧諸国の水準にまで引き上げることができず、このため家族や企業が社会保障に大きな役割を果たさざるを得なかった、という点にも注意する必要がある。

第1章

〈図1－11〉年齢階級別非正規雇用労働者の割合の推移

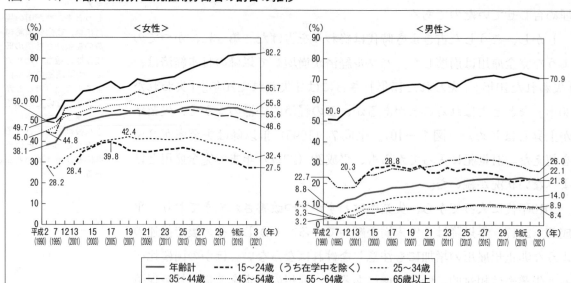

（備考）1. 平成13年までは総務庁「労働力調査特別調査」（各年2月）より、平成14年以降は総務省「労働力調査（詳細集計）」（年平均）より作成。「労働力調査特別調査」と「労働力調査（詳細集計）」とでは、調査方法、調査月等が相違することから、時系列比較には注意を要する。
　　　　2. 「非正規の職員・従業員」は、平成20年までは「パート・アルバイト」、「労働者派遣事業所の派遣社員」、「契約社員・嘱託」及び「その他」の合計、平成21年以降は、新たにこの項目を設けて集計した値。
　　　　3. 非正規雇用労働者の割合は、「非正規の職員・従業員」／（「正規の職員・従業員」＋「非正規の職員・従業員」）×100。
　　　　4. 平成23年値は、岩手県、宮城県及び福島県について総務省が補完的に推計した値。

（出典）内閣府『男女共同参画白書 令和3年版』を一部改変

で企業保障が大きな役割を果たすことができた。しかし以上のような働き方の変化によって、それがむずかしくなってきており、社会保障制度に対する期待が今まで以上に高まっている。

4 家族の変化

　わが国の社会保障制度が創設されたころは、「夫が外で働き、妻は家庭を守る」という考え方が強く（もっとも農家の場合は、妻も農作業に従事することが多かったから、これは雇用者世帯に固有の考え方である）、実際に、そのような働き方をする家庭が多かった。このため社会保障制度も、片働き世帯の生活を前提にして制度が設計された。
　被用者の健康保険では、妻や子どもなどの扶養家族が病気になったときは、夫が加入する健康保険から家族療養費が支給される。基礎年金が導入される時期までの厚生年金は、報酬比例部分だけでなく定額部分も含めて、拠出や給付の仕組みが世帯単位となっていた。老後の年金は、夫の年金によって夫婦の生活をまかなうことが前提となっており、夫が

死亡した場合には、妻に対して遺族年金が支給されたが、高齢で離婚すると、妻は老後に無年金者になる可能性もあった。

このため、基礎年金の導入によって、定額部分は個人単位になった。しかし、報酬比例部分を引き継いだ新しい厚生年金は、世帯単位のまま残った。[*8]そこでは夫に扶養されている妻は、第3号被保険者として保険料を免除されることになったため被保険者の間での不公平感を生んだ。

一般に、「夫が外で働き、妻が家庭を守る」といった家族のあり方は、男性稼ぎ主モデルともよばれる。西欧諸国の社会保障制度も、当初はこのモデルを前提にしながら制度設計されていた。例えば、有名なベヴァリッジ報告も、女性は妻として夫に扶養されることを自明視していた。[*9]わが国の社会保障制度も西欧諸国と同様に、男性稼ぎ主モデルに立脚して制度設計をしてきたわけであるが、半世紀以上の歴史の中で、このモデルに当てはまる家族は、意識の上でも実態の上でも減少してきたことに注意しなければならない。

内閣府は、「夫は外で働き、妻は家庭を守るべきである」という男女の固定的な性別役割分担への賛否を問う世論調査を、昭和54（1979）年以来行ってきた。なお、日本の社会保障給付費の拡張は、いわゆる「福祉元年」（昭和48〔1973〕年）によって始まったが、その直後の昭和54（1979）年の調査では、72.5％もの人々がこの考え方に賛成で、反対は20.4％にすぎなかった。社会保障制度の創設期にはもっと開きがあったであろう。

ところが、その後、この考え方に賛成する者の割合は次第に減少し、反対する者の割合が増加した（**図1－12**）。その結果、平成14（2002）年には、賛否それぞれ47％と同数となり、平成16（2004）年には、ついに賛成が45.2％、反対が48.9％と両者が逆転した。平成21（2009）年には反対が55.1％に達した。ただし平成24（2012）年の調査では、再び賛成が過半数となり、賛否が再逆転した。しかし現在は、固定的な性別役割分担への反対が賛成を大きく上回っている（令和元〔2019〕年調査。賛成35.0％、反対59.8％）。

このような考え方の変化に対応して、男性稼ぎ主モデルに当てはまる世帯の数は減少し、反対に、共働き世帯の数が増加した。昭和55（1980）年当時には、夫婦ともに雇用者の共働き世帯は、全国で614万世帯であったのに対し、男性雇用者と無業の妻から成る世帯は1,114万世帯に上っていた。その後、前者が増加したのに対して後者は減少し、平成4（1992）年に両者は逆転した。令和3（2021）年には、共働き世帯

*8
ただし平成16（2004）年の法改正によって平成19（2007）年4月から、厚生年金に関して離婚時の年金分割の制度が導入された。離婚した場合は、厚生年金も個人単位で受給することができるようになった。

*9
本書第2章第1節2（2）、及び本双書第1巻第3部第2章第1節6参照。

〈図1−12〉「夫は外で働き、妻は家庭を守るべきである」という考え方について

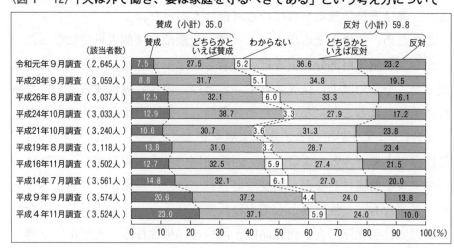

（出典）内閣府「男女共同参画社会に関する世論調査」（平成26〔2014〕年は「女性の活躍推進に関する世論調査」）

が1,177万世帯まで増えたのに対して、片働き世帯は458万世帯にまで減った（**図1−13**）。

　このように、意識・実態の双方の面で、男性稼ぎ主モデルが崩れつつあり、社会保障制度もこうした変化に対応することが求められている。

　社会保障制度との関係で重要な家族の変化のうちで、もう一つの重要なものは、老親扶養に関する意識と実態の変化である。公的年金制度が確立される以前の社会では、当然のことながら、老親の扶養は子どもの責任と考える人が多かった。

　自らの老後を子どもに「頼るつもり」があるか否かを中高年者に尋ねた世論調査の結果によると、昭和25（1950）年当時は、過半数の人々が「老後は子どもに頼る」と回答していた（**図1−14**）。

　ところが、国民皆年金が成立した直後の昭和38（1963）年以降は、老後は子どもに「頼らないつもり」と回答した人の割合が、「頼るつもり」と回答した人の割合を上回っており、その差は次第に開いてきた。現在では、老後を子どもに頼ろうと考える人は少数派である。

　このような意識の変化が生じた背景には、公的年金制度の発達といった事実が存在する。内閣府では昭和55（1980）年から5年ごとに「高齢者の生活と意識に関する国際比較調査」を行っていて、そこでは、毎回60歳以上の男女に「生活の主な収入源」について尋ねている（**図1−15**）。昭和55（1980）年当時、公的年金で生活費をまかなっている高齢者は34.9％だったが、令和2（2020）年には67.4％になっている。反対に、子どもからの援助が主な収入源だった高齢者は15.6％から1.0％に

〈図1－13〉　共働き等世帯数の推移

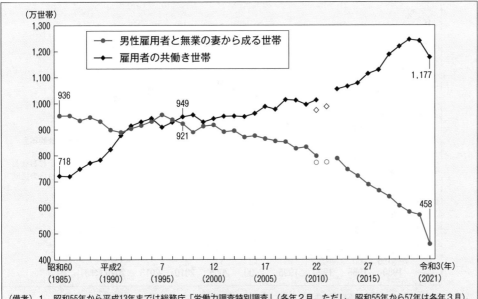

（備考）　1．昭和55年から平成13年までは総務庁「労働力調査特別調査」（各年2月。ただし、昭和55年から57年は各年3月）、平成14年以降は総務省「労働力調査（詳細集計）」より作成。「労働力調査特別調査」と「労働力調査（詳細集計）」とでは、調査方法、調査月等が相違することから、時系列比較には注意を要する。

　　　　　2．「男性雇用者と無業の妻から成る世帯」とは、平成29年までは、夫が非農林業雇用者で、妻が非就業者（非労働力人口及び完全失業者）の世帯。平成30年以降は、就業状態の分類区分の変更に伴い、夫が非農林業雇用者で、妻が非就業者（非労働力人口及び失業者）の世帯。

　　　　　3．「雇用者の共働き世帯」とは、夫婦共に非農林業雇用者（非正規の職員・従業員を含む）の世帯。

　　　　　4．平成22年及び23年の値（白抜き表示）は、岩手県、宮城県及び福島県を除く全国の結果。

（出典）内閣府『令和4年版 男女共同参画白書』2022年、18頁

〈図1－14〉　扶養意識の変化

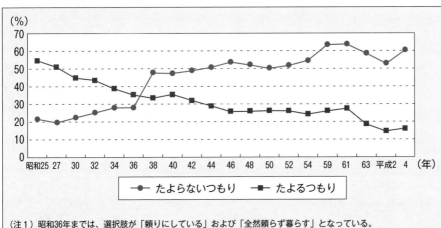

（注1）昭和36年までは、選択肢が「頼りにしている」および「全然頼らず暮らす」となっている。

（注2）昭和59年、61年は、「たよらないつもり」に「できればたよらないつもり」を、「たよるつもり」に「できればたよるつもり」を含む。

（注3）昭和25年～38年は「妻の年齢50歳未満の夫婦」、昭和40年～63年は「夫のある50歳未満の女性」、平成2年は「50歳未満の女性（未婚を含む）」、平成4年は「妻の年齢16歳以上50歳未満の夫婦」を調査対象としている。

（資料）毎日新聞社人口問題調査会「家族計画世論調査」

（出典）厚生労働省『平成18年版 厚生労働白書』2006年

〈図1−15〉高齢者の生活の主な収入源の変化

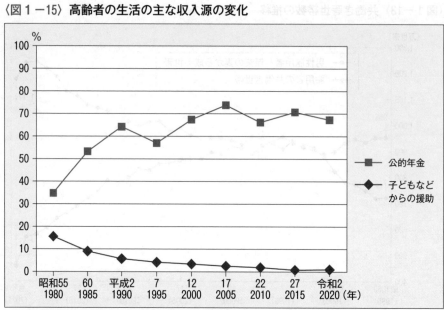

（出典）内閣府「第9回高齢者の生活と意識に関する国際比較調査」2020年をもとに筆者作成

まで減っている。

　このように、現在は、公的年金制度抜きには高齢者の生活は考えられ
ない。

第2節　社会保障制度の課題

　前節で見てきたように、現代のわが国の社会保障制度は、国民の生活を支える上で重要な役割を果たしている。しかし、この制度の発足時と現在とでは、制度を取り巻く環境が大きく変化している。このため、この半世紀の間に生じた社会変動にうまく適応させながら、現在の社会保障制度を維持・発展させていくことが今日の最重要課題となっている。この章の残りの部分では、わが国の社会保障制度が抱える課題について簡単にふれるが、その前に、現在のわが国の社会保障費の動向について確認しておこう。

1　社会保障費の動向

　令和5（2023）年8月に国立社会保障・人口問題研究所から発表された「令和元年度社会保障費用統計」によれば、令和元（2019）年度の**社会保障給付費**（ILO基準）は138兆7,433億円であり、その対国内総生産比は25.20％である。これを乳幼児から高齢者までを含むわが国の人口1人当たりに換算すると、110万5,500円である。平均で1人当たり月9万2,125円の給付を社会保障制度から受け取っていることになる。

　わが国では、昭和26（1951）年度から、ILO（国際労働機関）の定義に基づいた社会保障給付費のデータを収集してきた。社会保障給付費は、物価上昇や経済規模を考慮に入れるため、国民所得に対する割合でその大きさを測ることができる。**図1−16**は、昭和26（1951）年度から令和3（2021）年度までの社会保障給付費の対国民所得比の伸びを示したグラフである。これによると、わが国の社会保障給付費の伸びが、5つの時期を経てきたことがわかる。

　第一の時期は、制度発足から昭和48（1973）年くらいまでの時期で、この時期は経済の高度成長があったため、社会保障給付費も伸びたが、伸び率は成長率の範囲に抑えられており、給付費の対国民所得比はそれほど増えていない。

　これに対して、「福祉元年」といわれる昭和48（1973）年以降が第二の時期にあたる。この時期は、給付が改善されたこと、成長率が低下したこと、人口が高齢化したことなどの理由から社会保障費の対国民所得比は急増した。

〈図1－16〉日本の社会保障給付費の対国民所得比の推移（％）

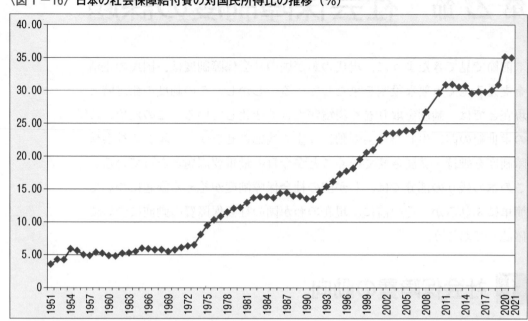

（出典）国立社会保障人口問題研究所「令和3年度 社会保障費用統計」

　　第三の時期は、1980年代である。この時期は、人口の高齢化が進展したものの、「増税なき財政再建」という国の政策のため、社会保障費の伸びは抑制された。

　　これに対して、第四の時期である1990年代は、経済成長の鈍化、高齢化の進展、高齢者介護への関心の高まりなどのため、再び給付費の対国民所得比が急増した。

　　第五の時期は21世紀に入ってからであり、この時期は、社会保障費に対する抑制も功を奏して、伸び率が鈍化していた。ただし、平成20（2008）年以降、国民所得が減少したこともあって、この比率は増加に転じ、平成24（2012）年は30.46％となった。その後、30％前後が続き、令和2（2020）年には35.22％を記録した。

　　以上は、社会保障給付費を全体として見た場合の特徴であるが、社会保障給付にはさまざまな種類があり、社会保障給付費を「年金」「医療」「福祉その他」に分類することを「部門別分類」という。令和3（2021）年度のわが国の社会保障給付費を部門別に見ると、「年金」が40.2％、「医療」が34.2％、「福祉その他」が25.6％となっている。「年金」に対する支出の割合が大きく、「福祉その他」への支出の割合が小さいのが特徴である。

　　また、社会保障給付がどのような機能を果たしているか、といった観

点からの社会保障制度の分類を「機能別分類」といい、通常、「高齢」「遺族」「障害」「労働災害」「保健医療」「家族」「失業」「住宅」「生活保護その他」といった9つが分類項目として設定される。これらのうちで最大の項目は「高齢」で、42.3％を占める。2位は「保健医療」の33.1％で、上位2つで約75％になる。これに対して、他の項目は少なく、とりわけ「住宅」は約0.5％で、ほとんどないに等しい。

　ちなみに、西欧諸国では、「高齢」の割合はわが国ほど大きくなく、反対に「家族」や「障害」の割合が大きく、「住宅」のための社会保障もそれなりの割合を示している。

2 社会保障制度の課題

　社会保障制度は、負担と給付のバランスの上に成り立っている。給付を増やそうと思えば負担も増やす必要があるし、反対に、負担を少なく抑えようとすれば、給付の規模も必然的に小さくならざるを得ない。したがって、これからの日本の社会保障制度のあり方を考えていく上では、どれくらいの給付が求められていて、どれくらいの負担なら可能かということについて、国民的な合意を形成することが出発点となる。

　これまでのわが国では、社会保障負担と租税負担の合計を国民所得で割った国民負担率を抑制することに、経済政策や社会政策の主眼が置かれてきた。しかし、他の先進諸国に比べると、わが国は高齢化率が高いにもかかわらず、国民負担率の水準は低くなっている。例えば、フランスが69.9％（2020年）、スウェーデンが54.5％（2020年）となっているのに対して、わが国は46.8％（令和5〔2023〕年度）である。社会保障給付費の水準をこれらの西欧諸国並みに引き上げるためには、国民負担率の水準もこの程度に引き上げる必要がある。

　また、世論調査などの結果から、「高福祉・高負担」を支持する意見が人々の間で意外と多いということもわかっている。しかし他方で、国民負担率の増大が経済の活力をそぐとの意見もある。いずれにせよ、この点に関する合意形成が行われないと、先へ進むことができない。そうしたなか、平成24（2012）年に社会保障・税一体改革関連法（社会保障制度改革推進法）が成立し、社会保障の安定財源を確保するため消費税率を平成26（2014）年に8％、平成27（2015）年に10％に引き上げることが決定した。ただし10％への引き上げ時期は2回延期され、令和元（2019）年10月に実施された。

　社会保障制度の課題は、財政的なものだけに限られるわけではない。社会保障給付費の総計が同じでも、それがどのような使われ方をするかによって、社会保障制度の果たす役割は大きく変わってくるため、量的課題に加えて、質的課題が重要である。

　最後に、わが国の社会保障制度の質的な課題として、次の3点を指摘したい。

　第一は、社会的包摂（ソーシャルインクルージョン）である。今日、EU諸国で、この社会的包摂が社会保障の理念となっている。単に貧困や困窮に対して事後的に救済するというのではなくて、貧困や困窮の原因となる社会的排除を是正するために積極的な措置を講じていこう、という考え方である。日本学術会議も、平成26（2014）年9月、この点についての提言（「いまこそ『包摂する社会』の基盤づくりを」）をあらためて行った。

　わが国の場合も、本章第1節で見たように、労働や家族のあり方が大きく変化してくる中で、従来の生活保障の仕組みから排除される人々が出はじめている。国民皆保険・皆年金の建前は存在するが、雇用の非正規化や家族の流動化によって生活困窮者が存在する。性別・年齢・雇用形態・家族形態などの違いによって社会保障制度における差別が生まれることは、避けなければならない。社会保障制度への包摂は、一般的な社会的包摂のために不可欠な第一歩である。

　第二は、男女共同参画である。男性稼ぎ主モデルに合致する家族形態が減少しつつあることはすでに述べた。政府の方針でも、社会保障制度を個人単位に改めていくことが確認されている。例えば、平成7（1995）年に出された社会保障制度審議会の勧告（「社会保障体制の再構築」）では、社会保障制度の中にある男女の伝統的な役割分担を見直すよう求めているし、平成13（2001）年に発表された小泉内閣の「骨太の方針2001」（経済財政運営及び経済社会の構造改革に関する基本方針）の中でも「世帯単位が中心となっている現行制度を個人単位の制度とする方向で検討を進め、女性の就業が不利にならない制度とする」と宣言されている。

　平成11（1999）年に公布、施行された男女共同参画社会基本法では、「男女共同参画社会」を「男女が、社会の対等な構成員として、自らの意思によって社会のあらゆる分野における活動に参画する機会が確保され、もって男女が均等に政治的、経済的、社会的及び文化的利益を享受することができ、かつ、共に責任を担うべき社会」（第2条）と定義し

ているが、年金、医療、福祉サービスなどの社会保障制度においても、このことが追求されなければならない。また、平成27（2015）年に「女性活躍推進法」が成立し、同年から毎年、「女性活躍加速のための重点方針」が策定されている。

　第三は、仕事と生活の調和（ワーク・ライフ・バランス）である。労働や家族のあり方が大きく変化したため、現在の日本社会では、仕事と生活の調和が失われている。雇用の非正規化によって働き方の二極化が進み、非正規労働者の中には、経済的に自立できない層やワーキングプアとよばれる層が形成された。他方、正規社員も、長時間労働に苦しみ、家庭生活が犠牲にされるケースが少なくない（過労死に至るケースもある）。女性の雇用率は高まっているものの、そのための社会的支援が追いつかず、仕事と子育ての両立に苦しんでいる人も多い。

　このため、平成19（2007）年、首相官邸で開かれた官民トップ会議で「仕事と生活の調和（ワーク・ライフ・バランス）憲章」と「仕事と生活の調和推進のための行動指針」が策定された。憲章では、仕事と生活の調和が実現した社会を「国民一人ひとりがやりがいや充実感を感じながら働き、仕事上の責任を果たすとともに、家庭や地域生活などにおいても、子育て期、中高年期といった人生の各段階に応じて多様な生き方が選択・実現できる社会」と定義している。また、実現に向けていっそうの取り組みをするため、平成22（2010）年に政労使トップによる新たな合意が形成された。政府も「過労死等ゼロ」や「働き方改革」などによって、長時間労働の解消にも取り組んでいる。

　仕事と生活の調和を実現するために、社会保険制度における育児期間の扱い、育児休業の取得可能時間、育児休業中の所得保障をはじめ、仕事と生活の調和を実現するために社会保障制度が果たすべき役割は大きい。

　わが国の社会保障制度は、財政的均衡だけでなく、これらの質的課題にも取り組んでいくことが求められている。

参考文献
● 橘木俊詔『日本の経済格差』岩波書店、1998年
● 橘木俊詔『格差社会－何が問題なのか』岩波書店、2006年

第3節 社会保障制度のビジョン

　社会保障制度の課題をふまえて、これからの社会保障制度を展望しようとするとき、どのようなビジョンが表れているのであろうか。特に日本において、社会保障制度を時代に合わせて発展させるためにはどのようなビジョンが必要なのであろうか。

1 日本の社会保障制度が直面する問題

　これまでの社会保障制度は、1942年のイギリスにおける**ベヴァリッジ報告**や、昭和25（1950）年の日本における**社会保障制度審議会勧告**に示されたとおり、社会保険と公的扶助を基礎として社会福祉サービスや医療サービスを組み込んだものであった。本章第1節でも述べられたように、日本の場合は安定雇用が生活保障となって社会保障の規模が比較的小さく抑えられてきたことが特徴であった。ただし、日本で社会保障がおろそかにされてきたわけではない。

　日本で社会保障制度の構築が進められた1950年前後の制度の形成期にあっては、安定した雇用がまだ広がらず、第一次産業、自営業、日雇い雇用などに就く人々が多かった。したがってベヴァリッジ報告にみられたように社会保険と公的扶助を形式的に分けるのではなく、税を投入して保険料負担を引き下げつつ、社会保険を全国民に行き渡らせることが目標とされてきた。誰もが社会保険に加入できる条件づくりが重視されてきたのである。

　その結果、税が投入された国民健康保険制度や政府管掌健康保険（現在の協会けんぽ）が成立し、イギリスなどとは異なり医療も税で補填された社会保険で担われることになり、皆保険・皆年金が実現した。日本の社会保障は、しばしば社会保険中心主義と呼ばれるが、その出発点には、社会保険制度を低所得層にも開かれたものとしていくという課題意識があったのである。

　だが、その後の高度成長期を通して社会保険と扶助機能を連携させていくべきという議論は後退していく。日本的経営などを通して男性稼ぎ主の長期雇用が定着し、第一次産業や自営業を政治が保護する形も広がるなか、社会保険制度は安定就労を前提にして、働き手の家族扶養を支える仕組みという性格を強めていった。

その分、生活保護制度など公的扶助の役割が大きくなるはずであったが、社会保障の税支出のかなりの部分が社会保険財源に向けられたこともあって、税財源でまかなうべき公的扶助に必ずしも十分な財源が確保されず、給付対象が絞り込まれる傾向があった。

こうした中で高度成長が終焉し、グローバルな市場経済のもとで不安定就労が広がり、さらにこれまで社会保障制度を補完してきた地域や家族のコミュニティが衰退傾向を強めている。非正規雇用層、ひとり親世帯、軽度な障害のある人々など、新たな生活困難層が広がっている。非正規雇用に加えて、ギグワーカーやクラウドワーカー、形の上では請負業として働くフリーランスなど、人々の働き方は大きく変容し、これまでの制度が対応していない場合も多い。またひとり親世帯など、扶養家族から外れた層にも支援は届きにくくなっている。

日本の社会保障は、制度形成期に誰にも届く社会保険の整備をめざしたが、そこで前提とされていたのは多くの人々が安定的な仕事に就けることであった。その条件が根本から変化してしまった結果、税による社会保険財源の補填などで支援しきれない人々が増大し、雇用と家族の揺らぎという現実とずれてしまい、その改革が課題となっているのである。

こうした課題に対応する社会保障刷新のビジョンとしてどのような議論が起きているであろうか。一方では国のレベルで社会保険や公的扶助をどのように再編するかというビジョンが必要になる。ここではそのようなビジョンとして全世代型社会保障という考え方を取り上げよう。そして他方では地域福祉やソーシャルワークのあり方をめぐるビジョンが求められる。このようなビジョンとしてまず取り上げるべきは地域共生社会という理念であろう。

2 全世代型社会保障

日本の社会保障の特徴として、しばしば年金、医療、介護など高齢者向けの支出に偏った社会保障になっているという議論があった。現役世代は社会保障については負担のみを強いられているといった、いささか単純化された議論もメディアに現れ、世代間対立が強まっているという印象が広がった。だが実態は、雇用と家族の揺らぎによって社会保険中心の制度が届かない層が増大している、ということなのである。

全世代型社会保障は、今日の日本で、「社会保障の全体像をいま一度俯瞰し、その再構築を図ること」が求められているという認識のもとで、

＊10
「全世代型社会保障構築
会議報告書」令和 4
(2022) 年12月16日。

「全世代で社会保障を支え、また社会保障は全世代を支える」ことをめざしたものである。^{＊10}

　全世代型社会保障の考え方は、「社会保障と税の一体改革」の流れのなかで前面に出てきた。平成21 (2009) 年の「安心社会実現会議」報告書が「全生涯、全世代を通じての『切れ目のない安心保障』を構築する」としたのに続き、平成23 (2011) 年の「社会保障改革に関する有識者検討会」報告書も「切れ目なく、全世代を対象とする社会保障」を打ち出し、さらに平成25 (2013) 年の「社会保障制度改革国民会議」報告書が、「全世代型の社会保障へ転換」するとした。

　こうした中で追求されてきたのは、負担面では世代に割り当てられた負担から能力に応じた負担に転換することであり、支出面では年金・介護・医療の社会保障３経費に子ども・子育て支援を加えて現役世代を支え少子高齢化に対処していくことであった。

　「社会保障と税の一体改革」においては、平成27 (2015) 年に子ども子育て支援新制度が施行された。その財源としては、平成26 (2014) 年に８％に、令和元 (2019) 年10月に10％に引き上げられた消費税による税収の一部が充てられることになった。令和元 (2019) 年９月に菅内閣のもと全世代型社会保障検討会議が設置され、翌年には全世代型社会保障改革の方針が閣議決定された。全世代型社会保障検討会議の報告書は、後期高齢者医療制度について一部の高齢者の自己負担を増やすなど、高齢世代の負担増にポイントを置いた議論になっていた。

　さらに令和３ (2021) 年には岸田内閣のもとで全世代型社会保障構築会議が設置された。令和５ (2023) 年にまとめられた全世代型社会保障構築会議の報告書では、子ども・子育て支援の充実や働き方に中立的な社会保障制度など、現役世代の支援に重点を置いた施策が提起された。また同報告書では、社会保険制度が行き届かない層が増大していることをふまえ、勤労者皆保険という目標も掲げられている。

３　地域共生社会

　全世代型社会保障が、国として取り組む社会保障のあり方についてのビジョンであるのに対して、地域福祉をいかに組み立てていくのかについてのビジョンが**地域共生社会**である。このビジョンは平成28 (2016) 年の政府の成長戦略に書き込まれたもので、厚生労働省のサイトでは「制度・分野ごとの『縦割り』や『支え手』『受け手』という関係を超え

て、地域住民や地域の多様な主体が参画し、人と人、人と資源が世代や分野を超えつながることで、住民一人ひとりの暮らしと生きがい、地域をともに創っていく社会」と定義されている。

　縦割りを超えた包括的支援で地域住民の参画と支え合いを実現するという考え方は、それまで、高齢者福祉における地域包括ケアシステム、困窮分野での生活困窮者自立支援制度などでも打ち出されていた。だが、現実には個別分野を超えた分野横断的な展開とはなりにくかった。地域共生社会は、こうした施策をふまえつつも、高齢、困窮、子ども、障害などの分野に横串をさし、住宅や雇用など関連施策ともつなげながら、地域づくりを進めていこうとするものである。

　令和2（2020）年には社会福祉法が改正され、地域共生社会実現のための重層的支援体制整備事業が創設された。①包括的相談支援、②参加支援、③地域づくり支援を一体的に実施し、あわせてそのための④多機関協働と⑤アウトリーチ等を通じた継続的支援事業を進めるもので、事業に取り組む自治体には、旧来の各事業の補助金に加えて新事業の経費が一括の交付金として支払われる。

　地域共生社会のもとでは、ソーシャルワークがさまざまな機会に包括的な相談支援を進め、多様な場につなげつつ地域づくりを進めることになる。これはある意味で、ソーシャルワークが本来の形で力を発揮する条件づくりということもできよう。

4 改革ビジョンのこれから

　全世代型社会保障と地域共生社会という2つのビジョンは、前節で論じた社会的包摂、男女共同参画、ワーク・ライフ・バランスという社会保障の諸課題達成に向けたビジョンでもある。

　全世代型社会保障が子ども・子育て支援に重点を置くのは、男女共同参画をめざすためであり、そこで共働きのみならず共育てが可能になるためにもワーク・ライフ・バランスが大事になる。そして全世代が支援対象となるということは、支援の目標が単なる保護ではなく、社会的包摂の実現になるということである。地域共生社会は、支える側と支えられる側という二分法を超えた支え合いの社会であり、社会的包接の社会なのである。

　こうした課題達成のためにも、2つのビジョンがさらに発展していくことが求められる。2つのビジョンはどのように実現されるかも大事で、

　あらかじめ成果が約束されているわけでもない。その発展のためには、さらに多様な視点から議論が積み重ねられることが求められよう。

　その際に、全世代型社会保障と地域共生社会の関係、言い換えると国が制度化する社会保険や公的扶助と地域で進める参加の支援の連携をどのように構想していくかは大事なポイントである。例えば、元気な高齢者が働き続けるためには、国が在職老齢年金などの制度をいかに調整し、地域でどのような相談支援と就労機会をつくりだすことができるかが問われる。子どもの未来を支える支援のためにも、国全体での保育・幼児教育の制度設計と、地域における子育ての相談支援や親子の居場所づくりが連動していくことが重要になる。

　さらに、社会保障ビジョンの発展のためには、かつての社会保障制度審議会のように、超党派で長期的な視点から社会保障のあるべき形を議論する場が必要であるという指摘も多い。

第2章

社会保障の概念・対象及び
その理念

学習のねらい

　社会保障の歴史は、中世封建社会における貧困層の救済に端を発し、近代的な国家の成立に歩調を合わせて、社会政策として制度的な発展を遂げてきた。本章ではまず、欧米各国及びわが国における社会保障の歴史的な変遷を概観するとともに、今日における社会保障の目的・理念、基本哲学と機能について学ぶ。特に、国家レベルの体制の変革は社会保障にも大きく影響を及ぼし、また社会保障の機能の十全な発揮は社会・経済の安定にも直結することから、学習に際しては制度の背景にある社会情勢への理解を深めていくことが求められる。

　そのうえで、社会保障の対象について整理し、戦後日本の社会保障制度の展開について、直近の制度改正までの動きを理解する。

第1節　社会保障の成立

社会保障とは何か。公的年金や医療保険、介護保険のような社会保険の具体的なサービスを思い起こす人もいるであろう。あるいは給付に必要な社会保険料を想起し、給与から天引きされる金額を見て溜息とともに思い浮かべるものかもしれない。さらには生活保護制度を想像する人もいると思われる。

追って述べるように、社会保障（social security）という語は最初から特定の範囲の事柄を明確にさす定義とともに生まれたのではない。初めてこの語が使われた、1935年に制定された米国社会保障法（Social Security Act）においても特段の定義がない。昭和22（1947）年に施行された日本国憲法においても定義が与えられずに社会保障の語が用いられた。

社会保障は、国民の窮乏等に関し国家が何かしらの支援を行う仕組みというおおまかな括りはあるものの、むしろそれぞれの国において個別のメニューを創立、形成、発展させていく過程において意味するところがおおよその範囲で画定されつつ、なおも時代ごとの課題に応じその内容が多様化、複雑化しているものと考えられる。よって今日の社会保障を知るためには、今日施行されている各種制度の概要を知るのみでは不十分である。歴史的な視点をもって振り返ることにより、今日社会において果たしているさまざまな役割を有機的、多面的に理解することが可能となる。

そこでまずここでは、今日の我われが享受する社会保障の原点となる日本国憲法が創設される以前の世界における、社会保障が歩んだ歴史を確認する。

1　成立前史

（1）近代社会創設以前

およそ人間は一人では生きることが極めて困難な社会的な生物である。少なくとも幼年期や、老年期において生活の糧を自ら得る能力を喪失、あるいは著しく低下したような場合には、他者に依存しなければ、生を全うすることはむずかしい。そのことは人間の青年期、壮年期において、何らかの事情により稼得能力の低下やさらなる費用負担が生じた場合に

も妥当する。現在であれば稼得能力の喪失は失業や疾病・傷病（による休職）、障害や高齢、家族のケア（子育て、介護）といったことが該当し、後者のさらなる費用負担の追加は疾病・傷病（による治療費用負担）や障害、要介護状態、子育て支援等のサービス利用が該当しよう。

　こうした事柄に対し、人々は個々人を守る、特に経済的に守るため、さまざまな手段を用意して対応した。まずは家族や親戚といった人間関係のなかでお互いの生存に関する責任を担い、特に高齢や障害といった状態になった場合において、経済的な保護を与える役割を担った。その範囲は大きな災難が起きた際には、隣人や部族といった範囲に及ぶこともあった。またその保有し、耕作する土地も、それを活用して生活の糧を生産するという意味で、経済的な保護を与える手段の一つであった。

　中世ヨーロッパにおいては、封建制が経済的な保障の基盤であり、そこでは領主が領地において生産活動に就く領民の経済的な生活に責任を有していた。領主自身がそれにより経済的に保障されることとなり、逆に領民自身も労働力を提供できる限りで経済的な保障が領主により与えられていた。また宗教的な考え方に裏付けられた慈善といったことも行われるようになった。一定集団内での責任関係は時に宗教的な制裁といったものにより喚起され、また維持される必要も生じ、信者による供出物が司祭により集団内で分配された。

　こうしたいわば原始的な支え合い─特に家族内での保護やケアの提供といった慣習、つまりは親が子どもを幼少期において養育し、その子どもが親を老年期に支えるような相互扶助的な関係─が、今日の社会保障における世代間での支え合いの形式的な基礎となったこと、また家父長による家族を保護する責任が、領主による領民への責任、主人による使用人への責任に発達し、さらに事業主による被雇用者への責任の基礎となったことなどは、社会保障の本質を考える上で見逃せない重要なポイントと考えられる。

（2）近代社会の創設－国家の救済と相互扶助

　そして社会が近代化するにつれ、徐々に国家なり行政の果たす役割が重要となってきた。例えば、イギリスにおける1601年の**エリザベス救貧法**は、イギリス国教会の教区単位で行われていた救貧事業について、救貧税を法律によって強制的に課して行うこととしたものであった。これは教区の管理が教会によるものから俗人の管理にとって代わったものであり、具体的には治安判事により任命された貧民監督官に対し、身体障

害者、労働不能者、高齢者、視覚障害者、その他の事由で働くことができず貧困に陥っている者の救済（扶助）のための課税権を与えるものであった。エリザベス救貧法は、それまでに制定された救貧法の集大成であるとされているが、それは、「与える者が救済される」「受け取る者の福祉が助長される」といった宗教的な考え方よりも、社会秩序の維持といった点がより目的として意識されたものであった。別の表現でいえば、貧困者の福祉を政府の責任であるとみなす点では寛大であるといえ、また貧困の問題を合理的かつ体系的に対応しようとする試みであるとの評価も可能であるが、貧困を「望ましくないもの」とみなし、貧困者をそのような者として扱ったという意味では厳しいものであったといえる。

　他方で、社会の成長により経済面でも複雑性を増すとともに、「町」や「村」が各地で勃興することにより、ヨーロッパにおいては同じ職業にある者等が組織化して、組織内で経済的に保障するような取り組みも始められた。中世ヨーロッパにおける共通のビジネスを営む者等によるギルドにおいては、生産や雇用を規制するとともに、疾病等に陥った際に経済的援助を行ったり、メンバーが死亡した際に支払いを一部肩代わりするなどのことが行われた。そうした伝統から共済組合（friendly societies）といった組織が16世紀のイギリスで生まれ、さらにそれは友愛組合（fraternal organizations）に発展した。これは現在の労働組合の端緒となったものであるが、他方において、組織化されたのはある程度の経済力を有する常用労働者や熟練労働者であり、非熟練労働者は加入できないものであった。そうした組織は規約等において厳密さを欠き、初期には比較的小規模で、まさに仲間意識のようなものにより支えられていたものであった。一方で、また別の社会変革の契機として、17世紀において人間の寿命に関する法則が発見されたことがあげられる。このことは、相互扶助を行う組合的な団体に対して、生命保険を提供するために必要な保険数理という基礎を与えるに至った。保険数理はリスク（事故が起きる確率）と支払われるべき補償（保険金や給付）、それをまかなうに必要な費用負担（保険料等）を計算する技術であり、「共済」や「友愛」の名の下での扶助の取り組みに科学的根拠を与えることとなった。

　これらの2つの流れ、すなわち、救貧の考え方の下で、ある社会において救済が必要な者を社会の義務として一方的に救済することと、保険の考え方も取り込んで同等の立場にある者が組織を設け、相互に援助しあうことは、それぞれ「社会扶助」「社会保険」へと発展していくこと

となる。

（3）資本主義の発展と社会政策、労働運動

　18世紀後半から19世紀にかけてヨーロッパ各地で展開された産業革命により工業化が進展するとともに、（農業が典型であるが）自らの労働力を用い、家族等の血縁関係、あるいは地域内の地縁関係などに基づいて一定の土地で生産等の活動を行って生活の糧を得ることが中心の社会から、そうした人間関係とは切り離された形で、資本を有する者が投資を行い設立する工場等のビジネスにおいて雇用され、賃金を得ることで生活の糧を得ることが中心の社会、つまりは資本主義社会に移行することとなった。そうした変革は、工業の振興やビジネスの隆盛により経済を成長させる一方で、一般市民はその担い手である労働者となっていったが、雇用される、即ち自らの労働力を売る（商品化する）こと以外に生活の糧を得る術をもたないこととなり、他方で解雇等により雇用関係が断絶した場合や、疾病等で就労の継続が困難となった際の支えが脆弱になることを意味した。

　こうした展開の下で都市部を中心に大量の貧困層を生むこととなり、各種の社会政策的な立法が誕生することとなった。1833年にはイギリスにて工場法が制定され、児童労働の禁止や就労時間の制限などの規制が行われるようになった。他方でイギリスではエリザベス救貧法の下での救済に関し、財政負担増や教区間の労働移動の阻害、最低所得への補足給付の悪用等による低賃金の温存等の課題も生じ、1834年に**新救貧法**が制定された。これは貧困の原因を勤勉さの欠如であるとみなして救済対象者を働けない人に制限し、働くことができる貧民に対しては「**劣等処遇の原則**」という考え方の下で居宅保護を廃止し、ワークハウスとよばれる収容施設において働かせ、独立の労働者よりも処遇を低くするとともに、選挙権のはく奪など公民権を制限するものであった。

　19世紀後半に入ると、資本主義のさらなる発展とともに労働者の脆弱な立場の構造化も進み、そうした状況の是正をめざした労働運動も活発化した。こうした流れはイギリスのみならず他のヨーロッパ諸国においてもおおむね同様の状況がみられた。特に当時イギリスに遅れて産業革命から急速な工業化を遂げたドイツにおいては、労働運動も急進化するに至った。また新救貧法と、政府による救貧活動の展開後も継続されてきた教会による慈善に依存してきたイギリスにおいては、著名なブース（Booth,C.）やラウントリー（Rowntree,B.S.）による貧困状況に関す

＊1
ブースは、ロンドンの
社会調査を行い、住民
の約3割が貧困状態と
なり、その要因として
は個人の責任に帰着し
がたい雇用上の問題や
病気などがあり、その
救済は慈善で対処可能
な範囲を超えていると
した。
また、ラウントリーは、
ヨーク市での調査で、
住民の約28％が貧困状
態にあることを示した。
また彼は必要栄養量に
基づいた食物費、家賃、
家庭雑費の積算による
最低生活費として「貧
困線」を設定しようと
し、具体的な水準とし
て、総収入が単なる肉
体的能率を保持するた
めに必要な最小限度に
もたりない家庭の生活
水準を「第1次貧困」、
総収入の一部が他に転
用されなければ単なる
肉体的能率を保持する
ことができる家庭の生
活水準を「第2次貧困」
とした。

＊2
本書第4章参照。

る社会調査[*1]が行われ、労働運動の高まりとともに貧困の発生は個人の責任に帰するものではなく、社会的な構造の問題であるといったような認識が広まるに至った。

2 社会保険、社会扶助から社会保障へ

（1）社会保険の誕生と普及、リベラル・リフォーム

　他方、ドイツは19世紀中ごろまで、現在の国民国家の枠組みではなく諸領邦が集合する形態の社会であった。そこでは前述のような形で、中世以降、地域共同体による救貧扶助と、同業者組織を基盤とした「金庫」とよばれる相互扶助組織が発達していた。1862年に北部プロイセンの宰相となり、1871年にドイツを統一しドイツ帝国を成立させたビスマルクは、労働運動の急進化に対し、1878年の社会主義者鎮圧法などによりその弾圧を図った。一方でビスマルクは、労働者への懐柔策（「鞭と飴」）として1880年代に各種の社会保険立法を成立させた（1883年疾病保険、1884年労災保険、1889年老齢・障害保険）。基本的に労働者等の被保険者と事業主が社会保険料を負担し、負担に基づく権利として給付を受ける設計である社会保険制度は、その名のとおり、「保険」的な側面と「社会」的な側面の両方をあわせもつものであった。まず「保険」的な側面としては、あらかじめ決められたリスクに対しての制度として制定され、その保険料の計算においては保険数理技術が用いられることがあげられる。他方で「社会」的な側面としては、個人のリスクへの保障というだけでなく、事業主の負担を求めることなども含めてより広い社会的な目的を達成するためのものであるとともに、一般的な保険原理の修正が行われていることがあげられる[*2]。また、例えば失業や障害、疾病などの若年期にも起こり得る事態に加え、老齢や退職などについても、同様に「稼得能力の喪失（減少）」としてとらえて対象としたことは画期的であった。

　他方、イギリスにおいては、前述の社会調査などもふまえ、社会民主主義者として知られる**ウエッブ夫妻**（Webb,S.&B.）が1884年に設立されたフェビアン協会に夫婦で参加し、その著作『産業民主制論』（1897年）の中でナショナルミニマム論を展開した。このフェビアン協会は漸進的な社会改革をめざす組織で、後に労働党に発展するに至った。彼らの伸長により貧困が社会構造の問題であるという考え方が広まることで、1906年に政権を担った自由党（首相：ロイド・ジョージ）の下で

無拠出制の老齢年金制度（1908年）や国民保険法（1911年）が制定された。このうち国民保険法は事業主・被用者・政府が拠出する社会保険方式により、医療と失業に係る給付を行うものであったが、ここにはドイツにおける社会保険制度の創設の影響を見出すことができる。社会保険立法はこの時期フランスにおいても、1898年の労災責任法の成立、1910年の労働者農民年金保険法の制定による社会保険方式での老齢・障害年金の導入、さらには1930年にはより包括的な社会保険（疾病・出産・障害・老齢・死亡を対象）制度が導入されるなどし、各国への広まりをみせるに至った。

（2）アメリカ社会保障法の成立とベヴァリッジ報告

社会保障（social security）の語が初めて用いられたのは、1935年にアメリカで制定されたSocial Security Act of 1935 （1935年社会保障法）である。これは1929年の大恐慌後の際に米国の経済的苦境に対処するために講じられた「ニューディール」とよばれる、大規模公共事業（1933年）等と同じ政策パッケージの一つであり、当時の大統領はルーズベルト（Roosevelt, F.D.）であった。この法律は社会保険制度として老齢年金（連邦政府運営）と失業保険（州政府運営、連邦からの補助金）を導入するとともに、州政府が行う高齢者、児童、視覚障害者への扶助、母子福祉、公衆衛生、小規模金融等のサービスへの連邦政府の補助を規定するものであった。法案が議会に提出された際には「経済保障法」（Economic Security Bill）とされたが、議会下院での議論を経て、「社会保障法」（Social Security Act）の呼称となった。またアメリカに続く1938年には、ニュージーランドにおいて同じ社会保障の語が用いられた。年金（老齢、廃疾、遺族）、失業手当、家族手当を支給していた社会扶助制度を統合し、疾病給付と保健サービスを保障し、所得からの拠出と一般租税による負担でそれをまかなう包括的な立法も成立した。さらに1941年8月には、ルーズベルト大統領とイギリスの首相**チャーチル**（Churchill, W.L.S.）の洋上会談の結果として発表された「大西洋憲章」（Atlantic Charter）において、国内政策の8つの共同原則の1つとして労働基準等とともに社会保障が掲げられ、これに対し連合国側に参加した諸国の政府が正式に賛意を表すこととなっていった。

　こうした世界的な潮流のなかで、イギリスにおいて1942年に取りまとめられたのが**ベヴァリッジ報告**（「社会保険及び関連サービス」〔Social Insurance and Allied Service〕）である。その前年の6月、チャーチル

が、まだ戦火の激しかった中で戦後の国民生活の安定を図るべく、ベヴァリッジ（Beveridge,W.H.）を委員長とした委員会を組織し、その下でまとめられた。「ゆりかごから墓場まで（From the Cradle to the Grave）」の表現でつとに著名なこの報告書は、すべての国民に社会保険への加入を義務付け、保険料の拠出を促す一方で、国民に対し基礎的な手当を提供するとともに、それを補完するものとして、拠出とは関係なく必要に応じ国民に救済を提供する国家扶助、及び個人の任意かつ自由な選択による任意保険を兼ね備えることが必要であると説いた。同時に、これらの前提として国庫負担による児童手当、国庫でまかなう国民保健サービス、及び完全雇用の実現の3点を指摘した。さらにその指導原理として、過去の経験から生じる局部的利益の排除、社会保険は欠乏（貧困）に対抗する保障を提供するものであるが社会的進歩に係る包括的な政策の一つであること、及び社会保障は国家と個人の協力により達成されるものであることの3つを掲げた。こうした社会保障計画は、欠乏（貧困）、疾病、無知、不潔、無為といった戦後の再建における**5大巨悪**と戦うものとされたが、すべての国民に対してその拠出により最低限の保障をナショナルミニマムとして提供する考え方は、その後わが国をはじめ多くの資本主義国諸国において、「福祉国家」の確立を希求する流れに影響を与えた。

（3）「社会保障への途」とフィラデルフィア宣言

当時の各国の国内政策において、社会保障を確立することが重大な政策目標となり、それが国際的に確固とした潮流となったもう一つの要素としては、国際労働機関 **(ILO)** による1942年の「**社会保障への途（The Road to Social Security）**」という報告書と、1944年の「国際労働機関の目的に関する宣言」（「**フィラデルフィア宣言**」ともよばれる）があげられる。「社会保障への途」は、当時の欧米諸国での社会保障関連立法における、その構成要素である社会扶助の「救貧から社会保険への方向の前進（給付の改善、ニーズの概念の拡張、スティグマからの分離）」及び、社会保険における「私的保険から社会扶助の方向への進展（対象者の範囲の拡充、リスク範囲の拡張、給付の量・質における社会的妥当性）」といった動きが観察されることを例証した上で、国際的には社会扶助と社会保険が相互に接近しつつあり、一つの統一的な社会保障制度に統合されていく方向性にあることを示すものであった。1925年のILO総会で採択された「社会保険の一般原則に関する決議」をもとに、

*3
ILOは1919年のベルサイユ条約により、労働者の保護に係る国際連盟の一機関として設立された、政労使の三者構成による機関である。

1925年には労働者災害補償に係る条約、1927年には疾病保険に係る条約、1933年には年金保険に係る条約、1935年には失業給付に係る勧告を採択し、社会保険を中心に据えつつも、上記のアメリカやニュージーランドにおける立法等も学びながら、社会保険と社会扶助が統合されたものとしての社会保障の確立に向けた、国際的な潮流を確固たるものとした。その表れが1944年のフィラデルフィア宣言であり、「国際労働機関の目的及び加盟国の政策の基調をなすべき原則に関する宣言」として、社会保障の拡充をILOの10項目の義務の1つとしたものである。

3 戦前・戦中・戦後初期におけるわが国の社会保障

（1）戦前における各種立法

　19世紀後半に開国、明治維新を経て富国強兵・殖産興業の道を歩み始めた後発の資本主義国家であった日本において、最初の福祉関連とされる恤 救 規 則（明治7〔1874〕年）においては、貧民の救済については基本的に「人民相互の情誼」によって行われるものとしつつ、廃疾、老衰、疾病、幼弱の状態にある者に対して救済を与えるものであり、その条件は大変厳しいものがあった。同時に急速な工業化に伴う労働問題も発生するに至り、明治44（1911）年に初の労働保護法である工場法が成立、幼年者の使用禁止や少年及び母子の労働時間の制限が規定されるに至った（ただしその実施は大正時代にまでもち越された）。大正から昭和の時代に入り、恤救規則に代わる新たな統一的な救貧制度の必要性が求められるようになり、昭和4（1929）に**救護法**が成立した。これは貧困のため生活不能な老衰者、幼者、妊産婦、障害により労働不能な者に対して生活扶助、医療扶助、助産扶助、生業扶助を提供するものであり、恤救規則に比べると進歩がみられたが、なお被救護者に欠格条項[*4]を設けるなどの制限も存在していた。

　1890年代から20世紀に入ると、例えば、紡績会社の鐘紡による職員や職工への疾病、死亡保障や年金を提供する共済組合の設立（明治38〔1905〕年）など、官業、民業を問わず、企業内福利施設としての共済組合が成立するに至った。こうした状況のなか、前記の工場法によって事業主の業務上の傷害に対する扶助責任が法定化されたのに続き、大正11（1922）年には工場労働者を対象とする健康保険法が制定された。これは工場法及び工場法に先立ち制定されていた鉱業法の適用業種に雇用

*4
法令において、一定の事柄に該当した場合に、一律に、本来受けられるメリット等の対象から除外されること。救護法においては「性行著シク不良ナルトキ又ハ著シク怠惰ナルトキ」（第29条第3号）等において、市町村長が救護を与えないことができるとされていた。

される者に対し強制適用されるもので、基本的に労使折半の保険料により運用されるものとされた。また現在と違い業務上の傷病も対象とするものであった。この健康保険法はわが国最初の社会保険制度であり、昭和2（1927）年から全面施行されるに至った。

　他方で、昭和4（1929）年の世界恐慌、昭和6（1931）年の農業恐慌以降さらなる窮乏に陥った農山漁村民に対し、家計圧迫の要因となる医療費負担の軽減を図り、さらには健兵健民の観点からその体位の維持、向上を確保するために、昭和13（1938）年に（旧）国民健康保険法が制定された。加入世帯から徴収する保険料をもとに運営する社会保険制度ではあるが、工場労働者等の労働力の保全・培養という社会政策としての本質が認められず、かつ国家がその責任として一方的に給付を提供する社会扶助でもないという面で、諸外国にも前例がない画期的なものであった。

（2）戦中期における発展と国際的な潮流との関係

　昭和6（1931）年の満州事変、昭和12（1937）年の盧溝橋事件からの日中戦争の勃発、昭和16（1941）年12月の太平洋戦争への突入とわが国は戦争への道を進むこととなった。前述の（旧）国民健康保険法の制定の背景にも軍部による影響を見出すことができるが、その後も「銃後の守り」を固めるべく、各種社会保険立法が展開された。昭和14（1939）年には、戦時下における海運労働者の保護の重要性の高まりを受け、船員保険法が成立した。これは健康保険に加え、老齢年金や廃疾（障害）年金も含む包括的な立法であった。また、昭和16（1941）年には労働者年金保険法が制定された。創設当初は一部の男子鉱工業労働者等にその適用は限定されていたが、昭和19（1944）年には厚生年金保険法と改称され、適用範囲もホワイトカラー層や女性にも広がることとなった。さらには健康保険においては、昭和14（1939）年の職員健康保険法の制定によりホワイトカラー層を対象とした制度が開始され、昭和17（1942）年には健康保険制度と統合されるに至った。

　昭和15（1940）年にはILOを脱退、また前記の1941年の大西洋憲章は第二次世界大戦における英米両国の同盟関係を確立するものであったことに象徴されるように、当時の国際的な潮流からは隔絶された状態にあったわが国ではあったが、戦時下の昭和18（1943）年、昭和19（1944）年においても、官民の有識者によりイギリスのベヴァリッジ報告書が紹介されるなど、関心は継続して払われていた。こうした研究の継続が、

戦後の社会保障制度の確立に向けた議論に際し影響を与えていくこととなった。例えば、後述の社会保障制度審議会が成立する以前の昭和21（1946）年に政府に設けられた社会保険制度調査会において、そのコアメンバーであった有識者委員が、ベヴァリッジ報告書を参考にしつつ、さらに進歩的な内容を盛り込んだ「社会保障制度要綱」を起草し、総司令部当局の関心をよんだ。

（3）戦後直後の社会保障の再建（生活保護法、労働立法等）

　昭和20（1945）年8月15日に終戦を迎え、連合軍の占領下に置かれた日本は、新憲法の制定とともに再建への道を歩むこととなるが、戦時下において構築された前記の社会保険制度に関する枠組みは、戦後においても基本的に維持された。しかしながら、例えば国民健康保険を運営する組合においてはその業務は事実上休止に追い込まれたものも多く、また厚生年金保険に関しては、その積立金の価値が戦後のハイパーインフレーションによって著しく減じるなど、実際には壊滅状態に陥った。

　他方で、戦後初期において何よりも急がれたのは、戦後の社会・経済の混乱からの立て直しであり、社会保障分野ではまずは昭和20（1945）年の閣議決定「生活困窮者緊急生活援護要綱」に基づく公的扶助の仕組みが開始され、昭和21（1946）年に（旧）生活保護法が成立、国家による最低生活の保障と国家責任を明らかにするとともに、無差別平等の原則を導入した。生活保護法は昭和25（1950）年に改正されたが、これは扶助に対する請求権を含むものであり、後述の日本国憲法第25条の生存権の具体的な表れとして注目されるべきものであった。また、昭和22（1947）年には、同じく日本国憲法で規定された労働権を具体化する労働三法（労働基準法、労働組合法、労働関係調整法）が制定された。また児童福祉や身体障害者福祉など、特に対応を急がれた福祉分野における立法、医師法、保健婦助産婦看護婦法（当時）、医療法等の医療供給に関する立法などが次々と行われた。さらに社会保険制度として、昭和22（1947）年に労働者災害補償保険法と失業保険法も制定されるに至った。戦前に制定されていた工場法において労働災害の事業主の扶助責任は規定されていたが、その補償は健康保険等においてまかなわれていたのであり、労働者災害補償法の制定は事業主の無過失賠償責任の原則を名実ともに確立したものであった。また当時の膨大な失業者の存在は民生の安定のみならず治安面からもおおいに懸念されるものであり、失業保険法の制定はこの問題に一つの答えを与えるものであった。

4 日本国憲法の制定

　昭和21（1946）年11月3日に公布され、翌昭和22（1947）年5月3日に施行された日本国憲法第25条においては、以下のような規定が設けられた。

> 第25条　すべて国民は、健康で文化的な最低限度の生活を営む権利を有する。
> 2　国は、すべての生活部面について、社会福祉、社会保障及び公衆衛生の向上及び増進に努めなければならない。

　この第1項は、人間の生存が保障される権利、即ち生存権を謳ったものである。GHQ（連合国軍総司令部）が日本政府に対して提案した憲法草案においては、第2項のみが含まれていたが、帝国議会における審議の過程にて第1項が加えられた経緯があった。

　この生存権思想については、**社会保障制度審議会**の昭和25（1950）年の総合勧告においても、条文を引用した上で「国民には生存権があり、国家には生活保障の義務があるという意である。これはわが国も世界の最も新しい民主主義の理念に立つことであって、これにより、旧憲法に比べて国家の責任は著しく重くなったといわねばならぬ」と、国が社会保障を具現化する根拠として示された。

　ところで、社会保障という語が日本で法令用語として使われたのは日本国憲法においてが初めてであり、それはGHQによる憲法草案の"Social Security"の語を翻訳したものであった。この語がもたらされた際には特段の定義は与えられておらず、その具体的な意味については、憲法が成立した後の議論に委ねられる形となった。

5 社会保障制度審議会の創設と1950年勧告（社会保障の概念と範囲）

（1）社会保障制度審議会の創設

　このようにして社会保障制度の確立、推進が政府の重要な任務と位置付けられ、他方で前述の生活保護法や労働諸立法などの動きも見られたが、医療保険や公的年金制度の再建、発展を推進する原動力となったのが、昭和23（1948）年12月に関係法が成立、翌年5月に第1回総会が開

催された社会保障制度審議会（制度審）である。GHQがワンデル博士を団長とするアメリカ社会保障制度調査団を昭和22（1947）年7月に招聘し、約2か月の調査、ヒアリング等の結果として昭和23（1948）年7月にGHQ覚書を持って日本政府に手交された「社会保障制度調査団報告」（いわゆる「**ワンデル勧告**」）において、その設置が促されたことを契機に設立された。

（2）「社会保障への勧告」（1950年勧告）における社会保障の概念と範囲

社会保障制度審議会は、東京大学教授の大内 兵 衛（おおうちひょうえ）を会長に、社会保障に係る有識者と利害関係者に加え、衆参議院の国会議員、省庁の次官等により構成され、昭和25（1950）年10月に最初の総合勧告（「**社会保障制度に関する勧告**」）をまとめた。そこでは社会保障の範囲に関して以下のような定義を与えた。

「いわゆる社会保障制度とは、疾病、負傷、分娩、廃疾、死亡、老齢、失業、多子その他の困窮の原因に対し、保険的方法又は直接公の負担において経済保障の途を講じ、生活困窮に陥った者に対しては、国家扶助によって最低限度の生活を保障するとともに、公衆衛生及び社会福祉の向上を図り、もってすべての国民が文化的社会の成員たるに値する生活を営むことができるようにすることをいうのである。」

この表現の前半部分においては、社会保障に「保険的方法又は直接公の負担に（おける）経済保障」と「国家扶助」が含まれることを述べている。これらはいずれもいわば経済的な苦境に対する保障を行うものである。前述したような、社会保障制度の確立に向け、各国が歴史的過程において創設、発展させてきた社会保険と社会扶助が統合された一つの社会保障制度を、社会保険（「保険あるいは公費の負担により経済的保障を与える仕組み」[*5]）と、「最低生活の保障」を行う国家扶助（生活保護）を合わせた仕組みとして、日本でも成立させることを期しているものといえる。またその保障の対象となる「困窮の原因」について7つが掲げられている。これらはいずれも何かしらの事故を起因とするものであるが、大きく分けて収入や財産の喪失、減少（例えば病気や高齢、障害、失業による稼得能力の減少や喪失等）と、何らかの事由による支出の増（例えば治療や出産、家族員数の増加等）に分類が可能である。ただいずれにせよ、これらで問題とされているのは個人の経済的な問題であり、それらを保障（secure）するのが社会保障の重要な役割であると

*5
「公費の負担により経済的保障を与える仕組み」としては、無拠出制の福祉年金や、児童扶養手当などが想定される。

したことが理解される。

　他方でこの定義においては「公衆衛生及び社会福祉の向上」も社会保障の範疇に含めている。憲法第25条においては「社会福祉、社会保障及び公衆衛生」と3つが列記されており、社会保障には社会福祉と公衆衛生が含まれないとみるのが文理上正しいといえる。しかしながら制度審においては、広く国民が、憲法第25条第1項が規定する「健康で文化的な最低限度の生活を営む」ためには、経済的な保障を提供するのみならず、社会福祉や公衆衛生の向上も同時に図る必要があることから、あえて社会保障の語を広く解釈したことが伝えられている。そうした経緯もあり、日本で我われが通常社会保障の範囲と考えるものは、他国において一般に社会保障（Social Security）の表現で想起される範囲とは異なる。例えば、アメリカの社会保障法は社会福祉や公衆衛生に係る連邦政府からの補助も含むものであるが、Social Securityの語から一般的に想起されるのは連邦政府が実施する公的年金制度のみである。

（3）社会保障の分類

　日本ではこうした経緯を経て社会保障という概念を受容し、自らの解釈を加えて、各制度を創設、発展させた。その後の展開については追って記述するが、現在日本をはじめ各国で行われている社会保障に関する

〈表2−1〉社会保障に係る分類の例　その1（制度に着目したもの）

【制度審1950年勧告に則したもの】	
①　社会保険	医療保険、公的年金（保険）、介護保険、雇用保険、労働者災害補償保険
②　公的扶助	生活保護
③　社会福祉	高齢者福祉、障害者福祉、児童福祉、母子福祉、生活困窮者支援等
④　保健医療・公衆衛生	医療サービス、保健事業、母子保健、公衆衛生
【大括りな機能に着目したもの】	
①　医療保障	医療サービス、保健事業、母子保健、医療保険
②　社会福祉等	介護保険、高齢者福祉、障害者福祉、児童福祉、母子福祉、生活困窮者支援　等
③　所得保障	公的年金（保険）、生活保護
④　労働政策	雇用保険、労働者災害補償保険、雇用安定、労働者保護（休業制度等）、職業訓練、雇用対策等

（出典）厚生労働省資料をもとに筆者作成

〈表2-2〉社会保障に係る分類　その2　（内容に着目したもの）

「社会支出」〔OECD基準〕における社会保障制度の分類〔主なもののみ掲載〕
① 高齢：老齢年金、恩給、介護保険給付
② 遺族：遺族年金、埋葬料、戦争犠牲者遺族への年金
③ 障害、業務災害、傷病：障害年金、労災保険給付、傷病手当金
④ 保健：医療保険給付、出産育児一時金、公衆衛生諸費、医療扶助（生活保護）、公害健康被害療養給付
⑤ 家族：児童手当、児童扶養手当、出産手当金、教育扶助（生活保護）、子ども・子育て支援事業費（保育所等に係る給付）
⑥ 積極的労働市場政策：職業訓練、雇用対策（障害者、高齢者等の雇用支援）
⑦ 失業：雇用保険給付
⑧ 住宅：住宅扶助（生活保護）等
⑨ 他の政策分野：生活扶助（生活保護）、被災者支援、犯罪被害者支援

（出典）国立社会保障・人口問題研究所「令和3年度社会保障費用統計」をもとに筆者作成

政策の分類方法には多様なものがある。例えば、厚生労働省のホームページにおいても、社会保障制度の概要を説明するいくつかの資料が掲載されているが、前述の制度審の1950年勧告の分類に則したものもあれば、その大括りな機能に則した分類も行われていて、必ずしも一様ではない（表2-1）。

　また、国立社会保障・人口問題研究所においては、毎年、社会保障費用に係る国際的な比較のため、「社会保障費用統計」と題し、OECD基準での「社会支出」、ILO基準での「社会保障給付費」の2つのデータをまとめているが、このうちOECD基準の「社会支出」においては、表2-2のような分類がなされている。

　表2-2で示した分類での列記項目は、表2-1よりも詳細なものであるが、ここからは、例えば恩給や戦争犠牲者援護、公害健康被害者への保障、住宅政策、被災者支援、犯罪被害者支援などもまた、国際的には広く社会保障の一分野としてとらえられていることがわかる。

第2節 社会保障の目的・理念、基本哲学と機能

1 社会保障の目的・理念

（1）生存権と「労働力の保全・培養」

　社会保障の目的・理念としてまず掲げられるべきは、生存権の保障である。生活に困窮した国民に対し、資力や稼得能力等に係る調査を経た上で、無差別平等に健康で文化的な最低限度の生活を維持するための給付を提供する生活保護制度は、その考え方を体現したものであり、しばしば「最後のセーフティネット」といわれる。

　わが国では日本国憲法の制定とともにもたらされた生存権の保障は、戦前の恤救規則から救護法といった貧困者の救済に係る諸立法に対し、近代的な基本的人権の一つとしての保障の裏打ちを与え、国家の責任を明確にして更新を促したものという評価が可能である。他方で、戦前期の工場法・鉱業法から健康保険法の制定、労働者年金保険法の制定といった労働者の保護を行うための一連の社会政策にかかる立法を説明する概念として、資本主義社会において生活の糧を得るために労働力を売ることを余儀なくされた工場労働者の、労働市場での商品ともいえるその「労働力の保全・培養」ということが、主に労働経済学の分野において指摘されていた。この概念は、労働者に対し一定の保護を与えることは彼らやその家族自身の福祉のためではなく、資本主義が発展するための必要な投資であるという意味合いを含むものであった。これは社会保障というより社会政策に係る通説的な理解であったが、戦後昭和の時代の社会保障政策議論の中心が健康保険や厚生年金の給付と負担をめぐる問題であったこともあり、社会保障に係る議論においても一定の影響を与えた。

（2）生活水準の向上と「広く国民の」社会保障

　このようにして生存権の保障及び労働力の保全・培養といった2つの目的・理念を下敷きにして日本の社会保障制度は発展を遂げたが、並行して日本は急速な経済成長を遂げ、1970年代中盤には先進国首脳会議（いわゆる「サミット」）に首相が招聘されるなど、欧米先進国と肩を並

べるにまで至った。それに伴い、国民生活の水準も急速に上昇し、また人口高齢化（のちに少子高齢化）や核家族化による家族の扶養機能の低下、男女雇用機会均等法の制定（昭和60〔1985〕年）に象徴される男女平等に係る意識の変化や女性の社会進出、障害者福祉におけるノーマライゼーションの考え方の浸透等をふまえ、「生存権」が保障する最低生活の保障以上の水準の給付やサービスが人々の求めるところとなり、またその対象者としては、保全・培養の対象者である労働力の提供者であった（主たる男性の）労働者だけでなく、女性、高齢者、障害者といった多様な人々がより意識されるようになった。

　こうした時代状況をふまえ、社会保障制度審議会は平成7（1995）年の総合勧告「社会保障体制の再構築−安心して暮らせる二一世紀の社会を目指して」において、「社会保障の新しい理念とは、広く国民に健やかで安心できる生活を保障することである」との定義を掲げた。すなわちここでは、「健やかで安心できる生活」の保障が求められており、それは最低生活の保障より高い水準のものである。また、対象者は「広く国民」であり、保全・培養されるべき労働力の提供者に限ったものではない。もとより昭和25（1950）年の勧告においても、社会保障とは「すべての国民が文化的社会の成員たるに値する生活」を営むことができるようにするものであると述べていたが、その時代においては生存権の具体的な保障、及び労働力供給者とその雇用者が負担する社会保険制度の充実が主要課題であった。平成7年勧告においてはあらためて、「広く国民に健やかで安心できる生活を保障」することを掲げると同時に、社会保障推進の原則として、生存権により与えられる「権利性」を原則に据えつつ、貧困の予防と救済から国民全体としての生活保障への変容を志向する「普遍性」や、制度間等の給付と負担の「公平性」、制度相互の整合や連携の確保に向けた「総合性」、人口高齢化に伴う負担増に備え、効率的な資源配分を指向する「有効性」といった考え方を並列で列記し、社会保障の目的や理念を再定義することとなった。

2 社会保障の基本哲学

　社会保障の基本哲学としては、この平成7年勧告においても掲げられている、国民における「自立と社会連帯」に係る意識の共有がまずあげられる。個人の自立については、近現代の資本主義社会における基本的な規範の一つとして、一人ひとりの自由意思や生き方に関する自己決定、

また生活におけるさまざまな自由を尊重するとともに、自分の生活を支えるのも自分自身であり、まずは自助努力を促すことがある。それこそが「自立」の意味であるが、冒頭に述べたように人間は一人では生きることが困難であり、ある時期には他者に依存する必要があり、また不測の事態等に備えて相互に助け合う必要が生じる。またその助け合いは同時代を生きる者にとどまらず、世代間の扶養関係も含むものであり、そうした助け合いを社会における基本哲学として表現したのが「社会連帯」である。平成7年勧告においては、社会連帯について、「頼りもたれ合うことではなく、自分や家族の生活に対する責任を果たすと同じように、自分以外の人と共に生き、手を差し伸べることである」と指摘されている。また、この勧告においてその導入が強く主張され、平成9（1997）年末に成立、平成12（2000）年4月から施行された介護保険法の第1条においても、介護保険は「国民の共同連帯の理念」に基づくものとされ、また高齢者等が「尊厳を保持し、その有する能力に応じ自立した日常生活を営むことができるよう[*6]」にすることが目的とされている。

*6
「尊厳の保持」の語は、平成17（2005）年の介護保険法改正で加えられた。

　またしばしば、社会保障の基本哲学として「自助・共助・公助・互助」といわれる。「自助」とは上記の自立の考え方に基づく人々の基本的な行動原理である。社会連帯の考え方を体現する、社会保障を支える行動原理として掲げられるのが「共助」であり「公助」である。「共助」は、社会保障の成立以前からの伝統に則していえば、同業者の相互扶助組織に始まり、19世紀末のドイツにおいて国家が立法でその強制適用を図った社会保険制度に対し、社会保険料の負担を通じともに助け合うことをさしている。また「公助」としては、社会の義務として貧困者を救済する公的扶助や、困難な状態にある者を支援するさまざまな社会福祉制度が整備されている。このようにして我われの社会においては、個々人の自立、自助を基本としつつ、共助や公助の仕組みを設けることで、社会の構成員が連帯して人々の生活を支えている。さらに「互助」については、2000年代後半以降、介護を中心とした社会保障政策の目標として地域包括ケアの確立が掲げられ、そのなかで共助や公助のような公的な回路を通さずに、地域住民や知人・友人関係等のなかでの生活上の困りごとに係る助け合いを「互助」と称し、自助、共助、公助に並ぶ柱として人々の生活を律する基本哲学に据える考え方も広く使われるようになっている。

3 社会保障の機能

（1）社会的安全装置（セーフティネット）

　社会保障はしばしばセーフティネットとよばれる。セーフティネットとは、サーカスの空中ブランコなどの演技の際に、万一の落下に際して負傷を防ぐために張られている網を意味する語であるが、失業や高齢、障害等による稼得能力の喪失、疾病や負傷等による就業の困難や、治療や要介護状態、育児等に係る家計負担の増に対して、セーフティネットの役割を果たしているのが社会保障である。あたかもセーフティネットがあるために空中ブランコの上で失敗を恐れずにいきいきとした演技が可能なように、人生に起こり得るさまざまな危機への備えをすべての人々に提供する社会保障があることで、さまざまなリスクを恐れずに、自由意思による自己決定に基づき生きることが可能となる。ひいてはそれが社会全体の活力にもつながる。他方で社会保障が不安定なものとなった場合、生活への不安感から人々の行動にも萎縮がみられ、また将来に備えての貯蓄のために過度に消費が抑制されるなど経済にも悪影響を与え、社会の活力が低下することが危惧される。

　またこのセーフティネットは、今日では、貧困に陥った際の生活保護による生活の最低水準を支えるためのもの（救貧）のみでは足りず、貧困に陥る前（防貧）のための社会保険制度（医療、年金、介護、雇用、労災）があり、また特定の困難に対する社会福祉制度が存在することで、生存権の保障のレベルにとどまらない、今日の日本社会で生活を営むのにふさわしい保障が提供されることとなる。さらに近年では、平成27（2015）年度から実施されている生活困窮者自立支援制度について、旧来的な分類では対応が困難なさまざまな困難を抱えた人々に対して、相談支援と居住支援を軸とした保障を提供する、生活保護と社会保険の間にある第2のセーフティネットであるとの表現もされている。

（2）所得再分配

　資本主義、市場経済のなかで人々は、基本的に労働力を提供して報酬を得ることで生活を支えているが、労働力の提供の対価としての報酬の水準は、従事する産業のみならず当該者の能力に応じてさまざまであり、またその仕事に従事することに関しては運や偶然も左右する。さらには同じ仕事に同じ能力で従事していたとしても、環境次第で得られる報酬は異なる。この報酬の水準は必ずしも労働力を提供する個々人にふさわ

しいものとは限らず、場合によっては生活の最低水準を維持するものになる保証もない。他方でこうした資本主義、市場経済という環境が労働力の提供とその質の向上に対するインセンティブを提供し、社会の進歩と繁栄に寄与する面もあることは否めない。

そこで、国は社会保障制度に所得再分配の機能ももたせ、市場経済によりもたらされる社会の不平等を是正するため、税や社会保険料の形で財源を供出させ、所得や稼得能力の低い者に所得を移転（再配分）することで、人々の間の格差を是正し、所得の低い者の生活を支えることが行われている。またこの所得再分配は同一世代の中での再分配にとどまらず、例えば賦課方式で運用される公的年金制度を通じた、現役世代から高齢世代への再分配も行われている。さらには例えば医療や介護、保育等は現金ではなくサービスそのものを提供する現物給付による再分配であるとみることができるが、これらの財源となる税や社会保険料の負担は、多くの場合支払能力に応じた負担を求める一方で、給付は平等に、必要に応じたものとなる形で行われている。

（3）リスクの分散

人々が人生において被る可能性のあるリスクはときに予測しがたく、また個人の備えのみでは発生時の保障の水準としては不適切なものになりかねない。社会保障制度は社会全体でリスクに対応する仕組みであり、個々人が拠出する負担を最小限のものとしつつ備えるというリスク分散の機能をも有する。リスク分散機能を果たすものとしては、確率計算という数学的な基礎をもとに運営がなされる社会保険制度がまずは想起される。これは保険料負担というふだんからの拠出の反対給付として、いざというときの給付の提供というシンプルなものではあるが、他方で生活保護や社会福祉のような仕組みを社会全体で準備し、備えておくことも、別の形でのリスク分散であるとみなすことができる。

（4）社会・経済の安定と成長

社会保障の提供により人々の生活が安定的に営まれ、安心感を与えることは、社会や政治の安定にもつながる。特に人々の自由を尊重する資本主義、市場主義経済において、その副作用として起こり得る所得や機会の不平等を緩和することは、経済体制への人々の不満を和らげる効果もあると指摘できる。さらには所得再分配により、例えば高齢者に対しての所得移転がなされることは、高齢者自身の生活の安定のみならず、

経済活動を支える上で欠かせない消費の水準を一定程度のものに下支えすることにもつながる（ビルトイン・スタビライザー）。さらに、介護や子育て支援などによりケアに費やす時間を経済活動に用いることで、経済成長に必要な労働力の提供にもつながることとなる。社会保障に関してはしばしば負担面での経済へのマイナスの影響が強調されるが、むしろ社会保障なしでは資本主義経済を、社会的な安定の下で運営していくのは困難であり、社会保険料負担において使用者側が折半での負担に応じている理由の一つでもある。

*7
例えば好況時には租税負担の増により個人や企業等の支出が抑制されることなどを通じ景気の過熱を抑制し、一方、不況時には逆に租税負担の減や失業給付等の増により景気の回復に寄与するなど、財政が有する、景気変動を自動的に調整する機能のこと。公的年金等による高齢者に対する所得移転は、不況時においても継続的に一定額の給付がなされるため、景気変動の影響を緩やかにする機能を有するものとされている。

第2章

第3節　社会保障の対象

1 「ゆりかごから墓場まで」
－ライフサイクルとライフコース

　社会保障というと主に高齢者向けの年金や介護、また高齢期において多額を費消する医療が想起されることも多いが、イギリスの社会保障を称した「ゆりかごから墓場まで」の言葉に代表されるように、高齢期に限らず人の生涯を支えるものである。

　まず出生前には各種母子保健サービスを間接的に受けることとなり、出生に対しては出産一時育児金が医療保険から給付される。幼少期においては保育所の利用や、中学校終了までの間の児童手当の給付により、その成育が支えられる。また医療保険により支えられる一人当たりの金額は、高齢期に次いで高い時期は子どものころである。医療保険は病気やけがなどを受けた際に医療サービスを受ける費用を給付するとともに、傷病手当金の給付により治療中の生活を支える。障害状態になれば障害年金の受給とともに、障害に応じたサービスを受けることができる。また業務上の病気やけがに対しては労災保険から必要な給付がなされ、労働者安全衛生法により健康管理が行われる。失業時には雇用保険から手当や職業訓練に係るサポートが受けられ、また育児や介護期間中の支援も行われる。高齢になれば老齢年金の給付を受け、介護が必要になれば介護保険からさまざまなサービスを使うことが可能となる。また死亡時には医療保険から埋葬料の給付がある。さらには生涯を通じ、安全な水道水の確保や感染症対策などの各種公衆衛生サービスにより日々の生活が支えられ、また貧困により困窮状況となった場合には、生活保護により生活費などの給付を受けることもできる。

　こうした人の生涯について、かつては「ライフサイクル」の語で表現することが多かった。特に就業や結婚、子どもをもつこと、高齢期の引退などについて、性別役割分担も前提とした上で一定の典型例を見出そうとするのがライフサイクルという表現の趣旨である。他方で類似した表現として「ライフコース」というものがあるが、これは人々の生き方においてそれぞれの選択と多様性を重んじる表現である。

　昨今では、「人生100年時代*8」という表現もよく用いられる。人生100年時代においては、人々は教育、仕事、老後という3つの時期から成る

＊8
長寿化の進行に伴い、人生100年時代という表現は20世紀から使われていたが、平成29(2017)年9月に設置された政府の「人生100年時代構想会議」以降、急速に浸透した。

単線型の人生ではなく、さまざまな経験に乗り出し、アイデンティティを見つめ、価値観を問い直して人生の選択肢を拡げる時期、組織にかかわらず専門性を磨き生産活動に携わる時期、所得を得る活動やコミュニティ活動、近親者との関係や趣味等、種々の活動をバランスを取りながら暮らす時期などを行き来しながら生涯を過ごすであろうことが提唱されている。社会保障制度の設計も、戦後20世紀の時代においてはライフサイクルの発想のもとでの生涯が想定されてきたともいえるが、人生100年時代のわが国においては、社会保障制度についても多様性を重んじるライフコースの発想のもとで、あるべき姿を追求することが求められている。そこにおいては特に、高齢者は一方的に社会保障を与えられる立場ではなく、社会保障を支え、またさまざまな支援を提供する側でもあり得ることが示唆されている。

2 被用者保険の適用範囲

　ライフコースの時代においては、例えば公的年金を受給しながら働くように、基本的に仕事に専ら従事する時期以外においても、生産的な活動に従事することが想定される。これは従来の学業や子育て等との両立を期して従事するアルバイト、パートタイム、あるいは派遣労働のような形だけではなく、従来の自営とも違いフリーランスのような形で仕事を請け負って生計を立てたり、プラットフォーマーとよばれるようなウェブ上のシステムに登録して空いた時間に就労して報酬を得るなど、新たな就業の形も生まれている。

　他方、わが国の社会保険制度は国民皆保険・皆年金制度となっているが、大きく分けてサラリーマン等の被用者及びその被扶養者が加入する制度（被用者保険）と、自営業者や農林水産業従事者を念頭に設計されたその他の者が加入する制度（国民健康保険、国民年金）に大別される。同様に被用者であっても、就業先の企業規模や法人経営・個人経営の別、業種の違い、あるいは本人の就業時間や年間の収入の水準などによって、被用者保険の適用とならない場合がある。その際、被用者保険の被扶養配偶者以外の場合には国民健康保険や国民年金に自ら加入することになるが、医療保険であれば国民健康保険には傷病手当金や出産手当金の給付がない、また国民年金であれば厚生年金の対象とならず、厚生年金加入の被用者に比べて将来の年金給付の額が低くなるなどの不利益が生じる。前段で述べたような就業形態で就労する者は、そうした課題のボー

*9
労働者に対する健康保険や厚生年金の適用要件としては、週の就労時間にかかる要件と年収にかかる要件がある。また、その要件は企業規模によっても異なっているが、平成28（2016）年10月、平成29（2017）年4月、令和4（2022）年10月、令和6（2024）年10月と、それぞれの要件が緩和され、より多くの者に対して適用が拡大されることが法定されている。さらに政府は後述の「全世代型社会保障」の中で、さらなる対象範囲の拡大をめざしている。

*10
国際人権規約A規約は「経済的、社会的及び文化的権利に関する国際規約」のことであり、第9条で「締約国は、社会保険その他の社会保障についてのすべての者の権利を認める。」とされている。
難民条約は「難民の地位に関する条約」のことであり、合法的に領域内に滞在する難民に対し、公的扶助（第23条）及び社会保障（第24条）について、自国民と同一の待遇を与えることとされている。

*11
厚生省社会局長通知「生活に困窮する外国人に対する生活保護の措置について」（昭和29〔1954〕年5月8日社発第382号）等。

ダーに位置することとなる。また、被用者保険の被扶養配偶者である場合には、同様の就業形態であったとしても、自ら国民健康保険と国民年金の保険料の負担をすることなく、医療保険であれば健康保険の給付の対象となり、公的年金であれば国民年金に加入することとなることから、就業へのディスインセンティブも指摘されている。こうした課題に対しては、被用者保険の適用対象となる要件の幅を広げる対応が進められているところである。[*9]

3 外国人と社会保障

　他方、国際化の流れのなかで日本で暮らし、就業する外国人も増えている。日本は昭和54（1979）年に国際人権規約A規約を批准し、昭和56（1981）年には難民条約を批准することで、社会保障の適用については[*10]**内外国人同様待遇**を前提としている。よって外国人であっても被用者であれば健康保険や厚生年金の適用対象となる。また被用者ではない者については、適法に滞在して在留期間が3か月を超える者については基本的に国民健康保険の対象となり、20歳以上60歳未満の者で、日本国籍を有さず、医療滞在ビザ等以外の者については国民年金の被保険者として保険料を納付する必要が生じる。ただし、国民年金については、年金を受ける権利を有したことのない外国人に対しては、日本国内に住所を有しなくなった日から2年以内に脱退一時金が支給される。

　他方、生活保護については、法により日本国民のみを対象とする仕組みとされているが、外国人に対しては通達に基づく予算上の措置として、[*11]生活保護と同様の内容の措置が受けられることとなっている。他方、不法滞在外国人に対しては原則として社会保障の適用はないが、労働者災害補償保険（労災保険）に関しては適用される。

第4節 戦後日本での社会保障制度の展開

1 戦後の復興から国民皆保険・皆年金の達成（昭和30年代半ばまで）

　前述の社会保障制度審議会の昭和25（1950）年の勧告においては、わが国の社会保障制度の中心に社会保険制度を据えること、すなわちいわゆる「社会保険中心主義」の記述もなされた。同時に社会保険制度に関しては、戦前に構築されていた、医療に関しては健康保険と国民健康保険の二本立てを中心とする制度、また年金に関しすでに創設されていた厚生年金保険制度をそのまま残し、それらを発展させる方針を採った。医療保険においては、昭和23（1948）年の国民健康保険制度の改正により、市町村が国民健康保険の実施主体となることが原則とされるとともに、実施自体については任意のままであったが、実施市町村の住民は強制加入とされた。その後国民健康保険に関しては、昭和26（1951）年の国民健康保険税の導入による保険料徴収の強化、また昭和28（1953）年）の２割国庫負担の導入などにより財政基盤の強化が図られ、昭和33（1958）年の改正により、昭和36（1961）年４月からの全市町村での実施、いわゆる国民皆保険体制が確立するに至った。

　同時に公的年金についても、被用者以外の者を対象にする国民年金制度が昭和36（1961）年から開始された。国民健康保険及び国民年金は、被用者以外の者に対して社会保険を強制適用することにより国民全員をカバーする仕組みである。同様に社会保険制度を採るドイツやフランスにおいては、医療保険が国民すべてに強制適用となったのは、日本での実施から数十年を経たのちのことであり、また公的年金については非適用者が存在している。よってわが国の「社会保険中心主義」が具現化する社会保障の形式は、他国との比較において際立った特徴を有するものであると指摘できる。他方社会福祉分野に関しては、昭和21（1946）年の（旧）生活保護法の制定、昭和22年（1947）年の児童福祉法の制定、昭和24（1949）年の身体障害者福祉法の制定により、福祉３法体制が成立した。それらは当時の絶対的な貧困への救済に加え、戦災浮浪児・引揚孤児の保護や、GHQの占領政策の下での軍人援護の廃止に伴う傷痍

*12
本書第４章第１節参照。

軍人の援助等の必要に基づくものであった。

1960年代においては、経済成長と相対的に若年層が多い人口構成の下で、公的年金や生活保護に係る給付水準が大幅に改善された。また福祉制度を見ると、知的障害者については昭和35（1960）年の精神薄弱者福祉法（現 知的障害者福祉法に改称）、高齢者については昭和38（1963）年の老人福祉法、母子家庭については昭和39（1964）年の母子福祉法（現 母子及び父子並びに寡婦福祉法）がそれぞれ制定され、前出の生活保護法、児童福祉法、身体障害者福祉法とあわせて福祉6法とよばれるに至った。さらに医療保険制度の給付においても、いわゆる「制限診療」とよばれる、医師が特定の治療を行う際の手順や処方の順序などに係る規制が大幅に緩和されるなど、社会保障の拡充の時期でもあった。そうした流れは昭和47（1972）年の児童手当法の施行－多くの先進国において実施されている社会保障に係るメニューの一通りの完成－にまで至り、また昭和48（1973）年の老人福祉法の改正によるいわゆる「老人医療費無料化」により、社会保障拡充の時代のピークを迎えた。この昭和48（1973）年は福祉元年と称された。

2 高齢化社会への対応の時代（昭和後期〜平成前期）

昭和48（1973）年10月の最初の**オイルショック**は、他国同様、日本経済にもおおいに打撃を与えた。不況克服のための財政出動のための赤字国債の発行により財政状況は厳しいものとなり、1980年代前半はいわゆる「増税なき財政再建」のスローガンのもと、歳出を厳しく見直す姿勢が政府によりとられた。

そうしたなかで、給付増が続く社会保障にも厳しい目が注がれるようになり、特に老人医療費無料化後、激増した医療費の伸びに対する対応が求められた。そのため、昭和57（1982）年には老人医療費についての定額一部負担の導入、また昭和58（1983）年には健康保険本人に係る10%の自己負担制の導入などが行われた。また社会福祉分野においては、機関委任事務の団体委任事務化等[*13]と並行して、生活保護や社会福祉施設措置費の国庫負担割合の引き下げなどが行われた。

同時に人口の高齢化についても、昭和45（1970）年には7%を超え、一般に高齢化社会とされる時代に突入し、その後も高齢化の伸びが継続することが推計された。国民皆保険・皆年金が達成されたそれぞれの制

*13
平成11（1999）年の地方分権一括法により廃止された、地方自治体の事務の形式にかかる分類。機関委任事務とは国の事務を都道府県知事・市町村長等に委任し、国の事務として実行するもので、国の指揮監督を受けるが、団体委任事務とは地方公共団体に国が事務を委任するもので、機関委任事務のような強い国の指揮監督は受けないものとされていた。これらの廃止後、地方自治体の事務は原則的に自治事務であることとされ、国の省庁からは技術的助言が行い得るものとされている。

度においても、人口構造の変化による制度間のアンバランスが意識されるようになった。医療保険においては、被用者保険を退職した人々が国民健康保険に加入することにより、国民健康保険における医療費負担が莫大なものとなった。このため老人医療費に定額負担を導入した老人保健法の制定により、老人医療費について被用者保険からの拠出が開始されるとともに、昭和59（1984）年には退職者医療制度も開始され、費用負担の不合理が是正された。また公的年金については、昭和61（1986）年より、国民年金、厚生年金、共済年金に共通の基礎年金制度が導入されるとともに、厚生年金と各種共済年金が支給する報酬比例の年金について，支給要件及び支給額の計算方法がほぼ統一されるに至った。

　他方で、人口の高齢化が着実に進行するなかで、必要な社会保障財源を景気変動の影響を最小限にして着実に確保することも政策の重要課題となり、バブル経済の最中の平成元（1989）年４月には消費税（税率３％）が導入された。同時に政府は「高齢者保健福祉推進十か年戦略（ゴールドプラン）」[*14]を策定し、在宅、施設両面での高齢者保健福祉サービスの全国規模での大幅な拡充が行われた。こうした高齢者サービスインフラの全国的な展開も下敷きとなり、平成９（1997）年の介護保険法制定を経て、平成12（2000）年４月より、５つ目の社会保険制度である介護保険制度が実施されるに至った。さらには社会福祉分野においては、在宅福祉サービスを社会福祉事業に位置付け、老人福祉や身体障害者福祉に関して実施権限を市町村に集中させるとともに、前記のゴールドプランによる整備を計画的に進める基盤となった老人保健福祉計画の策定を市町村及び都道府県に義務付ける内容を盛り込んだ福祉関係八法改正が、平成２（1990）年に行われた。

3 少子・高齢化と経済基調の変化（平成中期頃）

　1990年代は高齢化の進行とともに、平成元（1989）年のいわゆる「1.57ショック」[*15]を受け、少子化がわが国社会における大きな課題であることが認識され始めた時代であった。平成３（1991）年には育児休業法の制定、平成６（1994）年には、消費税率５％への引き上げも念頭に置いて「エンゼルプラン」[*16]が策定され、また、平成15（2003）年には少子化社会対策基本法、次世代育成支援対策推進法が成立し、雇用施策と保育施策が両輪となって少子化対策を進める体制が整えられた。さらに

第2章

*14
当時の厚生省、大蔵省、自治省の３省の協議により策定された。平成11（1999）年までの10年間で６兆円強の事業費を投入し、「市町村における在宅福祉対策の緊急整備（在宅福祉推進十か年事業）」「『ねたきり老人ゼロ作戦』の展開」「在宅福祉等充実のための『長寿社会福祉基金』の設置」「施設の緊急整備（施設対策推進十か年事業）」「高齢者の生きがい対策の推進」「長寿科学研究推進十か年事業」「高齢者のための総合的な福祉施設の整備」の７項目を掲げた。

*15
平成元（1989）年の合計特殊出生率（１人の女性が生涯に出産する子どもの数）1.57は多くの者が計画的に子どもをもうけることを避けた昭和41（1966）年（ひのえうま）の1.58を下回る水準となった。翌昭和42（1967）年には出生率の水準は回復したが、その昭和41（1966）年を下回るほど少子化が進んでいたことが衝撃となった。

*16
正式名称を「今後の子育て支援のための施策の基本的方向について」とする政府の計画で、当時の文部省、厚生省、労働省、建設省の４省の合意によりまとめられた。「少子化への対策の必要性」を謳うとともに、「わが国の少子化の原因と背景」を整理し、「子育て支援のための施策の趣旨及び基本的視点」「子育て支援のための施策の基本的方向」及び「重点施策」を述べた。エンゼルプランの具体化の一環と

して、厚生省、大蔵省、自治省の協議により、保育対策等の緊急整備策を掲げた「緊急保育対策等5か年事業」も取りまとめられた。

平成7（1995）年12月には、総理府障害者対策推進本部により障害者プランが策定された。これは平成8（1996）年度から平成14（2002）年度までの7か年計画であり、種々の支援サービス等に関する数値目標を盛り込むとともに、関係各省庁が進める障害者施策を横断的に取りまとめた総合計画であった。

　他方、日本経済はバブル経済の崩壊、また平成9（1997）年をピークとしたGDPの伸びの低迷など厳しい環境に置かれることとなり、社会保障分野においても、そうした経済基調の変化と少子高齢化のさらなる進展を見据えての対応が行われた。医療保険においては若年層の自己負担割合の3割への統一や高齢者への定率（1割）自己負担の導入が平成14（2002）年に行われた。さらに、平成18（2006）年の診療報酬改定においては、かつてないほどの医療費抑制も行われた。また、昭和57（1982）年に導入された老人保健制度についての被用者保険側からの不満の声を受け、高齢者世代と現役世代の費用分担や、保険財政運営主体の責任の明確化などをめざし、平成20（2008）年から後期高齢者医療制度が創設された。年金制度においては、平成16（2004）年の改正により、現役世代の保険料水準の上限を固定し、その範囲内で財政の安定化を確保するべく給付水準を調整するマクロ経済スライドの導入等が行われた。さらには介護保険制度については、施行後の給付費の急増、特に在宅サービスの急増を背景とし、平成17（2005）年に、予防重視型システムへの転換、施設入所時の食費・居住費の自己負担化、地域包括支援センターの創設や地域密着型サービスの創設等が行われた。社会福祉分野においては、平成12（2000）年に、措置から契約への転換をめざす社会福祉基礎構造改革が行われ、その流れを受けて創設された障害者福祉分野における支援費制度が平成15（2003）年から導入された。支援費制度の導入によりサービスの利用は相当程度前進した一方で、制度の持続可能性も課題となり、平成17（2005）年には障害者自立支援法（平成25〔2013〕年より障害者総合支援法）が制定され、国の財政責任を明確にするとともに、利用者にサービスの利用量と所得に着目した自己負担を求めることとされた。

④ 社会保障・税一体改革（平成後期）

　その後少子化はさらに進行し、平成17（2005）年には合計特殊出生率が史上最低の1.26にまで落ち込むに至り、子ども・子育て支援政策の拡

充に対する財源確保が課題となった。一方で、医療・介護の効率化と機能強化の同時達成の必要性、さらには平成16（2004）年の年金制度改革で法定された基礎年金に対する国庫負担割合の3分の1から2分の1への引き上げに係る財源確保の必要性などを受け、社会保障・税一体改革のイニシアティブが起動した。その改革内容は、平成20（2008）年の自公政権の下での「**社会保障国民会議**」の報告書に盛り込まれたものを基礎とし、平成21（2009）年の民主党政権への政権交代後、平成22（2010）年半ば頃からイニシアティブが受け継がれ、民主、自民、公明の3党による平成24（2012）年6月の合意を経て、平成24（2012）年末からの再度の自公政権の下で、消費税率が平成26（2014）年4月から8%に引き上げられた[*17]。また、この合意の下で、平成27（2015）年4月からの子ども・子育て支援新制度の実施に係る法改正が行われるとともに、年金や医療・介護に係る関連の法改正も同時に行われた。

*17
10%への引き上げは、当初は平成27（2015）年10月からとされていたが、二度の延期を経て、令和元（2019）年10月に行われた。

5　今日的課題への対応と「全世代型社会保障」に向けた取り組み（平成終期〜令和）

　2000年代前半においても経済基調は低迷を続け、平成20（2008）年のリーマンショックはわが国にも大きな影響を与えた。すでに1990年代後半の就職氷河期といわれたころから旧来型の終身雇用と年功序列を前提とした雇用制度は弱体化し、現役世代が経済的・社会的にも脆弱な状況に置かれていることが意識され始めていたが、リーマンショック以降においては、格差や貧困への対処、またそれらに対する対応策にとどまらず、家族や地域社会における紐帯の脆弱化といったことも背景にした孤独・孤立、ひきこもりといった現代社会におけるさまざまな現象への対処策としての社会的包摂が、社会保障に係る政策の大きなテーマとして浮上した。

　具体的な対応策としては、平成25（2013）年に「**子どもの貧困対策の推進に関する法律（子どもの貧困対策法）**」が制定され、子どもの貧困対策に係る福祉、教育をはじめとした各分野における総合的対策が指向された。また同年の生活保護法の改正における就職自立給付金の創設、同時に**生活困窮者自立支援法**も制定（施行は平成27〔2015〕年度）され、相談支援と住居確保支援金の給付を軸に、就労や家計再建などの総合的な支援体制の確立がめざされた。他方、自殺対策としては、平成18

（2006）年に自殺対策基本法が制定され、平成19（2007）年には自殺総合対策大綱が制定された（自殺者数はその後長年減少基調にあったが、コロナ禍のなかで令和2〔2020〕年、令和4〔2022〕年には増加した）。また、平成21（2009）年から都道府県・指定都市において「ひきこもり地域支援センター」の整備が開始され、就職氷河期世代への集中的な支援についても進められている。さらには、孤独・孤立の問題については、コロナ禍でその問題が浮き彫りになったこともふまえ、令和5（2023）年に「**孤独・孤立対策推進法**」が制定され、政府における対策の推進体制が整えられつつある。また社会保険の分野において被用者保険の適用範囲の拡大が進められている狙いの一つとして、就職氷河期世代の者が中高年にさしかかりつつあるなかで、非正規労働者への厚生年金、健康保険の適用を拡大し、より手厚い社会保障の対象とすることが念頭に置かれている。

　また2010年前後から、高齢者介護の分野において市町村における地域包括ケアの構築が政策目標として掲げられ、平成26（2014）年の社会保障・税一体改革における介護保険法の改正により地域支援事業が充実するに至った。ここにおいては前述のように地域での「互助」の活性化が企図されているが、高齢者に限らずさまざまな困難を抱えるすべての地域住民を対象とした同様の支援と互助の体制の確立を意図した「地域共生社会」というコンセプトも、2010年代後半ごろから唱えられるようになった。地域共生社会の構築のためには、地域住民の複合化、複雑化した支援ニーズに対応する包括的な支援体制を整備する必要があるが、そのために従来、介護や障害、子育て、生活困窮といった分野ごとに行われていた支援を一体的に行い、さらにはその機能強化を図る「**重層的支援体制整備事業**」を可能とする法律改正も、令和2（2020）年の社会福祉法等の改正において行われた。

　令和元（2019）年10月の消費税の10％への引き上げにより、社会保障・税一体改革で実施することとした改革はすべて着手されたが、令和2（2020）年2月からの新型コロナウイルス感染症の感染拡大を経て、次の社会保障制度改革に向けた基本的なコンセプトとして、「**全世代型社会保障**」が近年政府により掲げられている。令和4（2022）年12月にまとめられた政府の「全世代型社会保障構築会議」報告書においては、「目指すべき社会の将来方向」として「『少子化・人口減少』の流れを変える」「これからも続く『超高齢社会』に備える」「『地域の支え合い』を強める」の3点をまず掲げた上で、基本理念として、①「将来世代」

の安心を保障する、②能力に応じて、全世代が支え合う、③個人の幸福とともに、社会全体を幸福にする、④制度を支える人材やサービス提供体制を重視する。⑤社会保障のDX（デジタルトランスフォーメーション）に積極的に取り組む、を掲げた。そして各論としては、①子ども・子育て支援の充実、②働き方に中立的な社会保障の構築、③医療・介護制度の改革、④地域共生社会の実現、の4点を掲げ、関連の法案が翌令和5（2023）年の通常国会で成立した。

参考文献

- Beverage，W.「Social Insurance and Allied Services」、1942年
- 近藤文二 著『社会保障えの勧告－社会保障制度審議会の経過と社会保障勧告書全文並びに解説』社会保険法規研究会、1950年
- 厚生省20年史編集委員会 編『厚生省20年史』厚生問題研究会、1960年
- 総理府社会保障制度審議会事務局 編纂『社会保障制度審議会十年の歩み』社会保険法規研究会、1961年
- 社会保障研究所 編『ILO・社会保障への途』東京大学出版会、1972年
- 社会保障研究所 編『イギリスの社会保障』東京大学出版会、1987年
- 庄司洋子、杉村　宏、藤村正之 編『貧困・不平等と社会福祉－これからの社会福祉②』有斐閣、1997年
- 近藤文二 編『社会保障入門新版』有斐閣、1977年
- 厚生省『平成11年版 厚生白書』1999年
- 塩野谷祐一他 編『アメリカ（先進諸国の社会保障）』東京大学出版会、2000年
- 厚生労働省『平成24年版 厚生労働白書』2012年
- 吉原健二・和田勝『日本医療保険制度史（第3版）』東洋経済新報社、2020年
- 小野太一『戦後日本社会保障の形成 社会保障制度審議会と有識者委員の群像』東京大学出版会、2022年
- 小野太一「ライフコースと社会保障」、「統計」（第73巻第9号）、pp.30－37、2022年
- 国立社会保障・人口問題研究所「令和3年度 社会保障費用統計」2023年

第3章

社会保障と財政

I

社会保障に

社会保障

学習のねらい

　本章では、社会保障の財源がどのようにまかなわれているかという財政の
仕組みや、社会保障給付の規模や国民負担率の考え方などについて学ぶ。

　前半では、社会保障費の構成、実施主体、会計区分を概観し、制度別に費
用負担の仕組みを説明する。社会保険制度では、社会保険料負担、事業主負
担、公費負担、利用者負担等について、税財源に基づく諸制度では、国と地
方自治体の負担割合や社会福祉サービスの利用者負担等について、それぞれ
の仕組みや考え方について整理している。

　後半では、社会保障給付の規模の国際比較やわが国の社会保障の給付と負
担の将来見通しを概観した上で、財源調達のあり方について解決すべき課題
を学ぶとともに、社会保障の費用負担が経済活動に与える影響をめぐる論点
を整理している。

　社会保障の費用を把握し、その財源を知ることは、社会保障の全体像を理
解し、将来のあり方を考える際の基本になるものである。大ざっぱな記述を
するとかえって不明な点が増えるのでていねいに解説しているが、細かな仕
組みは脇に置いて、大きな枠組みを把握するよう学んでいただけるとありが
たい。

第1節　社会保障の財源

1 社会保障に要する費用と財源の関係

　社会保障の費用をまかなう財源は、究極的にはすべて国民の負担による。しかし、その直接の負担者及び財源構成は制度によって異なる。ここでは、社会保障の費用がどのような財源によってまかなわれているのか、また、それがどのような仕組みによって負担されているのかを学ぶ。

（1）社会保障の給付と負担

　社会保障給付費[1][2]は年々増大を続け、令和5（2023）年度には、134.3兆円の巨額に達するものと見込まれており、給付と表裏の関係にある社会保障負担も同様の規模になっている（**図3-1**）。

　社会保障給付費を部門別でみると、「年金」が60.1兆円で44.8％、「医療」が41.6兆円で31.0％、「福祉その他」が32.5兆円で24.2％となっている。「福祉その他」とは、社会福祉サービスや介護、保育、生活保護（医療扶助を除く）、児童手当等の各種手当、労災保険、雇用保険の給付、公衆衛生等である（**図3-1【給付】**）。

*1
給付と負担の実態を知るために、わが国では昭和26（1951）年度以降、ILO（国際労働機関）の定義に基づいた社会保障給付費統計を作成してきている。実績数値は令和3（2021）年度分まで公表されているが、ここに掲げた数値は、予算に基づき厚生労働省において推計されたものである。

*2
社会保障の費用に関する統計には、OECD（経済協力開発機構）の定義に基づく社会支出もある。こちらは国際比較に適している。詳しくは本章第2節参照。

〈図3-1〉社会保障の給付と負担の現状（2023年度予算ベース）

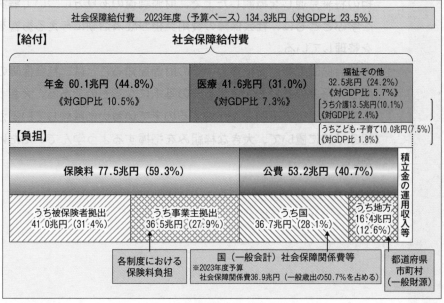

（出典）厚生労働省資料

　社会保障給付費の推移をたどると、1970年代なかばから急速に増加し始め、その勢いが現在まで続いている（**図3-2**）。

　もっとも、この間に賃金や物価も上昇しているから、実質的な拡大はその分を差し引いてとらえなければならない。このため、社会保障給付費を経済の規模（国内総生産＝GDP）と比べることが行われている。例えば、昭和55（1980）年から令和5（2023）年までの43年間に社会保障給付費は6倍近く増えたが、国内総生産も2倍弱増えているので、社会保障給付費の対国内総生産比は、10.0%から23.5%へと約2.4倍の増加となる（**図3-2**の概要〔B／A欄〕）。[*3][*4]

*3
経済の規模を測る代表的な指標には国内総生産と国民所得がある。社会保障給付費の経済に対する規模を把握しようとするとき、これまで国民所得比が用いられてきたが、近年、どの程度の資源が社会保障に充てられているかを見る上では国内総生産のほうが実態に近いという考え方が広がっている。具体的には、本章第2節3（1）で説明するが、国内総生

〈図3-2〉社会保障給付費の推移

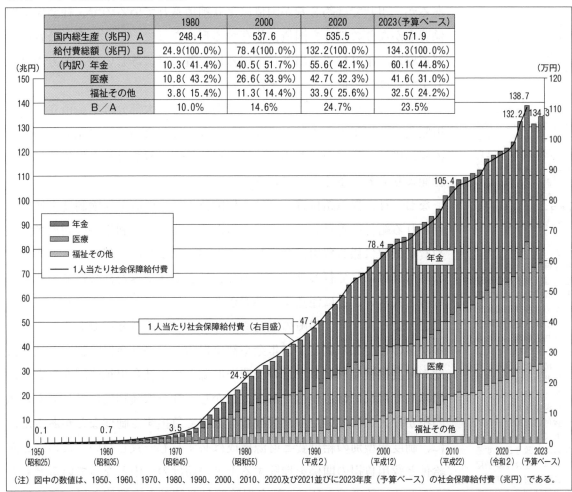

	1980	2000	2020	2023（予算ベース）
国内総生産（兆円）A	248.4	537.6	535.5	571.9
給付費総額（兆円）B	24.9(100.0%)	78.4(100.0%)	132.2(100.0%)	134.3(100.0%)
（内訳）年金	10.3(41.4%)	40.5(51.7%)	55.6(42.1%)	60.1(44.8%)
医療	10.8(43.2%)	26.6(33.9%)	42.7(32.3%)	41.6(31.0%)
福祉その他	3.8(15.4%)	11.3(14.4%)	33.9(25.6%)	32.5(24.2%)
B／A	10.0%	14.6%	24.7%	23.5%

（注）図中の数値は、1950、1960、1970、1980、1990、2000、2010、2020及び2021並びに2023年度（予算ベース）の社会保障給付費（兆円）である。

（出典）国立社会保障・人口問題研究所「令和3年度社会保障費用統計」。2022〜2023年度（予算ベース）は厚生労働省推計、2023年度の国内総生産は「令和5年度の経済見通しと経済財政運営の基本的態度（令和5（2023）年1月23日閣議決定）」

産は一般的には国民所得より大きいので、国内総生産比の数値は国民所得比より小さくなる。

＊４
今後の見通しについては、本章第２節１で扱う。

＊５
公債金は将来の税金によって償還されることを想定しているので、広い意味では税の一種とみなしてよい。公債発行は実質的には将来の税負担の増加を意味しているので、慎重に行われるべきである。

＊６
その理由は本章第１節１（５）で説明している。

＊７
例えば、医療機関は保険給付あるいは公費負担による給付と、患者の窓口負担その他を財源として医療サービスを提供している（詳しくは本章第１節２（３）〈表３－１〉財源別国民医療費を参照）。

＊８
社会保障の制度類型としては、まず社会保険と広義の社会福祉を意味する社会扶助に大別し、社会扶助を公的扶助（生活保護）と社会福祉サービスに区分し、さらに、社会保険と社会扶助の中間に社会手当を、医療の外延として公衆衛生サービスを位置付けるのが一般的である。しかし、社会保障の財政を理解する上では、社会保険制度と公費を財源とする社会福祉諸制度に大別すれば足りると考えられる。

（２）社会保障の財源構成

　社会保障給付費に対応する社会保障負担の財源構成は、保険料が77.5兆円、公費が53.2兆円、積立金の運用収入等となっている。ここでいう保険料とは社会保険料のことで、そのうち被保険者拠出分が41.0兆円、事業主拠出分が36.5兆円となっている。また、公費とは税または公債金[5]のことで、その内訳は国36.7兆円、地方16.4兆円となっている（**図３−１【負担】**）。

　ここまでを100として構成比をみると、社会保険料が59.3％、公費が40.7％で、さらに細かくみると、被保険者が負担している社会保険料が31.4％で一番大きく、事業主が負担している社会保険料は27.9％、国の公費は28.1％でほぼ同水準、地方の公費12.6％となっている。

　国の公費は、一般会計の社会保障関係費にほぼ等しい。一般会計の費用は、本来、国民、企業等が負担する税によりまかなわれるべきものであるが、現状では約３割が国債により補填されているので、社会保障関係費もかなりの部分を国債に依存する形になっている[6]。地方の公費は、都道府県、市町村で支出されている民生費にほぼ等しいが、地方の財政も１割程度は公債によってまかなわれている。

　積立金の運用収入等は資産収入である。その大部分は年金積立金の運用収入で、毎年の収支差を補うほか、残金は将来の給付に充てられるため積み増しされているために、社会保障負担の総額は社会保障給付費の総額よりも若干多くなっている。

　なお、社会保障給付費及び社会保障負担は、政府や保険制度を通じて行われる給付に着目したものであるため、サービス利用時の利用者負担や費用徴収に係る費用は含まれていない。しかし、実際のサービスはこれらも財源にして行われているので、社会全体でみた社会保障の費用はもっと大きいことに注意する必要がある[7]。

　このように、社会保障の主たる財源は社会保険料と税である。これは、わが国の社会保障制度が、年金や健康保険などの社会保険制度と社会扶助や社会福祉サービスなどの公費を財源とする社会福祉諸制度を中心に組み立てられているからである。しかし、社会保険制度に対しても多額の税が投入されていたり、医療費を公費で負担する制度などがあるために、制度類型別の給付費と財源構成は必ずしも一致しない。このことが、給付と費用負担の関係を理解する上での妨げの一因となっているとも考えられる。そこで、ILOの社会保障給付費統計の実績値を用いて給付費を制度類型別[8]に再集計し、財源構成と対比させてみよう。

〈図３－３〉　**社会保障給付費の制度類型別支出（2020年度）**

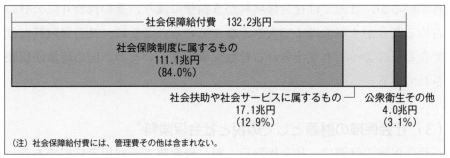

（注）社会保障給付費には、管理費その他は含まれない。

（出典）国立社会保障・人口問題研究所「令和２（2020）年度社会保障費用統計」をもとに筆者作成

　令和２（2020）年度の社会保障給付費の実績値は132.2兆円であった。この内訳を制度類型別に見ると、社会保険制度に属するものが111.1兆円で全体の84.0％を占め、社会扶助や社会福祉サービスに属するものは17.1兆円で12.9％であった。また、コロナ対策経費の多くは公費で賄われる公衆保健サービスに属し、その額は4.0兆円で3.1％を占めた。その結果、公費を財源とする社会福祉諸制度に属する給付費としては、21.1兆円で16.0％となる（**図３－３**）。

　一方、社会保障給付費の財源は、収入総額が184.8兆円で、その内訳は、社会保険料が73.5兆円、公費が59.0兆円（うち、国が41.0兆円、地方が18.0兆円）、資産収入が52.3兆円であった。財源が社会保障給付費を上回るのは資産収入があるからである。すでに述べたように、資産収入は年金積立金の運用収入等であり、この年はとりわけ多かったので、大部分は支出されず将来の給付に備えて積み立てられている。そこで、社会保険料と公費負担だけで構成比をみると、社会保険料55.5％、公費44.5％（うち国30.9％、地方13.5％）となる（**図３－４**）。

〈図３－４〉　**社会保障給付費の財源（2020年度）**

社会保障給付費　132.2兆円				
社会保障財源　184.8兆円				
社会保険料　73.5兆円（55.5％）		公費負担　59.0兆円（44.5％）		資産収入 その他 52.3兆円
うち被保険者拠出 38.7兆円	うち事業主拠出 34.8兆円	うち国 41.0兆円	うち地方 18.0兆円	

（注）社会保障給付費には、管理費その他は含まれない。

（出典）国立社会保障・人口問題研究所「令和２（2020）年度社会保障費用統計」をもとに筆者作成

このように、社会保障給付費の8割強は社会保険制度を通じて支給されているが、財源では社会保険料が5割強に減り、その代わりに公費の占める割合が4割強にまで大きくなっている。ここに、社会保険料だけでなく税によっても支えられる社会保険制度というわが国の特徴が反映されている。

（3）社会保障の財源としての税と社会保険料

社会保障の財源は、社会保険料、税、資産収入、利用者負担である。このうち、社会保険料と税が大半を占めている。社会保険料と税はどちらも強制的に徴収される点では共通しているが、違いも大きい。両者がどのような考え方に基づきどのように使い分けられているかを知ることは、社会保障費用の負担のあり方を考える上で非常に重要である。財政の具体的仕組みは本節2及び3項において、それぞれの制度に即して説明するが、その前に基本となる事項を確認しておこう。

❶税一般

まず、社会保障からいったん離れて、税そのものについて理解しよう。

税には、所得税のように個人の所得に賦課されるもの、法人税のように法人の所得に賦課されるもの、消費税のように物やサービスの取引に賦課されるもの、さらに固定資産税、相続税、事業税、環境税などさまざまなものがある。そのほとんどは、使途が特定されずに政府の活動全般に充てられているので、一般税とよばれている。また、所得の高い人あるいは資産の多い人ほど多くの税金を負担するよう税率が定められる**応能負担**となっている。

一方、環境税のように、使途が特定されている税は目的税とよばれ、その目的に対応して税が賦課されている。わが国の環境税は、地球温暖化対策の推進を目的に、石油石炭税に上乗せされているが、石油石炭税も石油石炭の安定供給を目的とした目的税である。税率は一律で、炭素エネルギーの使用量に応じて負担する仕組みであり、受けた便益（環境税では与えた負荷の大きさ）に応じて税を負担する**応益負担**になっている。

消費税は、この分類からするとやや特殊な面がある。消費税は、今では使途が年金、医療、介護、少子化対策の4経費に限定された社会保障目的税であるが、導入当初は一般税であった。それが徐々に目的税化してきたために、国民から目的税として認識されにくいことは否めない。

社会保障の費用の半分程度しかまかなっていない現状では、目的税としての役割を十分果たせていないともいえる。

　負担の原則としても、消費を受益とみれば受益の大きさに合わせて負担が決まる応益負担となるが、消費の選択にかかわらず幅広く賦課されるために応益という意識をもちにくい一方、より多くの消費ができるのは、より多くの所得や資産があるからと考えれば、応能負担という見方もできる。消費税が、社会保障目的税として国民に定着するまでには一定の時間がかかりそうである。

❷社会保障の財源としての税

　以上をふまえて、今度は税を社会保障の財源の側から見てみよう。社会保障も政府の活動の一環であるから、その財源に税が用いられることは当然である。社会保障への税財源の投入は、従来は、最低生活の保障という観点から、能力に応じて負担し必要に応じて受益するという福祉の理念をふまえ、所得税、その他応能負担の一般税が充てられると理解されてきた。その典型は生活扶助である。社会福祉サービスも、ほとんどが税を財源として運営されてきたことも同様の沿革からである。

　しかし近年、年金、医療、介護など生活の安全保障の観点が強い社会保険制度の比重が増し、主に社会保険制度によって運営されてきたこれらの制度にも多額の税財源が投入されるようになって、状況は変わってきている。特に、社会保障と税の一体改革によって消費税の使途が従来の年金、医療、介護に加え、少子化対策（子ども子育て支援等）にまで拡大されるとともに、この4経費については税が負担すべき費用の半分以上が消費税でまかなわれるようになっている。[9]社会保障の財源としての税は、一般税で応能負担の税から目的税で応益負担の性格の強い消費税に徐々に移行しているのである。

*9
社会保障と税の一体改革の経緯については、本章第2節1（2）参照。

❸社会保険料

　社会保険制度は共助を制度化したリスク分散の仕組みである。したがって、給付を受けるためには、給付の原因となる事態が発生する前に制度に加入し、保険料を負担しておくことが求められる。

　社会保険料は、社会保険給付を受ける権利を得るための対価として位置付けられ、それぞれの社会保険制度の運営のためにのみ使用されるという意味で、目的税以上に使途がはっきりしている負担である。また、多くは所得（事業主負担を含む）から徴収される定率保険料であり、所

得とは連動しない定額保険料は一部の制度に限られている。

　このことだけに着目すれば社会保険料の多くは応能負担であるが、負担と給付の連関の度合いや利用者負担の方式など、制度全体を一体として総合的に評価すべきであり、負担の原則がどのように働いているかは個々の制度に即して判断していく必要がある。

（4）税ないし社会保険料の調達と資金の配分

　それでは、社会保障の財政はどのように管理されているのであろうか。社会保障の財源はどのような経路を通じて集められ、どこに配分されて制度が運営されているのであろうか。社会保障制度の実施主体と会計区分という2つの軸に沿って見ていくこととしよう（**図3−5**）。

　社会保障の実施主体は、国と地方自治体が中心である。このほかに、社会保険制度を実施するために特別の法律に基づき設立された公法人がある。公務員を対象とした共済組合や大企業の従業員等を対象とした健康保険組合が代表例である。政府管掌健康保険についても、国に代わって全国健康保険協会が運営している。また、厚生年金及び国民年金に関する事務は日本年金機構が実施している。なお、後期高齢者医療制度を実施する市町村広域連合は地方自治体の一種である。

　会計区分とは、一般会計か特別会計かということである。国または地方自治体が徴収する租税は、原則として使途が特定されていない一般税で、そのほとんどが国または地方自治体の一般会計に入れられる。一般会計に入った租税は、社会保障だけでなく、教育、社会資本整備、治安維持、国防など、国または地方自治体が行うありとあらゆる公共政策の実施に必要な費用に充てられる。公費を財源とする社会福祉諸制度の運営も一般会計の下で行われる。

　これに対して特別会計は、特定の目的に限定されている資金の収支を一般会計から独立して管理する会計である。特別会計はさまざまな公共政策分野に設けられているが、社会保障分野では、社会保険制度がすべて特別会計によって管理されている。社会保険関連の特別会計は、国（国民年金、厚生年金保険等）にも、地方自治体（国民健康保険、介護保険等）にもある。また、社会保険制度を実施している公法人は、それぞれが独自の会計をもつので特別会計と同じものといえる。国、地方自治体、公法人それぞれの徴収機関により国民（事業主を含む）から徴収された社会保険料は、すべていずれかの特別会計に入れられ、そこから支出される。また、社会保険制度の財源として用いられる税も、それぞ

〈図3－5〉 社会保障の財政の基本的な仕組み

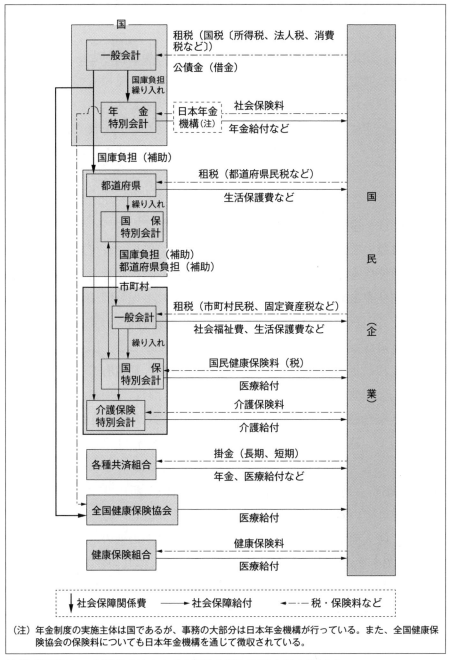

（注）年金制度の実施主体は国であるが、事務の大部分は日本年金機構が行っている。また、全国健康保険協会の保険料についても日本年金機構を通じて徴収されている。

（出典）椋野美智子・田中耕太郎『はじめての社会保障』有斐閣、2020年をもとに筆者作成

れのルールに則り特別会計にいったん繰り入れられる。

　これが基本的枠組みであるが、ややこしいのは、実施主体間、会計間で資金のやりとりが行われることである。さまざまな形態があるなかで割り切って整理すれば、国の一般会計から地方自治体の一般会計へ、国

の一般会計から国または地方自治体の特別会計ないし公法人（日本年金機構、全国健康保険協会）へ、地方自治体の一般会計から地方自治体の特別会計へという3つの流れになる。[*10]

その先、国民への給付の仕方は、年金などの現金給付と医療・介護・福祉サービスで異なる。年金などの現金給付は、受給権者の銀行口座等に直接支払われる。一方、医療・介護・福祉サービスについては、利用者は経由せずに、医療機関や介護・福祉事業者など、それぞれのサービスを実際に行った者に実費相当としてあらかじめ定められた金額が支払われる。

（5）国の一般会計における社会保障関係費

社会保障の財政は、さまざまな主体によって管理されているが、その中心的な位置を占めるのは国の一般会計である。国が社会保障政策の基本的方向性を決めると、まず一般会計予算に社会保障関係費として計上され、そこから地方自治体やそれぞれの社会保障制度に資金が渡っていく仕組みになっているからである。**図3－5**でみると、国の一般会計の部分がこれに相当し、そこから年金の国庫負担、都道府県への国庫負担（補助）、全国健康保険協会への国庫補助等が行われている。

令和5（2023）年度において、一般会計における社会保障関係費は36.9兆円で、地方交付税、国債費を上回り、歳出の1/3を占める最大の支出項目となっている。さらに、国の政策に直接充てられる一般歳出（歳出総額から地方交付税、国債費を差し引いた額）は72.7兆円であるので、これとの対比では半分を上回っている（**図3－6の左側**）。

一方、歳入面では、本来の収入である税収にその他の収入を加えても歳出の2/3をまかなうことができているだけで、残りの1/3は国債で補填している状況にある（**図3－6の右側**）。国債がどの経費に充てられているかは一概に特定できないが、最大の支出項目として、社会保障関係費のかなりの部分も国債に依存していると見るべきである。[*11]

公債への過度の依存は、国の財政運営にとどまらず、社会保障制度の安定的運営にとっても懸念材料となっている。公費を財源とする社会福祉諸制度はもちろん、特別会計で運営されている社会保険制度にも多額の公費が投入されているからである。例えば、基礎年金の財源の半分は一般会計から繰り入れられた国庫負担金であり、何らかの事情で一般会計が財政難に陥るとたちまち影響を受ける関係にある。このような状況にどのように対処すべきかについては、本章第2節で扱う。

*10
平成30（2018）年4月より都道府県が国民健康保険の財政運営に中心的役割を果たすことになったため、都道府県と市町村それぞれに特別会計が設けられている。その上で、都道府県単位で財政調整が行われるため、市町村から都道府県に納付金が納付され、都道府県から市町村に交付金が交付される。

*11
消費税収はすべて社会保障関係費（年金、医療、介護、少子化対策の4経費）に充てられるが、それでも歳出の6割弱をまかなう程度である。所得税や法人税なども社会保障に充てられているが、他の政策経費にも使用されていると考えるべきである。本章第2節1（2）も参照のこと。

〈図３−６〉令和５年度一般会計予算 歳出・歳入の構成

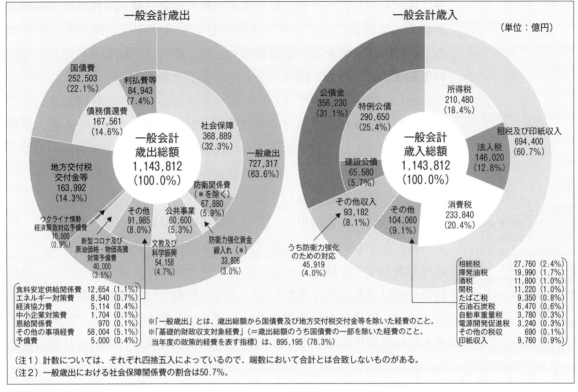

（注１）計数については、それぞれ四捨五入によっているので、端数において合計とは合致しないものがある。
（注２）一般歳出における社会保障関係費の割合は50.7%。

（出典）財務省資料

2 社会保険制度の財源

　社会保険制度の財源は社会保険料が中心であるが、税もかなりのウエイトを占めている。ほかに、利用者負担と積立金の運用益もある。

　社会保険料と税は、特別会計に集められ支出される。また、収支差は積立金として積み立てられるので、特別会計にはその運用益も生じる。一方、サービスの利用者負担は、利用者から医療機関や介護事業者など保険給付を実際に行った者に直接支払われる。

　保険料の負担の仕組みや、税財源の投入方法、利用者負担の割合等は制度によってかなり異なっている。ここでは、基本的な考え方を理解することに重点を置き、個々の仕組みについては骨格のみを示す。

（1）社会保険料の拠出

❶定率保険料と定額保険料

　社会保険料には、基本的に**定率保険料**と**定額保険料**の２つの類型がある。

定率保険料とは、所得に対して一定率の保険料を賦課するもので、所得に比例した負担となる。厚生年金保険と健康保険（全国健康保険協会が運営する協会けんぽと健康保険組合が運営する組合健保とに分かれる）がその代表である。定額保険料とは、所得に関係なく一定額の保険料を賦課するもので、国民年金がその典型である。

しかし、実際の制度では、これにさまざまなルールが付け加えられており、定率保険料と定額保険料はモデルとして理解すべきである。所得比例の負担でも、介護保険のように保険料が段階的な定額負担の形をとっている制度もある。また、国民健康保険では、定額保険料と所得に応じた定率保険料が組み合わされている。

定率保険料は応能負担と、定額保険料は応益負担と、それぞれ親近性がある。しかし、社会保険制度は負担と給付が一体となっているので、給付とあわせて評価する必要がある。健康保険や介護保険では、保険料負担と給付は基本的に連動しないので、負担だけを見て応能負担と判断できるが、厚生年金は負担が多ければ給付も多くなるので、定率保険料でも応益負担の要素が強い。国民年金は定額の保険料の納付月数に連動して給付が決まるので、典型的な応益負担ということができる。

❷被用者保険と定率保険料

社会保険制度は、歴史的沿革としては、労働者保護の仕組みである被用者保険として始まった。これらの制度では、賃金に一定率を賦課する定率保険料が採用されている。ただし、健康保険と厚生年金保険では、保険料の算定に賃金を一定額の範囲で平均化した標準報酬制が用いられ、その額には下限と上限が設けられているので、完全な所得比例ではない。[*12]一方、雇用保険、労災保険では、賃金総額に定率保険料が賦課される。

また、保険料は、被保険者本人と事業主が折半で負担することが原則となっている。[*13][*14]ただし、事業主の無過失責任に基づく労災保険は、原則として全額事業主負担である。

では、一般の疾病や高齢化のリスク回避のように、事業主に直接の責任がない事由に対して給付を行う制度に、事業主負担が設けられているのはなぜであろうか。その理由には次のようなことが指摘されている。

①事業活動起因性

健康の悪化は、直接の因果関係は明確でなくとも、例えば、仕事のストレスを通じて、労働ないし労働環境の影響を受けることがあり得る。また、失業は、事業主が行う雇用調整の結果であり、高齢退職も

*12
健康保険、厚生年金保険とも一応総報酬制になっているが、保険料は、月収に相当する標準報酬月額と標準賞与額に分けて賦課される。健康保険の場合、標準報酬月額は5万8,000円の下限から139万円の上限の範囲で50等級に分かれ、標準賞与額には年間573万円の上限がある。厚生年金保険では、標準報酬月額は8万8,000円の下限から65万円の上限の範囲の32等級、標準賞与額は1回の支給の上限が150万円となっている。厚生年金のほうが範囲が狭められているのは、年金給付の額の計算に直結するためである。

*13
健康保険組合の場合には、労使の合意に基づき、事業主負担の割合を5割以上にすることができる。

*14
社会保険料の負担が労使折半であることは、多分に沿革的な事情によるといわねばならない。諸外国の例を見ると、ドイツでは1949年から労使折半が原則となったが、フランスでは事業主負担のほうが多い。

定年制度その他雇用慣行に規定される側面が強い。このように、事業活動がもたらすさまざまなリスクが、社会保険制度の存在を必要としているのであるから、その費用の一部を負担することは当然である。

②生産性の向上という受益

被用者は、病気、失業、高齢化というリスクを抱えながら働いているが、もしこれらのリスクに個人で対処しなければならないならば、安心して働くことはできないであろう。社会保険制度は、これらのリスクに対処することで、被用者が安心して働くことができる条件を提供するものであるが、それはとりもなおさず、仕事に集中できるようにすることであり、生産性の向上につながっていく。生産性の向上は、企業収益の最も基本的な源泉である。

③被用者の負担軽減

被用者の負担能力には限界があるから、事業主にも負担を求めて安定的財源を確保する必要があるという考え方であり、円滑な労使関係を築くために望ましいということも含まれよう。[15]

いずれにせよ、事業主は、人を雇う以上、社会保険料の直接の負担者となって、一定額を負担することが社会的責任なのである。

なお、事業主負担のあり方については、事業主負担といっても労働コストに変わりはなく、社会保険料を負担することと、賃金に社会保険料分を上乗せして渡し、その部分を含めて被保険者に支払わせることと本質的に違いがないという意見がある。しかし、このような見方は、事業主負担を回避せんがために、本来ならば被用者保険が適用されるべきパート労働者について、適用条件を満たさないとして虚偽の申告をする事業主が絶えないこと一つを取ってみても、観念的議論であることがわかる。[16]

❸地域保険と定額保険料の導入

わが国では、昭和36（1961）年に国民皆保険・皆年金体制が確立されたが、それは、それまで被用者保険（**職域保険**）の対象となっていなかった国民を対象に、**地域保険**を創設することで始まった。つまり国民年金と国民健康保険である。[17]これらの制度には、被保険者の所得把握の困難が伴い、所得に連動しない定額保険料の要素が取り入れられている。また、事業主が存在しないので、社会保険料は被保険者のみの負担となる。

しかし、保険料の賦課の仕組みは年金と医療でかなり異なっている。

＊15
健康保険組合では、大企業によって設立されたものを中心に事業主負担の割合を5割以上にしているところがある。これは、被用者の負担を軽減することで優秀な人材を確保しようという経営戦略を反映したものと考えられる。

＊16
国内総生産など経済活動の成果を測る統計（国民経済計算）では、企業が負担する社会保険料は家計の受け取る雇用者所得にいったん計上され、そこから被保険者負担と合わせて社会保障基金に納付される一方、家計は社会保障基金から社会保障給付を受け取るという扱いをしている。これは、生産活動の結果として生み出される付加価値の大きさやその分配状況を明らかにするという国民経済計算の目的のために行われる統計上の操作であり、実際の資金の流れをなぞったものではない。

＊17
国民年金は皆年金体制を構築するために全く新たに創設されたが、国民健康保険は戦前からあった制度で、昭和30年代にはすでに8割の市町村に普及していた状況を土台として強制適用にしたものである。

国民年金は完全に個人単位の定額保険料である。低所得者には4段階の保険料免除制度が設けられており、負担能力への配慮が行われているが、保険料の免除を受けると、免除の割合に応じて年金が減額されるので、国民年金の保険料は応益負担の原理に基づいているといえる。[*18]

これに対して国民健康保険では、世帯員全員が被保険者となり、所得（市町村によってはさらに資産）に応じた保険料（応能分）と被保険者1人当たりの定額保険料（応益分）が組み合わされている。ただ、定額保険料についても、所得に応じて軽減措置が講じられており、全体としては応能負担の要素がかなり強いといえよう。

❹介護保険と後期高齢者医療制度

介護保険と後期高齢者医療制度は、一定年齢以上の者に限定されているとはいえ、地域保険に職域保険を吸収したものといえる。

介護保険の保険料は、65歳以上の第1号被保険者は、所得に応じて数段階に区分されて額が増える保険料を介護保険に支払い、40歳以上の第2号被保険者は、それぞれが加入している医療保険に一定率を上乗せして徴収される。

後期高齢者医療制度では、75歳以上のすべての人が被保険者として原則個人単位で保険料を負担することになっており、国民健康保険と似た定額保険料（ただし、所得に応じた軽減措置あり）と、所得、資産に応じた定率保険料から成っている。[*19]

（2）社会保険制度への税財源の投入

拠出と反対給付の対応を基本原理とする社会保険制度の財政は、社会保険料でまかなわれることが原則である。しかし、わが国では、多額の税財源が投入されている。**図3−3**では、社会保障給付費の84％は社会保険制度を通じて支出されている一方、社会保障給付費に占める社会保険料は55.5％にとどまっており（**図3−4**）、残りの部分には公費が充てられていることを示している。

そこで、まず具体的仕組みを理解することとし（給付の種類ごとにまとめる）、次いで、社会保険制度に対する税財源の投入の根拠について考えてみよう。

❶年金

公的年金制度は、基礎年金と厚生年金の二階建てになっているが、基

*18
ただし、免除の有無にかかわらず、国庫負担分（本来の年金額の1/2。平成20〔2008〕年度までは1/3）は支給されるので、制度全体としては応能的要素が加味されているといえよう。

*19
後期高齢者医療制度の費用は、制度設計上、自己負担分を除き、被保険者である後期高齢者が負担する保険料約1割、公費約5割、現役世代が加入する医療保険制度からの支援金約4割でまかなわれている。このようなことから、古典的な意味での社会保険方式とはいえないという意見があるが、現役世代からの支援金は社会保険制度間の財政調整であり、公費5割の制度は他にもあるので、社会保険制度の一種と理解すべきであろう。

礎年金の給付費の1/2が国庫負担である。[20]この率は、制度発足時は1/3で
あったが、平成16（2004）年改正において「所要の安定した財源を確保
する税制の抜本的な改革を行った上で1/2に引き上げる」こととされ、
段階的に引き上げが行われてきたものである。[21]

　なお、注意しなければならないのは、この国庫負担は基礎年金に対す
るものであるから、国民年金加入者（期間）だけでなく、厚生年金加入
者の基礎年金加入（相当）期間に対しても行われる、すなわち、すべて
の年金受給者に対して税を財源とした給付が行われているということで
ある。

　また、全額国庫負担となっているのは、年金制度の責任主体（保険
者）が国であるからである。

❷医療

　医療を提供する社会保険は、地域保険の国民健康保険、被用者保険の
協会けんぽと組合健保が三大制度となり、75歳以上の者を被保険者とす
る後期高齢者医療制度が別立ての横断的な制度としてある。

　このうち、国民健康保険に対しては、給付費の50％を国及び都道府県
が負担している。負担割合は、国41％、都道府県９％である。

　こうした措置は、低所得者が多い上、健康保険のように事業主負担が
なく、その分被保険者本人の負担が重くなるためとされている。さらに、
原則、被保険者保険料でまかなう残りの50％の部分についても低所得者
に保険料を軽減する制度があり、軽減した分は都道府県が3/4、市町村
が1/4を負担する。軽減対象者の多い市町村に対しては、国も財政支援
を行う仕組みがとられている。[22]

　なお、平成30（2018）年度からは、財政運営の責任主体が市町村から
都道府県に移管され、より安定的な財政運営を図るとともに保険料の市
町村ごとのばらつきを少なくするよう取り組みが行われている。

　また、協会けんぽに対しても、給付費の16.4％の国庫補助が行われて
いる。これも大企業に比して負担能力が相対的に乏しい中小企業の被用
者を被保険者としているためとされている。

　組合健保に対しては、原則として国庫補助はないが、一部の財政窮迫
組合に限定して、定額の国庫補助が行われている。

　後期高齢者医療制度は、給付費の約１割を被保険者が負担する保険料
でまかない、約４割を75歳未満の国民が加入している医療保険制度が支
援金として負担し、残りの約５割は国、都道府県及び市町村によって負

*20
ただし、20歳前に障害
の状態にあった者に対
して支給される障害基
礎年金については、約
６割の国庫負担となっ
ている。

*21
基礎年金の国庫負担を
1/2にするための安定
財源の確保は長らく課
題であったが、平成26
（2014）年４月に消費税
率が８％に引き上げら
れ、ようやく解決され
ることとなった。

*22
法律に基づく制度上の
費用負担のほか、財政
の厳しいところでは、
地方自治体の判断で別
途一般会計から繰り入
れが行われてきた。

第3章

担される。その内訳は、国4/6、都道府県1/6、市町村1/6である。また、国民健康保険と同様に、運営主体（全県の市町村で構成された広域連合）の判断で低所得者に保険料を軽減する制度があり、軽減した分は、都道府県が3/4、市町村が1/4を負担する。[*23]

❸介護

介護保険では、保険給付の1/2が公費負担となっている。公費負担は、国がその1/2（給付費の1/4）を負担し、都道府県と市町村が1/4（給付費の1/8）ずつを負担している。

介護保険の給付に市町村負担があるのは、社会扶助の枠組みのもとで行われていた老人福祉制度のときの費用負担が、基本的に国、都道府県、市町村で2：1：1であったという沿革に加え、介護サービスは、地域に密着しており、市町村の運営責任が重いためである。

❹税財源が投入されている理由

社会保険制度は、保険料を拠出し、その見返りとして給付を受ける権利を得るという対応関係を基本原理とするものであるから、多額の税財源の投入は、社会保険原理から逸脱しているという批判もある。そのようななかで税財源の投入がなされているのは、なぜであろうか。その理由には次のようなことが指摘されている。

①保険制度間の財政力の格差を是正するため

このことは、とりわけ医療について明瞭で、低所得者が多いために負担能力が低い制度、高齢者が多くて財政支出が大きい制度ほど、多くの公費負担が行われ、加入する保険制度によって被保険者の負担が大きく違わないよう、調整が図られている。

②できるだけ多くの国民を社会保険制度でカバーするため

社会保険制度は、保険料の拠出を要件としているので権利性が強く、給付水準も比較的高い水準を確保できる。しかし、低所得者にとっては保険料の拠出は重い負担になるので、税財源を投入することで保険料の水準を引き下げ、社会保険制度からの脱落を防止している。

このことはすべての社会保険制度に当てはまるが、とりわけ基礎年金について、免除制度のもとで、全く保険料の拠出がなくとも国庫負担相当つまり1/2の年金が支給される仕組み[*24]として目に見える形で具現化している。[*25]

③負担の賦課ベースを広げるため

　社会保険制度に内在する課税ベースの狭さを補い、公平な負担をするために税財源を用いる意義がある、という考え方である。

　すなわち、社会保険料の賦課ベースはフローの所得が中心であること、また定額保険料は逆進性が強い（特に国民年金）ことから、課税ベースの広い税財源を投入することで公平な負担が図れるというものである。

④制度の円滑な移行

　このほか、制度改正に伴って負担が増加する場合などにとられる激変緩和措置の財源として、しばしば税財源が用いられている。これは臨時応急的な対応といえる。

（3）利用者負担

　医療や介護のようなサービス系の給付には、そのサービスの利用者が費用の一部を負担する仕組みが設けられている。医療保険では患者一部負担、介護保険では利用者負担とよばれているが、ここでは一般的概念として利用者負担に統一して用いる。

　社会保険料は、将来の受給に備えてあらかじめ拠出しておく負担であるのに対し、利用者負担は、サービスが必要になったときに負担するという、時点の違いがあるが、広い意味で制度の利用者が行う負担であるという点で共通している。

❶財政規模

　本章第1節1（2）で指摘したように、利用者負担は社会保障給付費に含まれないが、その額は決して小さくない。医療や介護サービスを実施するための財源の重要な一類型である。

　医療費については、国民医療費が発表されているのでその規模を確認することができる。令和2（2020）年度の国民医療費は42.9兆円に達している。その財源構成は、保険料が49.5%（21.2兆円）、公費が38.4%（16.4兆円）であるのに対し、患者負担も11.5%（4.9兆円）を占めている。なお、公費には、医療保険制度に対する国庫負担等の公費負担、公費により患者負担を軽減するための費用、生活保護の医療扶助の費用が含まれている（**表3-1**）。

　介護費用についても同様の集計が可能と考えられるが、現時点では行われていない。

〈表3－1〉**財源別国民医療費**

財　　源	令和2（2020）年度	
	推　計　額 （億円）	構　成　割　合 （%）
国　民　医　療　費	429,665	100.0
公　　　　　費	164,991	38.4
国　　　庫 1)	110,245	25.7
地　　　方	54,746	12.7
保　　険　　料	212,641	49.5
事　業　主	91,483	21.3
被　保　険　者	121,159	28.2
そ　　の　　他 2)	52,033	12.1
患者負担（再掲）	49,516	11.5

（注1）軽減特例措置は、国庫に含む。
（注2）患者負担及び原因者負担（公害健康被害の補償等に関する法律及び健康被害救済制度による救済給付等）である。
（出典）厚生労働省「令和2（2020）年度　国民医療費の概況」

❷利用者負担の類型と負担割合

　利用者負担には基本的に2つの類型がある。1つは医療や介護サービス本体部分の給付費の一部を定率で負担するものである。利用者負担のもう1つの類型は食費、室料や住居費（ホテルコスト）に相当するものである。単に利用者負担というとき、通常は最初の類型をさしているので、まずそちらから見ていこう。

　社会保険制度の保険給付は拠出に対する反対給付として行われるものであり、利用者負担は、応益負担を基本とし、サービスの利用量に連動する定率負担が採用されている。ただし、年齢及び所得に応じて、負担率が細かく調整され、応能負担の要素もかなり取り入れられている。その結果、一見非常に複雑になっているが、原則を理解すると多少わかりやすくなる。

　すなわち、医療保険では、一般の利用者負担は3割でこれが基本であるが、未就学児童は2割となっている。また、70歳以上75歳未満の被保険者は2割、75歳以上の後期高齢者は1割負担が原則となっている。年齢に応じて異なるのは、児童や高齢者は病気になるリスクが高いので、利用者負担がかさむことを考慮したものと考えられる。これに、所得に応じた調整が加えられている。まず、70歳以上75歳未満の被保険者でも、現役並み所得者は一般の3割負担となっている。また、後期高齢者の一般所得者でも一定以上の所得がある者については2割負担（令和4〔2022〕年10月から）、現役並み所得者では3割負担となっている。

これらをまとめると、医療保険の利用者負担は、未就学児童２割、一般３割、70歳以上75歳未満の一般所得者２割、現役並み所得者３割、75歳以上の一般所得者１割、一定以上の所得がある一般所得者２割、現役並み所得者３割となる（**図３－７**）。

次に介護保険の利用者負担は、一般が１割、上位所得者は２割、さらに所得の高い層（現役並み所得者）は３割となっている（**図３－８**）。利用者は65歳以上となるが、年齢による負担率の違いは設けられていない。

以上は、サービス利用時に負担するが、医療費ないし介護費用がかさむと、負担すべき額があまりにも高額になってしまうので、負担の上限額が設けられている。負担上限額は、高齢者、所得の低い人にはさらに低く抑えられている。上限額は、まず、医療と介護で月ごとに別々に計算され[*26]、一定額を超えると年を単位として両方が合算される[*27]。これらの仕組みにより、応益負担原則が一部修正されているのである。

利用者負担のもう１つの類型は食費、室料や住居費（ホテルコスト）

＊26
医療保険における高額療養費制度及び介護保険における高額介護サービス費制度。

＊27
高額医療・高額介護合算療養費制度。

〈図３－７〉医療費の患者負担割合

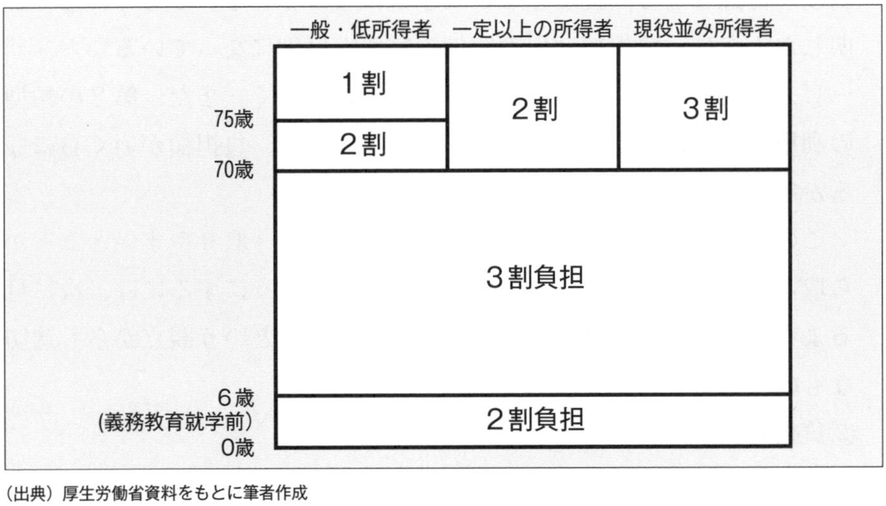

一般・低所得者
一定以上の所得者
現役並み所得者
１割
２割
２割
３割
75歳
70歳
３割負担
6歳
(義務教育就学前)
0歳
２割負担

（出典）厚生労働省資料をもとに筆者作成

〈図３－８〉介護サービスの利用者負担（第１号被保険者の場合）

一般所得者	上位所得者	現役並み所得者
１割	２割	３割

（筆者作成）

に相当するものである。これらは、病院や介護施設などで提供されるが、保険給付の対象とはならず、実費を利用者が負担しなければならない。実費であるから、完全な応益負担である。ただし、低所得者には軽減措置が講じられているものもある。

❸利用者負担の意義

　利用者負担は、サービス利用のつど自分の財布から直接支払われるために、負担に現実感がある。このため、利用者負担の引き上げには抵抗が強い。しかし、社会保障の財源は、社会保険料であれ、税であれ、誰かが負担するほかなく、社会保障の費用が増大していくなかで、財源の一部を成す利用者負担も増える傾向にある。社会保険制度において利用者負担の水準をどう設定するかは、あらかじめ保険料を拠出してサービス利用時の負担を少なくするか、保険料の負担を抑えてサービス利用時により多くの負担をするかという選択の問題と同一である。そうしたなかで、よりよい選択をするために、利用者負担の意義を探ろう。

①財源の確保

　第1の類型の利用者負担の財政規模は、❶で見たとおり、社会保障制度の財源として無視できない大きさになっている。そして、❷で説明したように、負担額は保険給付の定率が原則になっているから、サービスの費用の増加に連動して確実に増えていく。また、第2の類型の利用者負担は、保険給付の対象ではないので、負担額がいくらになるかを把握しにくい。

　このようななかで、利用者負担の引き上げが「取りやすいところから取る」といった安易な引き上げにならないようにするには、次に見るように、負担の公平やサービスの適正な利用という観点からも適切なものである必要がある。

②負担の公平

　社会保険制度は、誰もが直面する生活上のリスクに対して皆でお金を出し合って備える仕組みであるので、社会保険料が主たる財源となる。極端な場合、社会保険料だけを財源にして、利用者負担はなしにするという選択もあり得る。しかし、それでは、サービスを利用する人も利用しない人も負担が同じことになり、不公平感がある。特に、サービスが高度化して、費用がかさむほど不公平感が強くなる。これを解消するために、サービスの利用者に一定の費用を負担してもらう仕組みが利用者負担である。

*28
かつて（昭和48〔1973〕年9月まで）の健康保険制度では、被保険者本人は10割給付で、患者一部負担金はなかった。また、事業主の無過失責任に基づく労災保険は費用の全額を事業主が拠出するので利用者の負担はない。

　利用者負担をどの程度とするかは相対的な事柄であり、実際の制度もさまざまであることはすでに見たとおりである。社会保険制度であるからには保険給付が5割を切ることは考えにくく、逆にいえば利用者負担は5割まではあり得るともいえようが、あまりにも多額では、社会保険制度としての存在意義がなくなってしまうであろう。

　社会保険料としてあらかじめ負担することにどこまで合意が得られるか、また、社会保険料の負担を軽減するためにどこまで税財源を投入することができるかなど、他の財源との兼ね合いも考慮して決めていくしかないであろう。

③サービスの適正な利用

　利用者負担には、サービスの利用時に一定額を負担してもらうことで、不要不急の利用を防ぎ、サービスの適正な利用を促すという意義もある。そうすることで、無駄を省き、サービス提供に要する費用全体の不必要な膨張を防ぎ、ひいては、負担を適正な範囲内に保つことになる。

　この観点からは、利用者負担はいわばサービスの価格であって、利用者はサービスを利用する必要性と負担することになる費用を見比べて、どのサービスをどの程度利用するかを決めることになる。そして、利用者が適正な判断をするためには、利用者負担は、サービスの提供に要する費用に応じて決まる定率負担であることが望ましい。しかし、あまりにも多額では必要なサービスの利用も阻害されてしまうので、限度がある。利用者の負担能力に応じて、月単位ないし年ごとに負担の限度額が設けられているのはこのためである。

（4）積立金の運用益

　社会保障制度においては資産収入も重要な財源となっている。資産収入が生じる最大の理由は、長期保険である年金制度が積立金を保有しているからである。また、短期保険である医療保険でも、医療の高度化や高齢化の進展等で生じる継続的な保険料の上昇に対処するため中期的財政運営方式がとられており、一定の積立金を保有しているから、これも若干の資産収入をもたらしている。

　年金制度の財政運営の方式は、現在の年金給付に必要な費用は現在の保険料収入でまかなう、という**賦課方式**が基本になっている（したがって原理的には積立金はいらない）。しかしこれを完全に適用すると、制度の開始から時間が経っていない段階では、年金受給者の数が少ないの

に被保険者の数は多いので毎年の保険料が極端に低くなる一方、時間が経過して制度が成熟化してくると、年金受給者が増え被保険者の割合が低下するので、保険料が極端に高くなってしまう、という問題が生じる。

それを防ぐために採用されたのが**修正賦課方式**で、制度発足当初は給付に必要となる額以上の保険料を徴収して積立金を醸成し、高齢化が進んで必要となる保険料が高くなってきた段階で、積立金の運用収入で保険料の上昇幅を抑え、さらには積立金を取り崩すことにより後世代の負担が過重にならないように財政設計をするものである[*29]。このように修正賦課方式のもとでは、相当期間、積立金を保有することになるので、その間、運用収入が得られるのである。

3 公費を財源とする社会福祉諸制度

公費を財源とする社会福祉諸制度の財源のほとんどは税である。税には国税と地方税がある。このほか、財政的にはごく少額であるが、費用徴収などの利用者負担がある。これらの財源は、いったん、国または地方自治体の一般会計に集められ、そこから支出されている。

そこで、まず理解すべきは、公費のうち、国がどの程度負担し、地方自治体がどの程度負担しているかということである。次いで、なぜそのような負担割合になっているかを知ることが重要である。

社会福祉にはさまざまな制度があり、制度ごとに財政の仕組みもさまざまであるが、その中でも一定の傾向が見出される。それを知ることで全体像の理解が容易になる。

社会福祉の事務は、ほぼすべて地方公共団体が担っているが、その事務は、地方自治法に基づき、法定受託事務と自治事務に分かれている。法定受託事務とは、本来、国が実施すべきものを、法律に基づき地方自治体が受託しているもので、社会福祉の分野では生活保護が典型である。自治事務というのは、文字どおり地方自治体の固有の事務で、社会福祉サービスがこれに該当する。

こうした事務の性格は、当然、費用負担のあり方に反映され、生活保護では国の負担割合が高く、社会福祉サービスでは地方自治体の負担割合が相対的に高い傾向にある。さらに、社会福祉サービスの中には、もっぱら地方自治体の一般財源で実施すべきものとされ、国の負担分は地方交付税の対象となる費用の算定の基礎になっているだけのものもある。

また、社会福祉サービスには、費用徴収などの利用者負担があり、こ

[*29]
歴史的に見れば、ほとんどの国の年金制度は積立方式でスタートしており、わが国の厚生年金制度も例外ではない。しかし、戦争及び戦後のインフレで積立金の実質価値が低下する一方、保険料の引き上げもできず、しかも年金給付は引き上げざるを得なかったことから、積立方式は維持できなくなった。幸い、年金受給者が少なかったため支払いを継続することができ、昭和29（1954）年以降は、将来に向かって段階的に保険料を引き上げることで収支バランスを回復する方式が採用された。当時は、これを段階保険料方式とよび、修正積立方式と説明していたが、現在から評価すると、この時点で実質的に修正賦課方式に移行していたといえる（ただし、政府が修正賦課方式であると表明したのは、かなり時間が経過してからである）。

れを通じて利用者やその家族（扶養義務者）がその費用の一部を負担している。それらは負担能力に応じて額が決まる応能負担が原則となり、財源の規模としては必ずしも大きくはないが、サービスの対価としての意味もあり、サービスを利用する人と利用しない人との公平性を確保する観点からも重要な役割を果たしている。

（1）所得保障
❶生活保護
*30
生活保護は、国民の最低限度の生活を保障する制度であるから、財源はすべて税である。その実施主体は国であるが、保護実施の直接的事務は法定受託事務として、市及び福祉事務所を設置する町、その他の地域では都道府県に委ねられている。

*30
本双書第7巻第2章・
第3章参照。

こうした仕組みをふまえ、費用の負担割合は、国が3/4、保護を実施した地方自治体が1/4を負担する。

なお、生活保護の基本となる給付は生活扶助である。しかし、給付費の額という観点からは、医療扶助が5割近くを占めている。医療扶助は精神疾患や難病などの患者を対象とした公費負担医療制度の一種でもある。

生活保護は、憲法第25条に定められた、国にとって最も根源的ともいえる責務を果たす制度であるが、それに地方自治体の負担が設けられているのは以下のような理由からである。

①憲法に規定された国とは、国と地方自治体の両方をさすこと

したがって、生活保護についても国と地方自治体が連携して実施する仕組みになっており、法定受託事務であっても地方自治体が費用の一部を負担することは何らおかしなことではない。ただし、国に最終的な責任があるのであるから、国の負担割合が高くなければならないことはいうまでもない。

②生活保護の実施にあたっては、地方自治体の役割も大きい

保護率は地域によって大きな差があり、市民一般の生活水準の差や地域ごとの失業率の違いからは説明できないほどのばらつきがある。このことは、保護の実施にあたって地方自治体の裁量が大きくはたらいていることを意味しており、そうであれば、地方公共団体も応分の負担をしてしかるべきといえる。

③自立支援の取り組みへのインセンティブ

②とも関連するが、生活保護法の目的は、最低限度の生活の保障と

ともに、自立の助長とされており、福祉サービスの側面がある。また、自立の助長は、あくまで被保護者の観点から行われるべきものであるが、結果として、財政負担の軽減にもつながっていく。したがって、地方自治体が費用の一部を負担していれば、自立の助長に積極的に取り組むインセンティブとしてはたらくという一面がある。

❷社会手当

社会手当は無拠出制の現金給付である。その点では生活保護と同じであるが、資産調査を伴わない一方、給付水準は低く、所得保障制度としては補足的である。わが国では、国の制度としては、児童手当、児童扶養手当、特別児童扶養手当、特別障害者手当がある[31]。地方自治体によっては独自に社会手当を支給し、かなり充実しているところもある。

社会手当は一般には税を財源としている。また、国の制度はいずれも法定受託事務として、地方自治体によって実施されている。しかし、国と地方の負担割合は制度によってまちまちである。

児童手当は、大部分は国2/3、地方自治体（都道府県及び市区町村）1/3となっているが、被用者については一部事業主負担もある（後述）。児童扶養手当は、国1/3、地方自治体（生活保護と同じで、市及び福祉事務所を設置する町、その他の地域では都道府県）2/3、特別児童扶養手当は、国が10割、特別障害者手当は国3/4、地方自治体1/4となっている。

これらの違いは、次のように理解することができる。まず、児童手当は、普遍的な所得保障を行うので国の負担割合が高い。その他は、個別の事情に着目して給付されるものであり、児童扶養手当については、ひとり親家庭の自立支援に果たす役割に着目して地方自治体の負担のほうが大きくなっている。一方、特別児童扶養手当、特別障害者手当は障害者に対する所得保障の性格が強いことなどから、国の負担割合が高くなっているといえよう。

なお、児童手当のうち3歳未満の被用者の児童に対する給付の財源の7/15は、事業主負担になっている。これは、児童手当には、「社会の子」として社会全体で子どもの健全育成を支えていこうという理念のほか、企業が行う従業員に対する福利厚生を代替する側面があるためと考えられる。残りの8/15については国が2/3（8/15×2/3＝16/45）、地方自治体が1/3（8/15×1/3＝8/45）の割合で負担している。3歳以上の児童に対する給付には事業主負担はない[32]。

---

*31
平成22（2010）年4月から、所得制限のない子ども手当が実施されたが、財源不足のため平成24（2012）年4月から再び児童手当に一元化された。

*32
児童手当等の財源構成については、「次元の異なる少子化対策」の実施に伴って大幅に変更となる可能性がある。

❸年金生活者支援給付金

　年金を含めても所得が低い者等の生活を支援するために、年金に上乗せして支給される給付金である[*33]。「社会保障と税の一体改革」の一環として、消費税率を10％に引き上げて生じた財源の一部を充てて令和元（2019）年10月から開始された制度で、国が費用の全額を負担している。事務は、年金とあわせて日本年金機構が行っている。社会保険制度である年金を補完する給付ではあるが、これも社会手当の一種とみなすことができる。

（2）社会福祉サービス

　社会福祉サービスにはさまざまなものがあるが、そのウエイトの大きさから判断して障害福祉サービスと保育サービスを中心に述べる。障害福祉サービス、保育サービスはともに自治事務である。なお、高齢者介護サービスは一部を除き、社会保険制度に属する介護保険で提供されている。

❶障害福祉サービス

　障害福祉サービスは実にさまざまであるが、ここでは柱となる障害者総合支援法に基づく介護給付、訓練等給付、自立支援医療、地域生活支援事業の財政の仕組みについて大枠の理解を試みる[*34]。

　介護給付、訓練等給付、自立支援医療は、いずれも自立支援給付である。介護給付、訓練等給付の費用は、ごく一部の利用者負担を除き公費負担で、負担割合は、国1/2、都道府県1/4、市町村1/4である。利用者負担は、所得に応じて設定されるが、低所得者の負担はゼロ、高所得者でも費用の1割である。給付の財政規模に比して利用者負担の割合は1％程度となっている。

　自立支援医療は、精神疾患を対象とした公費負担医療制度の一種であるが、全額を生活保護制度で支給する医療扶助とは財政の仕組みが異なり、利用者は一般制度である医療保険を利用するものの、負担が重くなりすぎないよう、患者一部負担と1割の定率負担の差額について公費で支給するものである。負担割合は国1/2、都道府県1/2である。なお、こうした保険優先型の公費負担医療制度は難病など他分野でも採用されている。

　一方、地域生活支援事業は、市町村の自主的責任のもとで行われる、地域の特性や利用者の状況に応じ柔軟な形態で提供されるさまざまなサ

*33
老齢基礎年金を受給しているが、年金とその他の所得を合わせても老齢基礎年金満額以下の者、障害基礎年金・遺族基礎年金の受給者で、一定の要件を満たす者に支給される一種の加算である。

*34
本双書第4巻第2部第2章第2節参照。

＊35
特に専門性の高い相談支援事業等は都道府県が行うこととされている。

＊36
本双書第5巻第2部第2章第2節参照。

＊37
＊32に同じ。

ービスの総称で、具体的な仕組みは市町村の判断に委ねられる部分も多く、国及び都道府県の補助は全体を一括した補助金となっている。

❷保育サービス

　近年、保育サービスのメニューは多様化し、認定こども園もスタートしている。また、費用の負担も、従来から行われている運営費の負担ルールに、保育料の負担をなくすための公費負担が加わり、この他に事業主負担も一部導入されているため、大変複雑になっている。ここでは柱となる保育所[＊36]について大枠の理解を試みる。

　保育所の運営費用は、税財源と扶養義務者が負担する保育料によってまかなわれてきた。一方、令和元（2019）年10月からは、扶養義務者の負担を肩代わりする形で保育の無償化ないし大幅な負担軽減が行われ、特に3〜5歳児については、食材費等を除き大部分が税財源でまかなわれることになった。

　そこでまず、保育所運営費に関して見ると、民間保育園の場合、3〜5歳児相当分については国が1/2、都道府県が1/4、市町村が1/4を負担する。また、0〜2歳児相当分については1/6を上限として事業主拠出金が充てられ、その残りを国1/2、都道府県1/4、市町村1/4の割合で負担する（公立保育園は、いずれの年齢階層も地方交付税措置により運営する市町村が10/10を負担する）。

❸幼児教育・保育の無償化

　「社会保障と税の一体改革」に伴い、就学前の子どもを対象とする包括的な支援の仕組みとして子ども・子育て支援制度が創設され、認定こども園、幼稚園、保育所等を通じた共通の給付（施設型給付）、小規模保育等への給付（地域型保育給付）及び、認可外保育施設等への給付（施設等利用給付）が行われている。

　この制度において、令和元（2019）年10月より、消費税率を10％に引き上げて生じた財源の一部を充て利用者負担の無償化ないし大幅な負担軽減が図られている。具体的には、3〜5歳児について、認定こども園、幼稚園、保育所等の利用料が無償化され、認可外保育施設等では月額3.7万円（全国平均額）までの利用料が無償化された。また、0〜2歳児について、住民税非課税世帯を対象に認定こども園、幼稚園、保育所等の利用料が無償化され、認可外保育施設等では月額4.2万円までの利用料が無償化された。なお、食材料費は実費負担である[＊37]。

❹公衆衛生

　公衆衛生は、社会全体の健康状態の保持、向上のためのサービスである。感染症予防、特殊な疾病対策、上下水道の整備、食品衛生などがあるが、社会保障給付には、医療の外延として主にヒトに対するサービスが含められている。これまではあまり大きな費用ではなかったが、令和2（2020）年度以降は新型コロナウイルス感染症対策のために大幅に増えている。

　公衆衛生は、社会全体の安全を守る活動なので公費で行うことが原則であるが、一部の予防接種には自己負担がある。コロナ対応ワクチンは全額公費負担で行われた。

第3章

第2節　社会保障給付の規模と国民負担率

1 社会保障の給付と負担の見通し

社会保障給付費は令和5（2023）年度には、134兆円の巨額に達するものと見込まれている。この額は、これまでも年々増加を続けてきたが、人口動態から見て今後も少なくとも20〜30年は増加を続けることがほぼ確実である。給付と裏腹の関係にある負担についても同様であり、これを誰がどう負担していくのか、真剣に検討しなければならない。

（1）2040年の社会保障推計

社会保障の給付と負担は、国民生活や家計、国の経済に非常に大きな影響を与える。これが今後どのようになっていくかを知ることは、それ自体が重要である。このため、国は機会をとらえて将来推計を作成・公表している。直近では、平成30（2018）年5月に「2040年を見据えた社会保障の将来見通し」が出されているので、この中から該当部分を抜き出して確認していこう。

まず、社会保障給付費から（**図3−9**）。社会保障給付費は、平成30（2018）年度の約120兆円から、7年後の2025年度には約140兆円、その15年後の2040年度には約190兆円になると見込まれている。22年間で約70兆円、1.6倍弱の増加である。部門別では、年金1.3倍、医療1.7倍、介護2.4倍、子ども・子育て1.7倍で、介護の伸び率が高く、医療、子ども・子育ては全体の伸びを若干上回る程度、年金はそれほど伸びない姿になっている。

ただし、以上の数字は、賃金、物価の上昇等も含んだ名目額であり、この間に経済もある程度成長するので、実質的な規模の拡大を直接に示すものではない。そこで、社会保障給付費の規模を経済の規模と比べたのが、実額の下のかっこ書きである。ここでは、経済の規模を示す指標として国内総生産（＝GDP）が用いられており、社会保障給付費の国内総生産比は、平成30（2018）年度の21.5%から、2025年度には22%程度[注38]、2040年度には24%程度まで徐々に上昇する。

社会保障負担も、給付と同様の増加を示す（**図3−10**）。社会保障の

*38
「将来見通し」作成時点での推計値。実績値は21.8%であった。

〈図３－９〉社会保障給付費の見通し（経済：ベースラインケース）

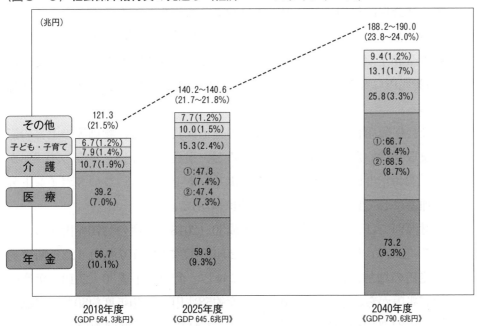

（注）（　）内は対GDP比。医療は単価の伸び率について２通りの仮定をおいており給付費に幅がある。
（出典）内閣官房・内閣府・財務省・厚生労働省「2040年を見据えた社会保障の将来見通し」（平成30年５月21日）

〈図３－10〉社会保障負担の見通し（経済：ベースラインケース）

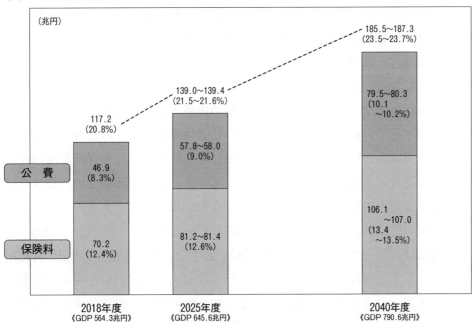

（注）（　）内は対GDP比。医療は単価の伸び率について２通りの仮定をおいており負担額に幅がある。
（出典）内閣官房・内閣府・財務省・厚生労働省「2040年を見据えた社会保障の将来見通し」（平成30年５月21日）

　財源には、公費と社会保険料のほかに年金積立金の運用益などもあるので、社会保障負担は社会保障給付費より若干少なくなるが、大きくまとめると数字は全く同じで、平成30（2018）年度の約120兆円から、7年後の令和7（2025）年度には約140兆円、さらに15年後の2040年度には約190兆円になると見込まれている。22年間で約70兆円、1.6倍弱の増加である。

　社会保障給付費と同様、この間の経済成長や所得、物価等の上昇の影響を取り除いた国内総生産比にすると、平成30（2018）年度の20.8％から、2040年度には24％弱まで約3ポイント上昇する。この3ポイント分、増加率にして1.2倍が実質的な負担増である。

　財源別では、社会保険料は、平成30（2018）年度の約70兆円から、令和7（2025）年度には約81兆円、2040年度には約107兆円（22年間で約36兆円の増加、1.5倍）になるのに対し、公費は平成30（2018）年度の約47兆円から、令和7（2025）年度約58兆円、2040年度約80兆円（22年間で約34兆円の増加、1.7倍）となっており、公費財源のほうがより速いテンポでの増加が必要になることが示されている。国内総生産比で見ても、社会保険料は約1ポイントの上昇にとどまるのに対し、公費は約2ポイント上昇する。

（2）社会保障と税の一体改革

　社会保障の主要な財源は、社会保険料と税である。これまで、社会保険料については、年金給付、医療費、介護費用などの増加に応じ適切な財政運営が確保されるよう、それぞれの制度に即して適宜引き上げが行われてきた。税についても基本は同じであるが、国、地方ともになかなか税収を増やすことができず、多額の国債・公債が発行されてきている。結果として、最大の歳出項目である社会保障もかなりの部分を借入金に頼っているといわざるを得ない状況に陥っており、社会保障制度の安定的な運営にも大きな懸念材料となっている。社会保障制度の持続性を確保するための増税は避けることができない課題なのである。

　国の財政は、長らく赤字基調が続いているうちに、平成21（2009）年度には、リーマンショックの影響も受けて一気に悪化し、歳出101兆円に対して税収は39兆円しかなく、その他収入を差し引いた残りの52兆円は国債、つまり半分が借入金となってしまった（一般会計決算。国債依存度52％）。一方、社会保障3経費（年金、高齢者医療、介護）はこの時点で16兆円に達しており、消費税収の全額7兆円（国帰属分）を充て

てもなお9兆円が不足していた。この9兆円のかなりの部分が国債でまかなわれていることになる。地方の財政でも、公債金収入が1割を超える状況が続いている。日本の主要な社会保障制度の財政は社会保険方式に基づいて運営されているが、公費も多く投入されているので、このような状況が続けば、社会保障制度の安定も危うくなる。

　このため、平成24（2012）年8月、与野党の主要政党の合意のもと、社会保障制度を拡充する一方、制度の効率化を図り、同時に安定的財源を確保して国の財政を健全化する「社会保障と税の一体改革」が行われ、漸次、実施に移された。その最大の柱は消費税率の5％から10％への段階的引き上げであった[39]（コラム「消費増税の使い道」参照）。

　具体的には、まず、平成26（2014）年4月から、消費税率が8％に引き上げられ、税収が国・地方合わせて毎年8兆円強増えることとなった。これをもとに、基礎年金の国庫負担率を1/2に引き上げる恒久財源[40]、子ども・子育て支援などの充実、後代負担の軽減（国債発行額の削減）に充てられるなどした。

　次いで、令和元（2019）年10月からは10％に引き上げられ、税収はさらに6兆円弱増えることとなった。これをふまえて、低額年金への上乗せ給付の新設（年金生活者支援給付金）、介護保険料の軽減、幼児教育・保育の無償化等[41]が行われた。

　この結果、令和2（2020）年度の当初には、社会保障4経費32兆円に対し、消費税収は18兆円となり、費用の6割弱をまかなう税源となった。また、財政全体でも、国の歳出103兆円に対して税収は64兆円、国債発行額は33兆円（国債依存度32％）まで圧縮されると見込まれるほどにまで改善した（いずれも令和2〔2020〕年度当初予算）。

（3）新型コロナウイルス感染症への対応

　このように、「社会保障と税の一体改革」が掲げた社会保障制度の充実と国の財政状況の改善の同時実現という目標は、いったんはある程度達成された。

　しかし、令和2（2020）年年初から感染が始まった新型コロナウイルス感染症に対処するために多大な支出を強いられ、国の財政事情は再び大幅に悪化してしまった。すなわち、年度途中で大型の補正予算が何度も編成され、令和2（2020）年度においては46兆円、令和3（2021）年度においては36兆円、令和4（2022）年度においては25兆円の歳出が追加された。その財源はほぼ国債でまかなうほかなく、最悪の年（令和2

[39]
税率引き上げと合わせて、使途が従来の基礎年金、高齢者医療、介護の3経費から、年金、医療、介護、子ども・子育て支援の4経費に拡大されるとともに、法律に明記された。

[40]
本章第1節2（2）❶参照。

[41]
本章第1節3（2）❸参照。

*42

いずれも決算ベース。
補正予算として計上さ
れた金額はここに示し
た額よりも大きかった
が、見込み額までは年
度内に使用されず、翌
年にまた補正予算が計
上されるといったこと
が繰り返し行われた。
このことに関しては、
緊急事態とはいえ財政
規律が緩んでいるとの
批判がある。

*43

社会保障関係費も増加
した。令和2（2020）
年度当初予算では、社
会保障関係費は32.6兆
円であったが決算では
43.0兆円と大幅に増え、
さらに令和3（2021）
年度50.2兆円、令和4
（2022）年度43.9兆円と
続いた。なお、これに
伴って社会保障給付費
も急増した。（図3－
2）で確認されたい。

年度）には財政の国債依存度は54％に達した。また、国債の発行残高は
この3年間だけで100兆円も増えてしまった。[*42][*43]

　令和5（2023）年5月、新型コロナウイルス感染症の位置付けが2類
相当から5類感染症に移行し、財政も平時に復帰することが宣言された。
ところが、今度は物価高に対処するために補正予算が組まれることにな
り、国の財政から13兆円の支出追加が予定されている。その財源の7割
は国債である。

（4）今後の展望

　国がやらねばならないことは3つある。国の財政の均衡を回復するこ
と。それと同時並行的に社会保障のための安定財源を確保すること。そ
して、これは長期的課題とならざるを得ないが、国債の返済を進めるこ
とである。どれも重い課題ばかりで、現時点で今後を展望することは非
常にむずかしいが、大きな目標は明らかにされている。

　まず、国の財政の不均衡の是正については、歴代内閣が基礎的財政収
支の均衡（プライマリーバランス）をまずもって達成すべき目標として
きている。基礎的財政収支の均衡とは、国債費と地方交付税を除いた国
の一般歳出は税収でまかなう状態のことであり、この状態になれば、国
の政策実施に伴う国債の新規発行は行わなくて済むので、経済の規模に
比した国債の発行残高が異常に膨張することは避けられる。

　実際に、「社会保障と税の一体改革」によって基礎的財政収支はかな
り改善し、令和元（2019）年度にはもう少しで均衡するところまで来た
のであるが、新型コロナウイルス感染症に対処するための財政出動によ
って一転、大幅に悪化してしまった。その後、経済の回復に伴って法人
税収が伸び、物価上昇も加わって消費税税収も増えてはいるが、物価上
昇に対応するための歳出の増加や、「次元の異なる少子化対策」などの
影響も見込まれるので、現時点ではどこまで回復するか、確たることは
言えない状況にある。「次元の異なる少子化対策」の財源は主に他の社
会保障費用の抑制によってまかない新たな増税は行わないこととされる
一方、本格的財源が確保されるまでの間はつなぎ国債も発行されるとの
ことである。

　また、社会保障の財政については、「2040年を見据えた社会保障の将
来見通し」で描かれた財源を確保する必要がある。経済の規模と比較し
た社会保障負担の増加率は、2040年までで現在の1.2倍程度と見込まれ、
過去の経験（平成12〔2000〕年度から令和2〔2020〕年度までの20年間

には1.7倍増加した）と比べ増加ペースはかなり緩慢になっているとはいえ、負担が増えることに違いはない。

　基礎的財政収支の均衡と社会保障のための安定財源の確保を同時並行的に達成していくには、「社会保障と税の一体改革」以上の改革を行う必要がある。このような改革は容易ではないが、わが国のように発達した経済を備えた国にとっては決して不可能なことではない。[*44]問題は、国民の合意、政治的な側面である。

　現在進行中の「全世代型社会保障の構築に向けた取り組み」[*45]は、必ずしも財源確保を目的としたものではないが、高齢者に偏っている保障の仕組みを改め、全世代に利益が行き渡るとともに、より公平な負担を実現しようとするものであり、今まで以上の負担を国民に受け容れてもらうための前提条件を整える改革として非常に重要である。

*44
詳しくは本節3で説明する。

*45
「全世代型社会保障の構築に向けた取り組み」の内容は、本書第2章第4節5に記載されている。

第3章

COLUMN

◉消費増税の使い道

　納税は国民の義務とされるが、それは税金が公共の利益のために使われることが大前提であり、とりわけ増税が行われるときには、政府が税金を適切に使用しているのか、その上でどうしても増税しなければならないのか、厳しいチェックが行われてしかるべきである。

　こうした意味で、消費税は、創設時、税率引き上げ時に常に大きな政治問題となったが、その使途はすべて社会保障に充てられることになっており、今回も、総額14兆円という大きな負担増を伴うにもかかわらず、「社会保障と税の一体改革」がまがりなりにも実現したのは、単に国の財政が厳しいというだけでなく、使途が具体的に示されていたためといえるのではないか。

　では、実際にどのようなことが行われたのか、**図3-11**に整理した。この図は、平成26（2014）年4月から消費税率が8％に引き上げられ、さらに令和元（2019）年10月から10％に引き上げられたときの税収の推移とその使い道を示している。

　まず、平成26（2014）年度に税率は8％になったが、時間差があるため、税収として当該年度に入ってくるのは一部になる。そこで、翌平成27（2015）年度にようやく税収が満年度化して8.2兆円の税収増を国と地方にもたらした。国民の負担はその分増えたのであるが、それはすべて社会保障に充てられた。具体的な使い道としては、基礎年金の国庫負担の恒久財源に3.0兆円、子ども・子育て支援や医療・介護などの社会保障

の充実に1.35兆円、後代負担の軽減（国債発行額の削減）に3.4兆円など
となっている。

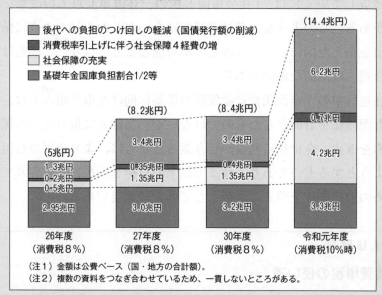

〈図3−11〉 消費税増収分の使途

（注1）金額は公費ベース（国・地方の合計額）。
（注2）複数の資料をつなぎ合わせているため、一貫しないところがある。

（出典）財務省、厚生労働省資料をもとに筆者作成

　なお、国債発行額の削減は、社会保障とは関係ないと考える向きもあ
ろうが、財政赤字の原因の相当な部分は社会保障給付の増大となってい
ることから、広い意味で社会保障に充てられているといえるのである。

　次いで、消費税率を10％に引き上げることでさらに5.7兆円の税収増に
なり、年金の少ない高齢者・障害者への給付（年金生活者支援給付金）
0.6兆円、低所得者の介護保険料の軽減0.1兆円、幼児教育の無償化0.8兆
円、介護人材の処遇改善0.1兆円など社会保障の充実に2.8兆円、後代負
担の軽減に2.8兆円が充てられた。

　この結果、「社会保障と税の一体改革」全体では、14.4兆円の税収増を
元手に、基礎年金の国庫負担の恒久財源に3.3兆円、社会保障の充実に
4.2兆円、後代負担の軽減（国債発行額の削減）に6.2兆円などが充てら
れたこととなる。

　こうして並べてみると、結構なことが行われているのであるが、よく
なったという実感をいまひとつ得られないと感じている国民も多いので
はないか。早計な評価は慎むべきであるが、完全実施に足かけ6年とい
う長い期間を費やし、しかも途中で制度設計の変更（軽減税率の導入、
使途の一部変更）がなされたために、何が行われているのかわかりにく
くなってしまったのではないか。貴重な経験として、しっかりと検証す
べきであろう。

2 社会支出の国際比較

　社会保障を維持するための負担は、すでに相当重いというのが国民の実感ではなかろうか。しかし、社会全体の経済力からすると、それほど重いものではないのである。なぜなら、経済の規模に比した給付の規模が、他の先進諸国と同等か、むしろ少なめであるからである。給付がそこそこであるなら、表裏一体の関係にある負担もそこそこであるとみるのが道理であるし、他の国でできている負担をわが国ができないはずもない。

　まず、社会保障の規模について、国際比較が可能なOECD（経済協力開発機構）の社会支出データベースを用いて見てみよう[*46]（**図3−12**）。

　図3−12の一番下に社会支出と経済の規模（指標としてはGDP＝国内総生産）を比べた数字が示されている。これによると、日本の社会支出の対GDP比は2021年度において25.97％であった[*47]。しかし、ここには新型コロナウイルス感染症対策の臨時的支出が含まれており、国際比較には2019年度の数字を用いるべきである。そうすると22.95％である。これは、イギリスの20.51％よりは高いが、アメリカの24.13％より低く、スウェーデン25.47％、ドイツ27.63％、フランス31.51％よりはさらに低い。このように、先進諸国、つまり、経済が十分に発展した社会では、どの国も、かなり多くの経済資源を社会保障に投じているが、日本は、どちらかというと資金投入が少ないグループに属しているのである。

　図3−12の上に移ると、政策分野別に分解されている。これを見ると、各国に共通する傾向が見てとれる一方、かなりのばらつきもあり、国によって重点の置き方が違うことがわかる。

　各国とも高齢分野（ここに年金も含まれる）と保健分野が突出していることは共通している。日本、イギリス、アメリカ、ドイツでは保健のほうが多いのに対し、スウェーデン、フランスでは高齢のほうが多くなっているが、高齢になるほど医療が必要になるなど、高齢分野と保健分野には重なる部分が多く、いずれも高齢化を反映して支出が多くなっていることを意味している。

　一方、イギリス、スウェーデン、ドイツ、フランスの欧州諸国では家族分野が大きな比重を占めている。また、スウェーデン、ドイツでは障害分野も大きく、この2か国ほどではないが、アメリカ、イギリス、フランスでもある程度の大きさがある。家族、障害ともに小さいのは日本だけである。近年、わが国の社会保障は、高齢者に集中し過ぎているの

第3章

[*46]
OECDの社会支出には、ILOの社会保障給付費には含まれない住宅や、直接個人には給付されない福祉施設整備費などが含まれており、社会保障給付費より範囲が広いが、額としてはあまり大きな違いはない。

[*47]
ちなみに、社会保障給付費の対国内総生産比は24.7％であった。

〈図3−12〉政策分野別社会支出の国際比較（2019年度）

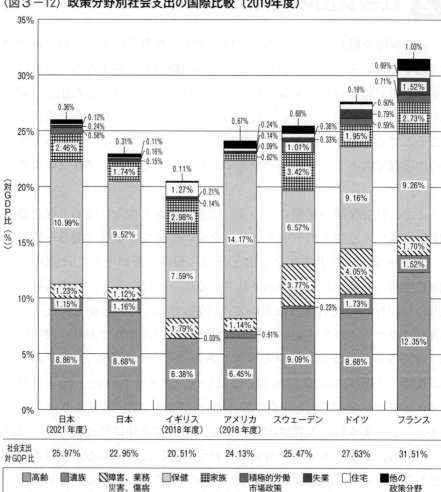

| 社会支出対GDP比 | 25.97% | 22.95% | 20.51% | 24.13% | 25.47% | 27.63% | 31.51% |

凡例：■高齢　■遺族　◪障害、業務災害、傷病　□保健　▦家族　◪積極的労働市場政策　■失業　□住宅　■他の政策分野

（注）アメリカについては、2014年にいわゆるオバマケア（Patient Protection and Affordable Care Act）が施行され、個人に対し医療保険への加入が原則義務化されたことに伴い、それまで任意私的支出（Voluntary Private Expenditure）とされてきた民間の医療保険支出が、義務的私的支出（Mandatory Private Expenditure）として社会支出に計上されることになった。

（資料）諸外国の社会支出は、OECD Social Expenditure Database（2022年6月23日時点の暫定値）による。国内総生産については、日本は内閣府「2020年度（令和2年度）国民経済計算年次推計」、諸外国はOECD Annual National Accounts Database（2022年5月10日時点）による。

（出典）上記資料より国立社会保障・人口問題研究所が作成

で、子育て世代への支援を厚くしようという全世代型社会保障制度の確立がめざされているが、国際比較の観点からも妥当なことということができる。

　もっとも、以上は財政、つまり資金の流れに関することに限定され、制度の中身が十全に反映されたものではない。正確な比較をするには各国の制度に立ち入って調べる必要があることに注意しなければならない。[48]

*48
本書第12章参照。

3 国民負担率

（1）国民負担率の国際比較

　国の政策のための費用は、究極的には国民（企業を含む）が租税ないし社会保険料という形で負担する以外にない。ここに着目して、より直接的な方法で、負担の重さを測ろうとする指標がある。それが、**国民負担率**である。国民負担率とは、租税負担と社会保険料負担の合計額を「国民負担」ととらえ、「国民所得」に対する比率として表した指標である。

　租税は、社会保障以外の国の政策にも使用されるので、国民負担率は社会保障給付と必ずしも連動しないが、国の歳出で最も大きなウエイトを占める社会保障給付の動向と深くかかわっている。国民負担率を知ることは、社会保障のための負担が重いのかどうかを判断する上で、重要な参考となる。社会支出で行ったのと同じ国々の数字を確認しよう（**図3-13**）。ここでも、新型コロナウイルス感染症の影響を避けるため、

〈図3-13〉　**国民負担率の国際比較（2019年度）**

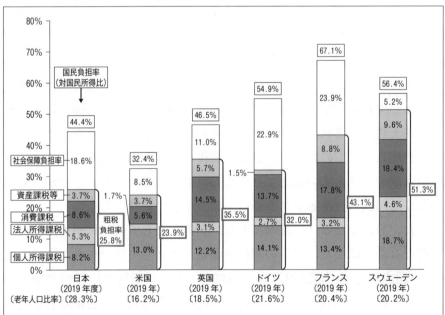

（注1）日本は令和元年度（2019年度）実績。諸外国は、OECD "Revenue Statistics 1965-2020" 及び同 "National Accounts" による。
（注2）租税負担率は国税及び地方税の合計の数値である。また個人所得課税には資産性所得に対する課税を含む。
（注3）四捨五入の関係上、各項目の計数の和が合計値と一致しないことがある。
（注4）老年人口比率については、日本は総務省「人口推計（2019年（令和元年）10月1日現在（補間補正値））」、諸外国は国際連合 "World Population Prospects: The 2019 Revision Population Database" による。

（出典）日本：内閣府「国民経済計算」等　諸外国：OECD "National Accounts"、"Revenue Statistics"、"Economic Outlook 108"（2020年12月1日）

2019年度の数値を用いる。

　わが国の国民負担率は44.4%であった。[49]これは、アメリカの32.4%より大きく、イギリスの46.5%とほぼ並ぶものの、ドイツの54.9%、スウェーデンの56.4%、フランスの67.1%よりはかなり低くなっている。

　内訳をみると、まず、租税負担率は、日本とアメリカが低く、イギリス、ドイツは中間で、フランスとスウェーデンが高い。一方、日本、ドイツ、フランスでは社会保障負担率のウエイトが高くなっている。その結果、両方が低いアメリカは合計である国民負担率が最も低くなり[50]、両方が高いフランスは国民負担率が最も高くなっている。

（2）国民負担率の概念

　国民負担率という言葉は、イメージを喚起する力が強く、なるほど、政府を支えるために国民はこれだけの負担をさせられているのだという感じを与える。まさにそのために開発された指標であるので、ここで取り上げているのであるが、一方で、政府活動と経済活動という局面の違うものを比較する上での技術的制約に伴う割り切りというか、約束ごとがいくつかあり、それを理解しておかないと、その先の議論、例えば、国民の負担が重過ぎるので、政府の規模拡大を抑制すべきではないか、ということを正しく判断できない。そこで、多少込み入っているが説明をしておきたい。

　まず、ここにいう「国民負担」とは、企業も含めた広義の国民が社会全体として負担している税及び社会保険料の合計である。図を見てのとおり法人税も含まれており、社会保険料には事業主負担分も含まれている。自然人としての国民が、自分の所得や資産から支払っている税金や社会保険料よりも広い範囲でとらえられているのである。したがって、いわゆる国民の負担感をストレートに表すものにはならない。

　また、分母となる「国民所得」も、自然人としての国民が得た所得の単純な合計ではなく、経済の規模を測る尺度として開発された指標であり、「**国内総生産（GDP）**」に近い概念である。所得という言葉が入っているために自然人としての国民が得た所得から税・社会保険料を負担しているというイメージを与えるが、もっと範囲が広いのである。

　では、「国民所得」とは、あるいは「国内総生産」とは、どういう意味で経済の規模を示しているのであろうか。わかりやすいのは「国内総生産」のほうで、一国の居住者（企業を含む）が、生産活動を通じて1年間に新たに生み出した富の総額のことである。生産活動が活発に行わ

*49
日本の令和2（2020）年度は47.9%であった。

*50
アメリカの社会保障負担率には、オバマケアによって加入が義務づけられた医療保険料分は含まれていないものと推測される。

れるにしたがって生み出される富は増えるから、それを測ることで経済の実力のほどがわかるのである。なお、ここで、新たにという限定が加えられているのは、例えば、原材料を仕入れて加工し製品にして売ったという場合に、原材料は以前に生産されたものであるから、これを差し引いた部分、それが現時点での生産活動によって新たに生み出された富になるからである。

　これに対して、**「国民所得」**とは、一国の居住者（企業を含む）が1年間に得た所得の総額である。生産された富が国民や企業に分配されて所得になるのであるから大元は国の総生産と同じであるが、数値としては、国民所得は、国内総生産よりも必ず少なくなる関係にある。新たに富が生み出されても、すでに存在している富（資産）は時間とともに目減りをするから（例えば、機械が古くなると入れ替えをしなければならなくなる）、それを補うために富の一部を回さなければならない、などの理由によりすべてが所得にならないからである。[51]

　このため、「国民負担」の大きさを経済の規模と比較して測ろうとするときに、「国内総生産」を用いるか「国民所得」を用いるかで本質的な違いはないものの、「国民所得」を用いると、分母の値が小さくなる分、数値としての国民負担率が高く表示されることに注意する必要がある。[52] すでに見たとおり、「国民所得」を分母とする国民負担率は44.4%であったが、「国内総生産」を用いると32.4%になる。

（3）国民負担率と経済活動との関係

　国民負担率については、単に負担の現状を知ること以上に、国民負担率が高くなり過ぎると経済成長の妨げになるのではないか、あるいはあまりに高額になって負担しきれなくなるのではないかなど、経済活動との関係で問われることが多い。いわゆる「大きな政府」の弊害としてあげられる論点である。

　この問題は、かつて盛んに議論され、国の内外で数多くの実証研究が行われたが、国民負担率と経済成長率との間に負の相関関係（国民負担率の高い国ほど経済成長率が低いという関係）があることは共通の結論になっておらず、先進国の間では、むしろ相関しないという研究結果が一般的である。したがって、現在では、少なくとも学問的な立場からは、国民負担率が上昇すると経済成長率が低下するという主張は、ほぼ行われなくなっている。

　図3−12で見ても、国民負担率は、日本と比べて低いアメリカ、日本

*51
詳しい説明は省くが、「国民所得」と「国内総生産」とは、国民所得＝国内総生産−（間接税−補助金）−固定資本減耗という関係として定義されており、固定資本減耗（老朽化分）が大きいため、国民所得＜国内総生産となる。

*52
さらに細かいことになるが、定義上、分母となる国民所得には間接税が含まれないが、分子には政府活動の財源として間接税が含まれるため、国民負担率の数値はいっそう高く表示される。

と同水準のイギリス、日本より高いドイツ、フランス、スウェーデンという３つのグループに分かれることが見て取れる一方、経済成長率のデータからは、日本はほとんど成長していないのに対し、他の国は多かれ少なかれ成長しているという事実が示されるのである。

このことは、日常の生活実感からはなかなか理解しづらい。例えば、消費税が引き上げられると消費には慎重になるし、所得税が高くなると一所懸命に働く気がしなくなると誰しも思うであろう。消費が低迷すれば不況になり、働く人や時間が減ると生産水準が低下するので、いずれも経済によいはずがない。ところが、国民負担率が高い国でも日本より高い経済成長が実現しているのである。実感とデータの間のこの乖離はどうしたら埋まるのであろうか。

ポイントは２つある。一つは、個人か社会全体かの違いである。租税ないし社会保険料を負担すると、負担した人はその分のお金を自分で使えなくなることは事実である。したがって、その人の消費は減るであろう。しかし、代わりに政府が使っているので、社会全体としてみれば、消費の量は減らないのである。

特に、社会保障で考えると、税ないし社会保険料として国民が負担したお金は、いったんは政府に集められるが、その先は社会保障の給付としてすべて国民に戻ってくる。例えば、医療や福祉サービスは現物給付として国民が消費している。そこでは、一般のサービスと同じく、従事者が医療や福祉のサービスを生産し、それを利用者が消費している。また、年金では、現役世代が保険料を負担し、退職世代が受け取るという違いはあるが、国民は直接現金を受け取り、他の所得と合算して消費に充てている。つまり、国民が負担した税金や社会保険料は、消えてしまうわけではなく、生産や消費といった経済活動にしっかりと結びついている。税金や社会保険料は、確かに国民にとっては「負担」ではあるが、経済活動にとっては「負担」ではないのである。[*53]

もう一つのポイントは、政府の活動を通じて所得格差が是正されていることである。税ないし社会保険料、特に所得税については、所得が高い人ほど多くを負担する一方、社会保障は必要性に応じて給付されるので、政府の活動には所得の再分配効果が内蔵されている。その結果、所得の低い人の生活水準が底上げされている。負担が重くなる高所得者には気の毒ではあるが、社会全体としてみれば、より多くの人が、消費面でも職業生活の面でも、意欲をもって生活ができるようになっている。このことが経済にも良い効果をもたらしているのである。[*54]

*53
ドイツ、スウェーデンの国民負担率が国民所得の半分を超え、フランスに至っては2/3になっていることに奇異を感じる人も多いと思うが、政府の活動のかなりの部分は経済活動にもなり、その部分は分母と分子の両方に含まれるので、このような数値になるのである。

*54
2015年に公表されたOECDの報告書は、加盟国のデータを分析した結果として、①再分配後の所得格差が大きいほど成長率が低くなる、②税や社会保障による再分配それ自体は成長を阻害しない、③格差が大きいほど低所得層における人への投資（子どもの教育など）が低下し、長期的な成長を阻害する恐れが高まる、と指摘している。賃金等原所得の格差が小さければ再分配の必要も少なくなるので一概には言えないが、必要ならば、国民負担率が上昇しても再分配を強化したほうが経済は成長するということになる。

　なお、企業も税・社会保険料を負担しており、負担増に対する懸念は、ある意味で一般国民以上に強い。企業の負担が重くなり過ぎると、国際競争力を低下させたり、産業の空洞化を加速させたりするという訴えには一定の説得力がある。

　しかし、日本の現状は法人が負担している法人税と社会保険料の事業者負担を合わせた企業負担は、国際的に見て決して高いとはいえない。また、国際競争力は技術力や人材の質などを含めた総合的な企業の力によって支えられるものであり、税や社会保険料の負担の高低が主要な要因とはならない。

　工場の海外移転など産業の空洞化といわれる現象が心配されているが、成熟した産業社会ではどこでも、研究開発拠点は国内に残す一方、単純な加工や組み立てなどは、労働力の安い発展途上の国へ移行することは当然のなりゆきである。優秀な企業ほど、高い賃金を支払って優秀な人材を確保し、新商品を開発したり、生産方法を改善したりすることで、国際競争力を維持している。企業には、このような自己改革に積極的に取り組み、しっかりと負担できる体力を身に付けてもらうことを期待したい。

（4）負担するに足る政府活動の実現に向けて

　国民負担率と経済成長率との間に明確な関係は認められないとはいえ、国民負担率が高いということは、一国の経済活動に政府が介在する度合いが大きいことを意味している。国民や企業の懸念は、政府の政策が所期の目的を達成していなかったり政府の活動によって経済活動に不都合な問題を生じさせないよう、十分な注意を要するという戒めとして受け取らなければならない。

　本節1（1）で見たとおり、わが国では2040年に向けて税・社会保険料の負担が増加することは避けられない[55]。ただし、ここで避けられないというのは、現在の制度を発展させる方向で続けていくには絶対に必要になるという意味で、自然現象のように人間の力では変えられないことではない。負担増を避けるために、例えば、年金について今以上に高齢者にがまんしてもらうとか、医療や介護について民間保険やボランティアに一部委ねるという選択もあり得る。そして何より、増税や社会保険料の引き上げには、法律改正や政府審議会答申など、国民の合意を得る手続きが設けられており、国民は拒否の意志を示すことができる。政府の側から見れば、負担増を現実のものとするために積極的賛成というこ

*55
社会保障推計は、2040年には社会保障給付・社会保障負担の国内総生産比が現在よりも2％上昇するとしている。

とはないとしても、国民に納得してもらう必要がある。

　このことは、社会保障に限らず、すべての政府活動に当てはまる。現実に負担増が実現するには何が求められるのか、共通する要件を考えてみよう。

　第一に、政府の規模が大きくなればなるほど、政府の活動が効率的であることが求められる。これは当たり前のことであって、政府が見当違いの政策を行っていたり、無駄遣いをしたりしていては、負担する気がしなくなるだけでなく、経済活動にもマイナスになるであろう。また、政策はよくてもやり方が非効率になる恐れは、残念ながら払拭できない。いわゆる親方日の丸である。情報公開や第三者評価などの工夫によって、こうしたことが起こらないようにすることが肝心である。

　第二に、負担の公平である。負担には、応能負担と応益負担の2つの原則がある。所得税は負担能力に応じて負担してもらうべきものである。一方、消費税、社会保険料は、受益がはっきりしないといけない。[*56]それぞれの原則に即した負担になっていないと、納得は得られない。また賦課対象にも、所得、資産、消費などがある。そういったさまざまな負担の形態があるなかで公平な負担になっていないと、国民はたとえ額としては軽い負担であっても重いと感じるであろう。

　そして第三に、国民にも賢明な選択が求められる。負担の大元は国民が稼ぎ出した所得である。そこから税や社会保険料を負担すれば、自分で自由に使える現金は減る。だから負担と感じるのであるが、国民が負担した税・社会保険料は、負担する人と給付を受け取る人で違いは生じるものの、医療や介護のサービスあるいは年金などの現金給付となって国民に戻ってくる。こうした関係の下では、税・社会保険料を負担して社会保障を享受するか、負担を抑制して現金を手元に残し、他のものを買うかという選択をするに等しい。その上で考えてみると、医療・介護サービスは今後絶対に必要となってくるのであるから、負担を抑制しても結局は民間から医療・介護サービスを買うことになるのではないか。そうであるなら、公民どちらのサービスを利用すると自分が稼いだ所得を有効に使うことになるのか、ここのところをしっかりと見極めるべきである。いずれにせよ、最終的に決めるのは国民なのであるから。

＊56
本章第1節1（3）を
復習していただきたい。

参考文献

● 椋野美智子・田中耕太郎『はじめての社会保障 第17版』有斐閣、2020年

● 宇野　裕「序章　福祉行財政の新たな動向」『福祉行財政と福祉計画』ミネルヴァ書房、
　2015年

● 西村　淳『社会保障の明日（増補版）』ぎょうせい、2010年

● 京極高宣『社会保障と日本経済』慶應義塾大学出版会、2007年

● 大野吉輝『福祉政策の経済学』東洋経済新報社、1979年

第 4 章

社会保険と社会扶助

　第2章では、社会保障の歴史的な発展の中で生まれた、社会保険と社会扶助についてその相違を学んだ。本章では、社会保険、社会扶助それぞれの特徴について概説する。古くからの市民相互の助け合いを前身とする社会保険と、為政者や国家による一方的な救済の性格をもつ社会扶助は、歴史の中でそれぞれ発展を遂げてきた。その後2つの制度は、接近、統合の後、現在では社会保障の両輪として位置付けられるに到っている。メリットやデメリットを含め、それぞれの特徴を正しく理解することは、社会保障の全般的な理解を深めるために欠かすことができない。

　さらに社会保険と社会扶助の二分法ではその特徴がうまくとらえきれない社会手当についても取り上げ、理解を深める。

第 1 節 社会保険と社会扶助の相違及び社会手当

1 負担と給付のとらえ方

　社会保障は社会保険と社会扶助をいわば車の両輪として成立している
ものであり、それぞれにメリットとデメリットが存在する。よって人々
の生活水準やニーズの変化等に応じ、両者の仕組みを組み合わせて提供
することが求められる。

　第2章で既述したように、社会保障は、ある社会において救済が必要
な者を社会の義務として一方的に救済する社会扶助と、保険の考え方も
取り込んで同等の立場にある者が組織を設け相互に援助しあう社会保険
を1つに総合化したもので、その目的・理念として憲法第25条で規定さ
れた生存権思想を基盤にもち、近年では「普遍性」や「公平性」「総合
性」「有効性」といった価値も追求して発展している。また社会保障の
発展は各国においてみられるが、例えばわが国においては、社会保険で
ある国民健康保険や後期高齢者医療制度、全国健康保険協会（協会けん
ぽ）、基礎年金や介護保険に対し公費負担が行われ、制度によっては実
態上給付の5割以上が公費でまかなわれるに至ることなどが特徴とされ
ている。このような点についても、社会保障が体現すべきとされるさま
ざまな価値を追求する歴史的な過程において、修正が見られる。

　しかしながら、社会保険が依存する社会保険料負担にせよ、社会扶助
の財源となり、社会保険にも補助が行われる租税負担にせよ、いずれも
国民が負担するものであるという性格は変わらない。その際には、社会
保険の給付対象となる事故が生じていない者、あるいは社会扶助の対象
となるような貧困等の困難に直面していない者、あるいはそれらが軽微
である者については、税や社会保険料による負担のほうが、受ける給付
よりも大きくなるのは当然でもある。特に高齢化に伴い高齢者を対象と
した制度の給付が膨大なものとなり、現役世代の負担が増しているが、
社会保険については「保険」としての備えの面があり、現役世代におい
てはまだ老齢や要介護状態という事故が生じていない、あるいは疾病リ
スクも低いために給付に比べての負担が大きなものとなっていることへ
の理解が必要である。また社会保障に関する給付と負担は世代を超えた

ものでもあり、未来が不確実なものであるという状況が変わらない中で、自らの世代が高齢になった際に対しても給付を保障するものであるという認識も必要である。他方で社会保障給付を多く受給する高齢世代の側も、給付は社会を構成する他者の負担によって成り立っており、その多くを現役世代が負担しているものであることを正しく理解することで、社会全体としての制度に対する支持と、その持続可能性の向上につながる。

2 社会保険と社会扶助の相違

社会保障を構成する**社会保険**と**社会扶助**につき、相違点とされる点を、以下に3つ指摘する。

（1）保険料負担（拠出）の有無

最も明確な相違は、社会保険は基本的に加入者が社会保険料を負担することで納付を受けられるという関係性（牽連性）があるとされており、社会扶助は保険料の負担を前提としていない点である。またこの社会保険料は、加入者本人の負担に加え、被用者の場合は原則的に雇用者（事業主）が折半で負担することとされている。こうした側面を有する社会保険制度を**拠出制**の制度、有しない社会保障の仕組みを**無拠出制**の制度とよぶ。例えば、公的年金でいえば、基本的に拠出制の仕組みであるが、国民皆年金が達成された昭和36（1961）年当時において、すでに老齢や障害、遺族（当時は母子のみ）の状態にある者に対しては拠出制の給付が行い得ないため、経過的、補完的なものとして、無拠出制の福祉年金が設けられた。

（2）給付に際しての選別の有無

2つ目の相違とされる点は、給付の対象者を選定する上で、受給者の資力に基づく選別の有無であり、**普遍的給付**と**選別的給付**に大別される。社会保険制度は給付を受ける際に資力調査が行われず、普遍的給付であることが一般である。一方で、社会扶助においては、受給者の所得や資産等によって給付の有無や制限などを判断する場合がある。例えば、生活保護制度は、補足性の原理に基づいて、利用可能な所得や資産等を活用してもなお最低限度の生活が営めない場合に給付を行うものと整理されている。その把握のためには行政による調査が行われることとなり、

*1
生活保護による給付は補足性の原理に基づき、世帯類型や人数、居住地等により規定される最低生活費から、就労収入や年金等社会保障の給付、親族による援助等が収入として認定され、それらを差し引いた額が保護費として支給される。

＊2
stigma：汚名、恥辱等
の意味。

受給者がスティグマ[*2]を感じるために、利用に対する抵抗感を覚えることがあるとされている。

　かつての社会扶助制度はそうした選別的給付の性格を有しており、高齢者福祉サービスについて社会保険である介護保険の導入に際しては、選別的な性格からの脱却をその導入の趣旨の一つと説明していた。他方現在では例えば障害者福祉などをはじめ、多くの制度で所得の多寡にかかわらずサービスの利用が可能となっている。

（3）応益負担と応能負担

　普遍的給付である社会保険制度は、基本的に、給付から受ける受益の量に応じて負担を求める**応益負担**の考え方で運営される。医療保険制度の場合にはかつては外来一回あたり、入院一日当たりといった形での定額自己負担が行われていた時代もあったが、現在は現役世代に関しては医療の給付に対して3割の負担を行うこととされており、給付が増えるほど負担が増えることとされている。一方で際限なく一定割合の負担を求めることで経済的な困難に陥ることを防ぐべく、高額療養費制度といって、1か月あたりの自己負担額に一定の上限をつける仕組みも設けられている[*3]。また義務教育就学前の子どもであれば負担割合は2割とされ、さらに70歳から74歳までは2割、75歳以上は1割が原則とされる（70歳以上の現役並み所得者については3割、75歳以上で一定所得以上の者は2割）など、政策的な配慮により応能性を求める度合いに差をつける工夫も行われている。

＊3
高額療養費の限度額は所得によって差が設けられているが、70歳未満の者の場合の月額の負担上限は、例えば標準報酬月額が28万円から50万円の場合、「80,100円＋（総医療費－267,000円）×1％」とされている。

　他方で社会扶助制度、なかんずく社会福祉に係る各種サービスの利用に際して利用者負担を求める場合には、負担能力に応じて負担を求める**応能負担**の考え方がかつては一般的であった。現在も措置制度で行われている福祉サービスや、子ども・子育て支援の保育サービスなどにおいては、応能負担に基づく費用徴収が行われている。障害者総合支援法の下では原則として1割の応益負担が導入されているが、負担限度額の設定に際して負担能力に対して無理のない水準のものとするなど、応能的な考え方を相当程度活かした制度設計となっている。

3 社会手当

　社会保障制度には社会手当とよばれる、必ずしも拠出を前提としないで現金を給付する制度が存在する。わが国においては児童手当、児童扶

養手当、特別障害者手当、障害児福祉手当、特別児童扶養手当等の制度が該当する。

　このうち児童手当を除く手当は無拠出制であり公費により負担されるもので、所得制限を有する選別的な制度である。他方、児童手当は、給付額については年齢と所得に基づき一定のものであり、基本的に普遍的な性格を有するものであるといえる。他方で拠出の有無に関しては、被用者の0～3歳の子のための給付については、事業主からの拠出金がその7/15含まれており、「拠出制」「無拠出制」の二分法には当てはめにくいものとなっている。また社会手当の給付は、児童扶養手当については所得との合計額で徐々に減額されるものとなっており、必要に応じた水準を給付するという性質が伺えるが、上記の手当のうち児童扶養手当以外は定額の給付となっている。この点に関し、児童扶養手当以外は一定の給付の定型性を有するものであるとの指摘が可能である。

第4章

第2節　社会保険の特徴

1　社会保険と保険原理

（1）大数の法則とリスクへの備え

　社会保険も保険の１つであり、保険とは加入者が一定の費用を保険料等の形で払い込み、何らかの事故を加入者が被った際、あらかじめ決められた水準の給付（現物・現金給付）を提供する技術である。費用負担と納付水準とはリスク（事故が起きる確率）で連結されていることになるが、リスクを構成する「事故」と「起きる確率」それぞれについて、保険技術を用いるための要件がある。

　まず「事故」が予測困難なものであるということがあげられる（偶発性）。必ず起きることが予測されること、例えば、あらかじめ一定期限後には特定の約束（例えば雇用契約）が一旦は終了し、さらに一定の期限後に再開するような契約を交わしているのであれば、終了後再開までの期間に備え、貯蓄を行うなどの対処が可能である。しかしながらこの例でいえば、再開の契約がない場合、失業状態がいつまで継続するかは就業期間中に知る術はなく、無限の備えを強いられることにもなってしまう。また公的年金が対象とする保険事故のうち老齢に関しては、老齢の状態がいつまで継続するか、即ちいつ死亡するかを知ることはできず、予想外の長命により生活が不安定となる事態も起こり得る（長生きリスク）。医療や要介護状態になること、仕事中に労働災害に遭うことなども同様に予測が困難である。そうした予測困難な「事故」に対して備えるのが保険であり、例示したような事態に社会全体で備えるのが社会保険である。

　また「事故」の発生に関しては、それを保障するために当該社会で必要と認められる保険給付の水準が想定されるが、その「事故」が「起きる確率」が同時にあらかじめ予測できなければ、必要な保険料等の負担の水準が設定できず、保険が成立しないこととなる。この「起きる確率」が安定的なものとなるためには、保険に加入する者が一定以上の規模であることが必要となる。これはサイコロやルーレットにおいて特定の目が出る確率が、ゲームの回数を重ねるごとに一定値に近づいていくといったことでもあるが、被保険者の集団が大きいほど、その事故の発生確率が一定値に近づくことで、保険料の水準を定めることが可能とな

る。このことを**大数の法則**という。

（２）収支相等の原則と給付・反対給付均等の原則

　一般に保険が成立する要件としてもう１点指摘されるのが、**収支相等の原則**と**給付・反対給付均等の原則**である。収支相等の原則とは、ある事故に対する保険を運営する際に、保険加入者が払い込む保険料の総額と、事故発生時に払い出される給付に要する金額の合計額が等しくなっていなければならない、というものである。

　収支相等の原則が、いわば保険集団全体のマクロでみたバランスについての原則である一方で、給付・反対給付均等の原則は、加入者個人のミクロの目線でみたバランスについての原則である。すなわち、個々の保険加入者（被保険者）が払い込む保険料の額は、事故発生時に加入者が受け取る給付に要する金額に、当該事故が発生する確率をかけたもの（期待値）が等しい必要がある、ということである。しかしながらこれらの原則がどの程度厳格に適用されているかについては、社会保険と民間保険では相当異なる。

（３）社会保険と民間保険の比較

　社会保険と民間保険において、いずれも（１）の大数の法則とリスクへの備え、という点は妥当する。「事故」の発生及びその規模が予測可能であれば、それに備えることが可能となり、また保険集団が大きいほうが大数の法則が成り立つことは自然の真理である。他方で収支相等の原則と給付・反対給付均等の原則については、社会保険と民間保険の間では相当に異なる。

　民間保険では、収支相等の原則が成立しなければ、保険を運営する企業の経営が成り立たないことは自明である。また民間保険の加入は個々人の任意の選択に基づくことが基本であるが、その際は給付・反対給付均等の原則が成り立つ保険を選択することが基本となるはずである。よって民間保険では、例えば医療保険においては、同じ水準の保障を受け取るとしても年齢や性別によって保険料率が異なり、また過去の病歴を確認して保険加入を認めるかを決定するような運営もされている。

　社会保険においても収支相等の原則が成立する必要があるが、国民健康保険や基礎年金、後期高齢者医療制度や介護保険に対しては原則５割の公費負担がなされている。その理由としては、国民健康保険においては被用者保険における事業主の存在がなく、また被用者保険と比べて加

入者の年齢が高いこと（すなわち保険事故の発生確率が高い）ことや相対的に所得の低い者が多いこと、また基礎年金や後期高齢者医療制度、介護保険については、保険料負担（現役世代の負担について、後期高齢者医療制度の場合については支援金負担、また基礎年金の被保険者は60歳まで）が過大とならないようにしつつ、一定の給付水準を確保することなどがあげられる。さらに、健康保険のうち全国健康保険協会が管掌する制度（協会けんぽ）においては、給付費の16.3%の国庫負担が行われているが、これは協会けんぽが主に中小企業を対象としたもので、保険料負担能力が主に大企業を中心とした健康保険組合に比べ相対的に脆弱であるために講じられているものである。よって、社会保障制度においては、さまざまな政策目的を達成するため、社会保険料負担のみをもっての収支相等の原則は修正されているといえる。また、給付・反対給付均等の原則についても、社会保険の場合には保険料負担は一般に負担能力に応じたものとなっており、リスクに応じたものとはなっていない。[*4]これはリスクに応じたものとした場合には、例えば、医療保険であれば病弱者や高齢者、既往症を有する者の保険料負担が高くなることが合理的であることになってしまうが、それでは望ましくないなど修正されている、という考え方が社会において存在することが理由としてあげられる。

　さらに社会保険制度は、一定の範囲の国民等に対する強制加入を前提とすることが基本であるが、それは逆選択とチェリーピッキング（クリームスキミング）という、保険を市場原理に委ねる際に生じる問題を克服するためのものである。逆選択とは、例えば、医療保険であれば病弱な者がより強く保険に加入する動機をもつため、保険財政が不健全なものとなり保険が成立しなくなることをさす。またチェリーピッキング（クリームスキミング）とは、保険を運営する側からすると、健康な者をより多く加入させ、病弱な者を加入させないほうが保険財政の健全性が確保できるようになってしまうことをさす。いずれも保険運営上の課題となることであり、民間保険においては逆選択の防止のために加入前の検査や健康状態の告知などが義務付けられるなどの措置が講じられているが、社会保険においては強制加入とすることで、健康な者に対しても加入を義務付けて保険財政の健全性を確保するとともに、運営の方針としても病弱な者を排除せず、しかも保険料負担を負担能力に応じたものとするなどの措置が可能となっている。

　ただし社会保険制度における強制加入や負担能力に応じた保険料の設

*4
社会保険料負担は一般にリスクに応じたものとなっていないが、全額事業主が負担する労働災害補償保険は、そもそも事故発生や規模の違いによって業種ごとに基本の保険料率が異なるとともに、個々の事業場の労働災害の多寡に応じて、一定の範囲内で保険料率を増減させる、いわゆるメリット制が、事業主の保険料負担の公平性の確保と、労働災害防止努力の促進のために導入されている。

定などは、そのような制度の運営とすることに対する国民の選択と支持があってはじめて成り立つものである点には、十分留意が払われるべきである。その意味で、社会保険はいわゆる価値財[*5]であるとの表現が可能である。

＊5
市場に任せずに公的介入を行って利用等を強制する財のこと。

2 社会保険の種類

　わが国の社会保険制度には、医療保険、介護保険、年金保険、雇用保険、労働者災害補償保険の5つがある。これらのうち、雇用保険と労働者災害補償保険については、被用者のみを対象とし、また保険料徴収についても両者を一括して労働局において行っているため、「労働保険」と総称されている。

　また医療保険のうち国民健康保険に関しては、被雇用者を対象とする健康保険制度や共済組合との対比において、市町村を保険者とする市町村国保が中心であることから、しばしば「地域保険」と称することがある。これに対し健康保険制度や共済組合は「被用者保険」あるいは「職域保険」とよばれる。被保険者の就業形態や就業の有無の違いに着目した区分であるが、このことは、保険料の徴収手段において大きな違いがあることを意味する。被用者保険は事業主に保険料負担の義務が課され、保険料は給料から天引きされて事業主負担とともに納付される。一方で地域保険である国民健康保険については、世帯単位での保険料の賦課を行うこととされている。このため保険料の賦課、徴収に責任を有する市町村においては、住民に対する保険料納付のコンプライアンスをいかに確保するかが大きな課題となっている。国民年金に関し、厚生年金保険との対比で地域保険と称されることは一般的ではないが、基本的に被雇用者以外の者を対象とするという意味では保険料の徴収に関し同様の課題を有することとなる。

　こうした被用者保険と職域保険の加入対象者の性質の違いに加え、特に医療保険においては退職後の高齢期において被用者保険の適用範囲から外れ、国民健康保険の対象となることによる財政負担の不均衡に対処するため、財政調整の仕組みとして、昭和57（1982）年の老人保健制度、またその後継ともいえる平成20（2008）年の後期高齢者医療制度の導入が図られた。また公的年金制度における昭和61（1986）年からの基礎年金の導入も、制度間の加入対象者の年齢階層等の不均衡から生じる財政調整の必要に対応した仕組みである。

第4章

❸ 社会保険のメリットとデメリット

　わが国の社会保障制度においては、昭和25（1950）年の社会保障制度審議会の総合勧告で、「国家が（略）国民の自主的責任の観念を害することがあってはならない。その意味においては，社会保障の中心を成すものはみずからをしてそれに必要な経費を拠出せしめるところの社会保険制度でなければならない」と謳われているように、「社会保険中心主義」の考え方を採っている。ここでいう「国民の自主的責任の観念」は、今でいう自立、自助の考え方であり、また「みずからをしてそれに必要な経費を拠出」する考え方は、社会連帯や共助につながるものである。人々の自由意思を重んじ、自己決定に基づいて生きることを尊重し、他方、社会生活を営む上で生じる種々のリスクに対し、社会を構成する者の連帯で支えるという発想は、国家なり公が一方的に救済を施すことを基本とする社会扶助を中心とするよりも、現代社会の基本的な価値観に合致する。

　社会保険のメリットとしてしばしば強調されることとしては、保険に加入して適正に保険料を支払うことで自動的に保険給付を受ける権利が付与されるため、行政の裁量と判断に受給権が委ねられる場合がある社会扶助に比べて権利性が強いということがあげられる。また保険料を賦課する国や地方自治体の行政の立場としては、保険料の見返りとしての保険給付が適切な水準で行われることを保障する必要があるが、このことは特に介護保険制度の導入に際し、保険者となる市町村が保険料負担にふさわしいサービスインフラを整えることを促すものとして強調された。その意味では、行政やサービスの供給側に対し、給付水準の向上や給付の改善に向けた努力を促すという面もあるといえる。

　また社会扶助と異なり、保険料を負担していること、あるいは受給に際しての行政の裁量が少ないことから、スティグマを感じることなく容易に給付を受けることが可能であることも、しばしば強調されるところである。

　社会保険のデメリットとしてまずあげられるのが、保険料納付の滞納や未納、未加入である。これは保険財政の観点からも問題ではあるが、貧困等の保険料納付が困難な事情がないにもかかわらず納付を怠っている者自身にとって、必要なサービスを円滑に受けることが困難となることや、公的年金の場合将来の老齢年金の給付額が低くなるという不利益も生じさせることとなる。また社会保険はあくまでも保険であり、あら

かじめ定義された範囲の保険事故に対しての給付以外の給付は想定されない。このことは、事情と場合に応じて柔軟な対応が求められる生活困窮者や貧困者の支援に際しては、不十分なものとなり得る面を有している。

第3節　社会扶助

1 社会扶助の原理

　社会扶助は、ある社会において救済が必要な者を社会の義務として一方的に救済することを源泉として発達したものである。そのためには、保険料納付の対価として一定の要件に該当すれば普遍的に給付が行われる社会保険と違い、まず救済が必要な者が誰かを国や地方自治体の行政が決定しなければならない。それだけ国や地方自治体の行政の責任が重く、かつ救済が必要とされた場合の給付の内容も柔軟なものとなるが、他方でパターナリズムの色彩も濃く、憲法第25条において生存権が謳われているとはいえ、その給付決定に際しては権力的な色彩も帯びることとなる。それを体現していたのが、かつては広く社会福祉制度において用いられ、今でも生活保護や児童福祉における要保護児童の保護などにおいて用いられている措置制度である。これらの制度で行政が行う保護に関する措置は、行政が必要とされるサービスの内容を決定し、利用を可能とする行政処分である。

　しかしながらこうした行政処分による福祉サービスの利用方式は、所得の多寡にかかわらずサービスの利用が求められるようになるなかで、時代の要請に合わないものとなってきた。第2章で述べたように平成12（2000）年の介護保険制度の創設と同時期に、措置から契約への転換をめざす社会福祉基礎構造改革が行われ、その流れを受けて創設された障害者福祉分野における支援費制度においては、サービスの利用方式については契約制度となる一方で、費用負担の仕組みは措置制度と同じ公費負担のままとされた。そうした枠組みはその後の障害者自立支援法（現障害者総合支援法）にも引き継がれている。こうした改革を経て、福祉サービスの受け手の一般的な呼称も「要援護者」から「利用者」へと変化している。このことが示すように、近年、国の制度として提供される社会福祉の基本的な考え方が、パターナリズム的な国家（それの実務者である行政）と受け手との関係から、より対等な関係となったととらえることが可能となっている。

＊6
父権主義や温情主義としばしば訳される。

2 社会扶助のメリットとデメリット

　社会扶助のメリットとしては、地域住民であることなど一定の属性を有することで、特別な拠出（保険料負担）がなくても、必要に応じサービスを受けることができる点である。現に貧困な状態にある者を救済する施策が、そのことによって可能となっている。また社会扶助は必要な支援を提供する、いわゆる必要原則をとっているため、あらかじめ決められた給付を定型的に行う社会保険と異なり、個々の事情に応じたきめ細かな対応が可能となっている。他方でその「必要」のレベルが、しばしば最低限のものとして設定される。よって現時点での貧困を救うとともに、持てる能力を活用しての就業への支援など、自立支援のための施策が同時に展開される必要が生じる。

　デメリットとしては、スティグマの存在があげられる。特に受給に際してミーンズテスト（資産等の調査）が行われる際は、そうした感情を惹起しやすい。そのことがサービス利用へのハードルとなり、必要な者が申請をためらうような恐れが生じる。また受給をすることで最低水準の生活については維持されることから、就業へのインセンティブがそがれるなどのモラルハザードの問題が生じかねないこともあげられる。

参考文献
● 厚生省「平成11年版厚生白書」1999年
● 島崎謙治 著『日本の医療 制度と政策（増補改訂版）』東京大学出版会、2020年

第5章

公的保険と民間保険

学習のねらい

　民間保険は、経済生活に深く浸透し、国民福祉の向上に大きく貢献してきた。本章では、現代社会の理念と照らしながら、保険の基本原理と機能を理解することから始める。

　次に、社会保障・企業保障・個人保障のいわゆる生活保障の三層構造の内容を整理しながら、特に社会保険と民間保険の性格比較を行うことで民間保険の特性を把握する。

　その上で、生活保障において、民間保険がいかなる役割を果たしているかについて考察する。所得保障としての年金保険においては、私的保障である企業年金と個人年金を取り上げて、それぞれの仕組みと特徴を解説する。

　また、医療・介護保障については、民間医療保険と民間介護保険について、その役割と限界を考える。

　最後に、環境変化の著しい民間保険をめぐる課題と将来展望について論述する。

第 1 節　現代社会と保険制度

1　保険制度の原理と構造

（1）現代社会と保険

　現代社会は、個人主義と自由主義を基本理念とする。各個人は自分の利益増大・生活向上を求めて、経済活動に従事する自由が与えられている。そこから得られた利益は、原則として他人に侵害されることなく、自分のために利用することが認められている。

　しかし、自由な経済活動を通じて得られる利得を享受することは、半面、自分に及んだ損失や災難の結果に対しても、自らの責任のもとで処理しなければならないことを意味する。個人的自由主義の社会では、利益も損失も、成功も失敗も、最終的には、個人にすべてはね返るものなのである。これが生活自己責任の原則である。

　損失や災難が発生する可能性を、一般的にリスク（危険）とよぶ。私たちの身の回りには、実に多種多様なリスクが存在している。人々は、そうしたリスクを抱えている不安から、何とかして解放されたいと望んできた。現代社会では、原則として、リスクに対する処理策についても、個人の判断に任されているからである。

　保険は、リスク処理策の一つである。保険は、共通したリスクを保有している人々が集まって、合理的かつ効率的に処理することを目的としてつくり出された、人間の知恵が凝縮された制度といえる。保険制度を通じて、独自で負わなければならないリスクを転嫁することができる。いわゆるリスクの社会化が行われるようになる。

　我われは生活が豊かになるにつれて、現在の生活水準を守りたいと望むようになる。毎日の生活に追われ、明日を思いやる精神的余裕のない人間は、将来に対する不安に備えようとすることはない。人は、守るべき生命や財産が大きいほど、経済的保障を求めるものである。「保険の発達の程度がその国の文明水準のバロメーターとなる」としばしばいわれるように、経済社会が高度化・多様化するに伴い、保険に対する需要は高まると考えられる。

（2）保険の原理と構造

　個人にとって火災に遭うリスクは、不確実である。遭うかもしれない

し、遭わないかもしれない。だから精神的不安に脅えることになる。ところが、同様のリスクを保有する主体を多数集めることによって、火災の危険度は統計的に、ある正確さをもって確定した数値となる。それは、母集団が大きくなればなるほど、正確な数値となる。これを大数の法則[*1]（law of large numbers）という。

＊1
本書第4章第2節1
(1) 参照。

　危険度（＝リスクの大きさ）が判明して、統計的確率が1％であったとしても、個人にとっては、損害を受けるか、受けないかのどちらかであり、その中間ということはあり得ない。したがって、個人だけでこのリスクに備えるためには、発生する損害に相当する金銭が事前に準備されなければならない。ところが、事故が発生しなければ、その金銭は不必要だったことになる。

　こうした状態に置かれている個人のリスクをプールし、経済合理的に処理する仕組みが、保険制度である。そして、保険制度を運営する主体である保険者（＝保険会社）と被保険者との間では、確率を介して合理的取引が行われる。すなわち、被保険者が支払う保険料は、受け取る保険金の期待値（危険度と保険金額の積）と一致するように設定されなければならない。このことを、給付・反対給付均等の原則という。

　これを簡単な関係式で示せば、保険料をP、危険度をω、保険金をZとするとき、「$P = \omega Z$」と表現できる。この原則は、保険取引も、一般の商品と同様に、保険会社と被保険者との間で公平になされるべきことを求めるものである。

　さらに、保険事業が継続的に成り立つためには、保険料収入の合計と支払保険金の合計は、等しくなければならない。これを収支相等の原則という。つまり、被保険者数をn、保険事故の発生件数をrとするとき、「$nP = rZ$」という関係式が成り立たなければならない。これは、保険経営の健全性を満たすための原則である。

　これら給付・反対給付均等の原則と収支相等の原則を保険の二大原則とよぶが、「$\omega = r/n$」が成立する場合には、この2つの原則が同時に満たされることに注意すべきである。つまり、この2つの原則が満たされるような保険は、被保険者として公平であり、かつ健全な保険経営を維持できることになる。

（3）保険の機能

　これらの保険技術を利用することで、保険は2つの大きな機能を担っている。1つは、経済的保障機能とよばれるものである。すなわち、日

常生活に存在するさまざまなリスクに備えて、そのリスクが現実化した際の経済的損失を軽減させる機能である。

保険が有するもう1つの機能は、金融機能である。保険会社は、契約者から集めた保険料を使って金融市場において投資運用を行っており、その金融収益を契約者に還元している。それは、経済的保障の充実につながるだけでなく、保険会社にとっての主要な業務となっている。

こうした直接的効用に加えて、保険は副次的効用をもたらす。例えば、賠償責任保険は、加害者の損害賠償責任を補償するものであるが、社会的には被害者救済機能の意義が大きい。また、主たる家計支持者の死亡や病気など、さまざまな理由で稼得能力を喪失した家計にとって、生命保険は生活困窮に陥らないように防止することになるが、これは社会保障制度が担う機能を補完することにもなる。このように、保険の原理と技術を用いることで、リスクへの合理的で効率的な対応が行われるという直接的効用だけでなく、社会的にも多くの効用をもたらす。

「一人は万人のために、万人は一人のために」。これは、保険のもつ相互扶助機能を表すものとして、しばしば引用される言葉である。すなわち、自分が保険に加入することにより、不幸にして災難に遭遇した者を救うことができる、ということである。

そうした個人主義的な加入動機でありながら、保険制度を通じて、結果的に、保険事故に遭って経済的損害を受けた人々は救済されることになる。保険に相互扶助性があるとするのは、精神的なものではなくて、多数の無事故であった被保険者の支払った保険料が集められて、事故に遭った被保険者に保険金として給付されるという、結果的な、かつ形式的な金銭授受をとらえたものである。

保険の本質的意義は、事前に自らのリスクに応じた保険料を負担することで、自己責任を果たすことにある。保険金が給付されるかどうかは、保険事故の偶然的発生の結果にすぎない。

（4）民間保険の限界

民間保険は、生活保障の個別ニーズに対応する上で、重要な役割を担っているが、以下に述べるように、いくつかの限界が存在することも忘れてはならない。

第一には、あくまでも、民間保険は契約自由の原則を前提としており、保険加入が任意であることから、当然ながら自己選択した担保内容以上に補償を受けることはない。社会保障制度では、法律により規定された

補償範囲であれば、必要に応じて保険給付が行われる。これに対して、民間保険の保険給付は、契約内容によって制限され、必要を満たす保険給付が受けられるかどうかは、保証の限りではない。

第二には、民間保険を利用できるのは、保険料負担能力のある人に限られる。保険料を支払えない低所得者は、民間保険による生活保障を達成することはできなくなり、所得格差が保障格差を生み出す可能性を含んでいる。さらに、保険契約開始以後についても、契約内容に従い、保険料を支払い続けなければならない。

第三に、民間保険では、危険度の著しく高い者は、保険市場から排除される可能性が高い。生命保険においても、すでに病気になっている人や、著しく危険な職業に就く人については、保険会社が契約引き受けを拒否する場合がある。たとえ加入できるとしても、非常に高い保険料を支払わなければならず、事実上利用できないこともある。最も保障を必要としている者が、保険を利用できないという事態を招く恐れがある。

第四に、あらゆるリスクを保険がカバーしているわけではない。保険数理に乗りにくい性質のリスクに対しては、十分な保障を与えることはできない。例えば、未知なるリスクや地震のような巨大リスクについては、保険会社が引き受ける能力に限界がある。保険会社が一部のリスクをカバーしたとしても、それを超える部分は、自分で負わざるを得ない。また、逆選択あるいはモラルハザード[*2]の可能性が高いリスクは、保険供給が制限されることがある。

民間保険の限界により、十分な生活保障手段を確保できない人々が多数発生すれば、新たな社会問題を生じさせる可能性もあることから、政府は、民間保険の発展動向に常に関心を寄せざるを得ない。このように考えると、民間保険を利用できる人は、それを通じて、生活保障を実現することが可能であるが、半面で、利用できない人との間で、新たな経済格差が生じる可能性がある。したがって、政府は、民間の自助努力だけに生活保障を委ねておくわけにはいかない。

（5）社会保険と民間保険の性格比較

生活保障システムの中で、保険は常に中核的地位にある。ところが、社会保険と民間保険は、同じく保険技術を援用しながらも、その性格は、多くの点で異なっている。その両者を比較したのが、**表5－1**である。

まず、社会保険は、国民に普遍的なリスクを対象として強制加入させるのに対して、民間保険は、個別のリスクを対象として、その必要に応

*2
逆選択もモラルハザードも、保険会社と保険契約者との間に生じる、情報の非対称性を原因として発生する。逆選択とは、保険契約者が、自らのリスクの程度を隠して保険加入をすることができると、高リスク者にとっては割安で有利な保険となり、積極的に加入しようとする行動が進む現象をいう。他方、モラルハザードとは、保険加入により、道徳的あるいは心理的事情に変化が生じて、事故発生を減少させようとする保険契約者の注意インセンティブを減退させ、リスクを増大させる現象をいう。

〈表5－1〉　社会保険と民間保険の性格比較

	社 会 保 険	民 間 保 険
加入の自由性	強制加入	任意加入
保障対象	普遍的なリスク	個別的なリスク
	逆選択の可能性の大きいもの	逆選択の可能性が小さいもの
保障水準	法律で定められた給付水準	契約で定められた給付水準
	（相対的に決められた最低生活保障）	（個人の希望・負担能力により自由に設定）
保険集団	異質なリスク集団	同質なリスク集団
保険料設定	所得に基づく平均保険料	リスクに応じた個別保険料
実質価値維持	インフレ対応可能	インフレ対応困難
制度理念	社会連帯性・弱者救済	自己責任・自助努力
相互扶助性	目的としての相互扶助	結果としての相互扶助
指向性	平等（均等）化	差別（個別）化
制度の性格	連帯主義による社会制度	個人主義による経済制度
経済的機能	社会的厚生の最大化	資源配分の効率性
公平性基準	社会的妥当性	保険（数理）的公平性

（筆者作成）

じて任意に加入するという大きな相違がある。例えば、持ち家がある人でなければ、火災リスクは存在しないので、火災保険には加入しないのに対して、長生きのリスクは、すべての人に共通して存在する。社会保険では強制加入を通じて保険固有に発生する逆選択の現象を阻止すると同時に、政策目標を達成することになる。

　また、社会保険では、政策目標を達成するために、保険技術を応用しながらも、保険原理の大幅な修正が施されている。すなわち、上述のように、保険は基本的に、リスクを媒介として、給付（保険金）と反対給付（保険料）を等価で交換する、という機能を有しており、そのためには、同質なリスクで保険集団が形成されていることが前提となる。

　ところが、社会保険では、すべての国民を保険に加入させることで、リスクを平均化させることを主たる目的としているために、形成される保険集団は必然的に異質なリスクから形成される。これにより、民間保険では加入できないリスクでも、保険に取り込むことが可能となる。そして、社会保険では、保険原理が求めているリスクに応じた保険料負担は大幅に修正されて、個別のリスクの大きさとは無関係に保険料設定がなされる。社会保険では、基本的に、リスクではなくて、所得に応じた保険料負担が行われ、そのことを通じて、リスク再分配だけでなく所得再分配の機能を有する。

　社会保険は、民間保険と比較して、その時代の社会経済の状況に応

た柔軟な制度変更が可能であることから、給付水準の実質的価値を維持するための方策も、容易に採用可能となる。しかし、これにより、ますます民間保険の理念と大きく乖離してくる。すなわち、民間保険が個人主義による経済制度であるのに対して、社会保険では、政府主導のもとで社会的な連帯主義を強調し、経済原理あるいは保険原理から離れて、社会制度として運営されることになる。

2 社会保障と企業保障・個人保障

（1）生活保障の三層構造論

　個人主義であり自由主義を基本理念とする現代社会であるが、こうした社会理念が行き過ぎると、社会的弱者が不可避的に発生する。政府は国民に対して、貧困の救済・防止を図ることが必要となり、その目的を履行するための制度が、社会保障である。

　社会保障を補完する機能を有するのが、企業保障である。同じ職場に従事する勤労者の間で、生活保障を達成するための互助的な制度である。企業保険は、企業ごとにその事情に応じて、各種福利厚生制度とともに、企業自身により従業員に対して提供される。企業は、経済活動に従事し、そこからの利益追求を目的とする私的存在である。同時に、その存在が大きくなるにつれて、国に対して、とりわけ従業員に対して、社会的責任を求められる公的存在ともなってくる。このように、社会の中で、半公半私の立場に置かれるようになると、従業員に対する生活保障を提供する責任を期待されるようになる。

　さらに、ゆとりや豊かさを実現するのは、個人の自助努力に委ねられている。いろいろなスタイルによる個人保障が考えられるが、やはりその中心は、個人保険ということになる。そして、個人の生活価値観に応じて、その購入の水準や内容は異なってくる。

　このように、生活保障は、公助としての社会保障、互助として企業保障、そして自助としての個人保障という三層構造で達成されるが、それらの関係性は、時代あるいは社会状況に応じて変化する。

（2）企業保障

　生活保障システムの中で、企業は個人生活を支援するために、多面的なはたらきを見せる。企業は、次のように直接的または間接的な形で、従業員個人に生活保障を提供している。

第一に、雇用を通じて、企業は従業員に賃金を支払い、従業員の生活がまかなわれる。したがって、安定した雇用、さらには賃金が確保されることは、現役労働者及びその家族の生活保障において最も重要である。

第二に、企業は、従業員との労使折半という形で、社会保険への保険料負担が法律によって義務付けられており、社会保険財政において重要な存在になっている。[*3]

第三に、法律で定められた企業福祉だけでなく、企業が労務管理上の効果を増大するために、従業員とその家族に対して、労働協約に基づいて提供される法定外福利厚生制度がある。これには、「退職一時金・企業年金」「住宅補助」「財形制度・持家促進制度」「文化・体育・娯楽施設」「各種団体保険」などがある。

かつて日本型雇用慣行とされてきた長期雇用（終身雇用）と年功序列賃金は、生活保障システムにおける企業の位置付けをいちだんと大きくさせたといえよう。すなわち、従業員にとって、ある企業に所属する限り、現役労働者の間だけでなく、退職後も企業年金や退職金の支給により、生涯にわたって生活保障が提供されたのである。

しかしながら、近年、企業を取り巻く経済環境の変化のなかで、雇用は流動化し、年功給を能力給に変更する動きが見られている。さらに、企業の従業員に対する生活保障の考え方も大きく変化しつつあり、生活保障システムの再構築が求められている。これについては、後述する。

（3）個人保障

各自の生活価値観に基づいて、自由選択で備える保障が個人保障である。その担い手は、非常に多岐にわたる。具体的には、①民間市場、②家族、③地域社会、④ボランティア・非営利組織（NPO）、⑤宗教団体、などである。

民間市場は、市場メカニズムを通じて、生活保障手段を入手するものであり、その主なものが、保険と貯蓄である。これらは、個人の多様なニーズに応えるべく、金融機関との個別の保険取引・金融取引の中で処理されることになる。政府は、公正な取引ルールを定めて、監視を行うが、それ以上は個人の自由裁量に任されることになる。したがって、個人の置かれる経済状況や判断力によって、保障手段の有効性に大きな差異が生じる。

次に、家族は、わが国では伝統的な家庭内扶養の担い手として重要な役割を果たしてきた。特に、老親扶養を子どもが担うという私的扶養慣

*3
企業は、社会保険から直接的な給付を受けることはないにもかかわらず、費用負担を求められる。その根拠としては、①社会保険制度は、国によって法律に基づきすべての国民を対象に運営されており、企業自身も企業市民として、国家制度に参加するのが自然であること、②企業負担がなければ、従業員の負担が過度になるだけでなく、結果として生活保障を十分にまかなえる給付が行えないこと、③企業の拠出分は非課税となっており、企業にとっても税金面のメリットがあること、④医療保険について考えると、病気になった従業員の早期回復は、労働生産性の維持という点で企業にとっての経済的メリットが大きいと考えられること、⑤雇用保険や労災保険では、従業員が失業したり、労働災害を被ったりする原因発生者として、企業にも応分の責任があること、などの理由が考えられる。このように、政府が責任を担う社会保障制度においても、企業は重要な役割を担っている。

行は、社会保障や企業保障などが十分に整備されていない段階では、主要な生活保障手段であった。ところが、戦後、特段の生産手段をもたない労働者が増加し、さらに子どもの数が減少したことにより、扶養能力は著しく低下している。これに代わって、社会的扶養の必要性が高まり、社会保障制度の充実が図られることになったといえる。

　また、地域社会においては、地域住民の自治組織を形成して相互扶助のための諸活動を行っている。さらに、地方自治体との協力により、政府を補完する役割を担う場合もある。これは、同じ地域に生活基盤を共有するという共同意識、連帯意識に基づく共助である。さらに、ボランティアあるいは非営利組織（NPO）は、政府からは独立した立場で、個人の生活保障の一部を支える活動を行うことがある。最後に、宗教団体も、欧米では、精神的支柱であるのみならず、個人の生活保障の重要な役割を担っている。

　生活の自己責任原則は、現代市民社会においては大前提であり、各個人が自立することが必要である。したがって、自分でできることは自分でやり、できないことは互いに助け合い、助け合いでもできないことを初めて公が助ける。そして、自助、共助、公助それぞれの領域を定めることが、生活保障システムの構築を意味するものである。

（4）「人生100年時代」と生活保障

　「人生100年時代」の到来が叫ばれているなか、高齢社会が一段と加速し、わが国の社会保障制度は財政逼迫に瀕しており、根本的な制度改革が急務となっている。年金、医療、介護の社会保障水準も徐々に切り下げられている一方、税や社会保険料が引き上げられて、国民負担率は年々上昇している。こうしたなかで、政府は国民に対して老後に向けた雇用スタイルの見直しを求めている。企業に対して70歳定年の導入や高齢者の勤務形態の多様化を求めて、老後生活の支えとして高齢者雇用を位置付けようとしている。また、老後に備えた国民の資産形成を後押しするために、税制優遇措置を講じたNISAの創設や確定拠出年金などの普及を促している。生涯を通じた生活保障を考えるとき、いまや社会保障や企業保障に頼ることが難しいという現実をふまえて、自助努力による個人保障にウエイトを置いた生活設計のあり方が問われている。我われは、「人生100年時代」を見据えて生活保障システムに対する理解（リテラシー）を高めながら、自立した老後生活の構築に向けた意識をもつことが大切である。

第2節 所得保障と企業年金・個人年金

1 企業年金の本質と機能

　企業年金の本質としては、一般的に、①功労報償説、②賃金後払い説、③生活保障説、の３つがあげられる。功労報償説とは、企業の立場からする見解で、企業年金を、長年にわたって勤務した従業員に対して在職中の誠実な勤労や功績への感謝のしるしとして支給するという説である。一方、賃金後払い説は、従業員の立場からする見解で、企業年金は、本来、在職中に受け取るべき労働の対価、すなわち賃金が、退職後に追加的に支払われるものという説である。以上の２つの説は、お互いに対立するものといえる。

　これに対して、生活保障説は、企業は企業年金を、労働者の退職後の生活を保障するために支給するという説である。近年は、企業年金の実質的な機能により注目が集まり、生活保障機能を重視する傾向にあるといえる。生活保障機能には、退職時（一般的には60歳）から公的年金の支給開始年齢（65歳）までの生活を維持する「つなぎ機能」と、公的年金の支給開始後にその給付水準を補完する「上乗せ機能」の２つがある。

　企業の観点からすると、企業年金を採用することにより、退職金負担の合理化及び平準化を図り、さらに税制上の優遇措置を受けるなどの「財務管理効果」に大きな意義がある。さらに、企業内福利厚生を充実することにより、従業員の勤労意欲や忠誠心、帰属意識を高めるという「労務管理効果」も期待できる。

2 企業年金制度の内容

（1）企業年金制度の体系

　わが国の年金制度は、３階建ての構造となっている（**図５−１**）。１階部分は国民年金（基礎年金）で、20歳以上60歳未満の国民全員が加入しており、２階部分は厚生年金（企業従業員や公務員等）で、ここまでが公的年金である。その上乗せとして、３階部分に、企業年金（厚生年金基金、確定給付企業年金、確定拠出年金）等がある。自営業者等に対

〈図５－１〉 わが国の年金制度の体系

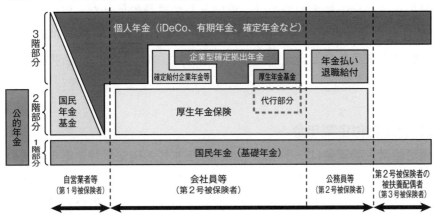

（出典）明治安田生命ホームページ「確定拠出年金制度の位置づけと概要」を一部改変

しては、**国民年金基金**が２・３階部分にあたる。これらの上に、個人年金が存在している。また、独自の退職給付制度として、自社年金を実施している企業もある。

　現在、わが国では、少子化、高齢化への著しい社会構造の変化が進んでおり、公的年金を土台としつつ老後の備えに対する自助努力を支援していく意味で、企業年金は重要な役割を担っている。また雇用の体系も、これまでの長期雇用（終身雇用）制から雇用の流動化・多様化等の傾向があり、勤労者の多様な就業形態に対応できる退職給付制度の必要性も高まっている。[4]

　こうした企業年金をめぐる環境変化に対応して、企業年金の制度改革が行われた。かつてあった適格退職年金も、平成24（2012）年３月31日で廃止され、現在は、厚生年金基金、確定給付企業年金（基金型か規約型）、確定拠出年金（企業型）のいずれかに移行されている。[5]

　以下、概略を述べる。

（2）厚生年金基金

　厚生年金基金は、厚生年金保険法に基づいて、昭和41（1966）年に創設された企業年金制度である。監督官庁は、厚生労働省である。老齢厚生年金の代行部分（報酬比例部分のうち再評価・物価スライド部分を除いた部分）を国に代わって支給するとともに、独自の企業年金部分として、上乗せ給付（プラスアルファ部分：代行部分の３割以上）を行うことにより、制度発足以降、勤労世帯の老後生活保障を支える重要な役割を担ってきた。厚生年金基金は、大手企業を中心に、一時は厚生年金の

＊4
平成12（2000）年度から、退職給付新会計基準の導入により、企業が将来にわたって年金や退職金を支払うためにどれだけの資金を手元に確保しておく必要があるかを明示しなければならなくなった。現状で積み立てた資金が不足している場合には、新たに資金を拠出するか、貸借対照表に負債として引き当てるなどして、最長15年で穴埋めする必要がある。

＊5
このほかに、退職金の社外積立として、中小企業が加盟する中小企業退職金共済制度や、商工会議所を母体とする特定退職金共済制度があるが、いずれも一時金給付が中心であり、生活保障機能は小さい。さらに、各金融機関が運営している財形年金があるが、貯蓄型は元利合計額550万円、保険型は払込保険料累計額385万円まで、年金給付等が非課税であるなどの税制優遇措置が講じられている。

被保険者の3分の1以上の加入者があった。

　厚生年金基金の最大の特徴は、原則として終身給付となっていること
で、公的年金としての厚生年金と共通の機能を担うことで、公的性格を
強く帯びた企業年金といえる。[*6]　なお、掛金は、税制上、全額所得控除と
なっている。

（3）確定給付企業年金

　確定給付企業年金は、平成14（2002）年4月の確定給付企業年金法の
施行により、新たに創設された年金制度である。厚生年金の「代行部
分」を国に返上した上で、労使間で取り交わされる年金規約の定めに応
じた多様かつ柔軟な制度設計が可能になった。これまでの厚生年金基金
に加えて、新たに認められた確定給付企業年金には、「規約型」と「基
金型」の2つのタイプがある。

　「規約型」は、従業員個人が事業主に年金管理を委託するもので、事
業主は外部機関と契約を結び、外部機関で年金資産を管理・運用し年金
給付を行う。従来の適格退職年金からの移行を前提とした制度である。
積み立て義務、受託者責任、情報開示を明確にすることで、受給権保護
の強化が図られることになっている（加入者数の要件なし）。

　他方、「基金型」は、労使の合意に基づいて設立された、事業主とは
別法人である基金が管理運営を行う企業年金である。従来の厚生年金基
金とほぼ同様の仕組みであるが、厚生年金の代行を行わないことを特徴
とする（加入者数の要件は300人）。

　さらに第三の選択肢として、現行の確定給付年金を維持したままで、
確定拠出年金（Defined Contribution system: DC）の特性を取り入れた
設計が可能な「ハイブリッド（混合）型年金」がある。代表的な制度と
して、キャッシュバランス・プランがある。この制度では、保証利率を
国債利回りに設定するなどして元本割れのリスクを回避する一方で、運
用は企業責任のもとに一括して実施され、積み立て不足の場合には、企
業が掛け金の追加負担を行うことになる。

（4）確定拠出年金

　平成13（2001）年10月より、確定拠出年金法の施行により米国401k
を参考にした**確定拠出年金**（日本版401k）が解禁されて、一部企業で
導入が開始された。[*7]　この制度は、税制上の特典を与えながら、従業員ご
とに年金資産残高を明確にし、自己責任で管理運用するものである。確

*6
バブル経済の崩壊以降、資金運用が困難になり、代行部分の積み立て不足に陥る企業が増加した。そこで、平成14（2002）年に施行された確定給付企業年金法により、代行部分を国に返上して、確定給付企業年金へ移行できるようになった。さらに、平成26（2014）年4月に施行された厚生年金基金制度の見直しのための改正法により、厚生年金基金の新設が認められなくなり、また財政健全な基金を除いて強制的に基金の解散が命じられた。現在は、存続している厚生年金基金はわずか8社となり、その他は、すべて確定給付企業年金または確定拠出年金に移行している。

*7
米国401kと日本版401kは、米国の内国歳入法401条項に規定されている確定拠出型年金に由来するもので、これを参考に導入された。拠出金の運用成果により、年金額が異なることで、両者は共通しているが、①米国では、従業員と企業の双方が掛け金を拠出できるのに対して、日本では、企業型は企業だけ、個人型は加入者本人だけしか拠出が認められないこと、②掛け金の非課税限度額について、米国では、年間1万500ドルまで非課税であるが、日本では、個人拠出型でも年間43万2,000円までであること、③米国では、税金を支払えば積立金をいつでも払い出せるが、日本では原則として60歳まで払い出せないこと、など、両制度には相違点も見られる。

定拠出年金には自営業者等が加入できる「個人型年金」（掛け金は個人が拠出）と、企業が導入し、従業員を加入させる「企業型年金」（掛け金は企業が拠出）の2タイプがある。ただし、平成29（2017）年1月からは、公務員や専業主婦も個人型年金に加入できるようになった。[*8]

　確定拠出年金の特徴としては、①掛け金が確定していて、給付が事後的に決まるので、母体企業にとって後発負担が生じないこと（運用リスクを負わないので、掛け金の追加負担がない）、②各加入員が常に拠出額の運用残高を把握できること、③一般的に短期間で受給権が付与され、転職に際してポータビリティ（持ち運び性）が高いこと、④加入者は、運用方法を選択できること、がある。

　これに対して、問題点としては、①給付額が事前に確定せず、また転

*8
①企業型年金の加入対象者：65歳未満の者。厚生年金保険に加入している企業の従業員が対象であるが、厚生年金保険の加入者であれば社長でも加入対象になる。また、企業によっては加入者となる一定の資格を定める場合がある。掛け金額上限は、年額66万円（他の企業年金がない場合。ある場合は半額の33万円）。
②個人型年金の加入対象者：㋐企業型確定拠出年金を実施していない企業でほかの企業年金制度（適格退職年金、厚生年金基金、確定給付企業年金）がない従業員が対象となる。㋐20歳以上60歳未満の自営業者等（国民年金の第1号被保険者）。ただし、国民年金保険料を納めていない人や免除を受けている人、国民年金基金に月額6万8,000円以上拠出している人は加入できない。

〈表5-2〉 確定給付年金と確定拠出年金との特徴比較

	確定給付年金	確定拠出年金
年金額の保証	保証あり（狭義の企業年金）	保証なし（従業員貯蓄制度）
老後所得保障機能	高い	低い
企業の運営責任	大きい（資金追加の必要あり）	小さい（資金追加の必要なし）
加入者の投資リスク	なし	あり
従業員の年齢構成による影響	非常に大きい	あまり大きくない
所得再分配効果	あり（大きい）	なし（小さい）
労務管理効果	従業員の定着率を高める	従業員の定着率を低くする
加入者にとってのメリットとデメリット	○将来の受給額が決まっているので、老後生活設計が立てやすい ○運用リスクを負わない ○企業が運用リスクを負うため、運用収益向上への企業の動機付けが強い ●転職に際してのポータビリティが困難 ●加入者ごとの資金残高の把握が困難 ●加入者は、運用方法や資産構成などを選択できない	●将来の受給額が決まっていないので、老後生活設計が立てにくい ●運用リスクを負う ●企業が運用リスクを負わないので、運用収益向上への企業の動機付けが弱い ○転職に際してのポータビリティが比較的容易 ○加入者ごとの資産残高として把握が容易 ○加入者は、運用方法や資産構成などを選択できる
企業にとってのメリットとデメリット	○従業員を企業に定着させやすい ○資産運用の効率化などによる掛け金軽減ができる ●掛け金の追加拠出（積み立て不足）の可能性がある ●支払保証制度の必要性が高い	●加入者ごとの詳細な資産運用の記録等の管理が必要 ●資産運用状況等が良好でも掛け金軽減ができない ○掛け金の追加拠出義務が生じない ○支払保証制度の必要性が低い

（注）○はメリット、●はデメリット。
（筆者作成）

第5章

職時や退職時に一時金として受け取り、費消してしまうケースがあるなど、老後の生活設計が不確定になりやすいこと、②加入員が安全性を重視し過ぎると、投資対象が低リスク・低リターンのものになり、将来の運用収益が低くなる場合があること、③加入員ごとに、詳細な資産運用記録の管理が必要となること（管理コストが高いこと）、④労務管理が困難になること、などが考えられる（**表5－2**）。

　企業年金は、いまや従業員に対して恩恵的に授けられるものではなく、退職後の生活を従業員自身が自己責任で構築していく、という姿勢が求められている。企業年金の資産運用をめぐっても、運用規制の撤廃や自家運用の拡大など規制緩和が進められて、企業には受託者責任の厳格化が求められている。他方において、企業年金の管理運用について、従業員も強い関心をもち、積極的に参加する姿勢が求められている。

（5）年金確保支援法の成立

　企業型確定拠出年金においては、平成23（2011）年8月4日、年金確保支援法（国民年金及び企業年金等による高齢期における所得の確保を支援するための国民年金法等の一部を改正する法律）が成立した。この法律の成立により確定拠出年金法の一部が改正されて、①加入資格年齢の上限を60歳から65歳へ引き上げて、企業の雇用状況に応じた柔軟な制度運営を可能とする、②従業員の掛け金拠出（マッチング拠出）を可能として、所得控除の対象とする、③従業員に対する継続的投資教育を事業主に義務付ける、などが定められた。

　マッチング拠出の導入により、企業負担を過大にすることなく、退職時の生活保障のために従業員の自助努力の意識を高めることで、企業年金の充実を図ることが期待されている。

　ただし、マッチング拠出を導入する場合でも、労使合わせた掛け金額の上限は現行と変わらないため、すでに会社負担額が上限に近い企業の場合は導入がむずかしいという問題点も指摘されている。

（6）「確定拠出年金法等の一部を改正する法律」の成立

　近年の働き方の多様化に対応し、企業年金の普及・拡大を図るとともに、老後に向けた個人の継続的な自助努力を支援するために、確定拠出年金法の一部が改正された（平成28〔2016〕年5月24日成立、平成29〔2017〕年1月1日施行）。これにより、個人型確定拠出年金（iDeCo）の加入者範囲が拡大されて、公務員や専業主婦なども対象者となった

（詳細は後述）。また、すでに企業型確定拠出年金（企業型DC）に入っている会社員も上乗せの形でiDeCoに加入することができるようになった。掛け金は、全額が課税所得から控除されるので節税効果もある。

さらに、法律改正（令和2〔2020〕年5月29日成立）により、令和4（2022）年5月から、企業型DCの加入条件が緩和され、これまでの65歳未満とする年齢要件が撤廃されて、会社が規約で認める場合には、厚生年金被保険者（70歳未満）であれば加入できることになった。なお、75歳までは運用のみ継続可能となる。

3 個人年金

（1）個人型確定拠出年金（iDeCo）

個人型確定拠出年金（iDeCo／イデコ）は、自分が拠出した掛金を自分で運用し、資産を形成する年金制度である。20歳以上65歳未満のすべての国民が加入でき、資産形成方法の一つとして位置付けられている[9]。掛金は65歳になるまで拠出可能であり、60歳以降に老齢給付金を受け取ることができる。ただし、原則として、60歳になるまで資産を引き出すことはできない。また、iDeCoの老齢給付金を受給した場合は掛金を拠出することができなくなる。

iDeCoには、①拠出時の全額所得控除があること、②運用益が非課税であること、③受取時の税制優遇措置があること、の3つの税制上のメリットがある。ただし注意すべきことは、自分で設定した掛金額を、指定した金融商品（預金、保険、投資信託など）で運用して、老後資金を準備することから、受取額は、拠出した掛金の合計額や運用成績によって大きく異なる。

（2）個人年金保険

個人年金保険は、定額個人年金と変額個人年金に分けられる。定額個人年金は、年金の受取期間に応じて、一生涯にわたって受け取るタイプ（終身年金、保証期間付き終身年金）と、決められた期間に限って年金を受け取るタイプ（確定年金、有期年金、保証期間付き有期年金）がある[10]。受給期間が生存期間に応じて変動するタイプほど、長生きリスクに対する保険的要素は大きい。

一方、変額個人年金は、株式や債券を中心に保険料を運用し、運用成果によって受け取る年金額が変額する投資性の強い個人年金で、近年高

*9
新たに加入可能となった対象者の拠出限度額は、次のとおりである。①専業主婦（第3号被保険者）については、拠出限度額を年額27.6万円とする。②企業型DCのみを実施する場合は、企業型DCへの事業主掛け金の上限を年額42万円とすることを規約で定めた場合に限り、個人型DCへの加入を認め、拠出限度額は年額24万円とする。③企業型DCと確定給付型年金を実施する場合は、企業型DCへの事業主掛け金の上限を年額18.6万円とすることを規約で定めた場合に限り、個人型DCへの加入を認め、拠出限度額は年額14.4万円とする。

*10
確定年金は、被保険者の生死にかかわらず一定期間年金が受け取れるのに対し、有期年金は被保険者が死亡すると年金は受け取れない。

第5章

い関心を集めている。運用成果が良好な場合は、将来の年金が増額する可能性がある反面、金融市場の状況によっては損失を生じる恐れがあることを認識しておく必要がある。[*11]

このほかに、銀行や、証券会社などの金融機関でも多様な個人年金商品が取り扱われているが、多くは、個人の貯蓄を取り崩して年金として受け取るもので、加入者間のリスク分散という保険的要素は見受けられない。

（3）トンチン性年金

近年注目されている新しい年金に、トンチン性年金がある。これは、死亡時の保険金支払いをなくしたうえで、早期に死亡した人の残した年金原資を、生存している人の年金額に上乗せすることで、終身にわたって（つまり死ぬまでの間）、一定水準の年金額を受け取ることのできる年金である。この個人年金は、長生きをしなければ、支払う保険料総額に対して受け取る年金総額が少なくなることから加入をためらう人も多いだろうが、長生きリスクに備えるうえでは、加入者相互の相互扶助に基づいた合理的な仕組みと見ることができる。

[*11]
近年、「元本確保型」といわれる変額個人年金保険が人気を集めている。ただし、元本が保証されるのは満期まで加入した場合に限られ、中途解約すると、手数料で元本割れになることもあることに、注意しなければならない。

第3節　生活リスクと民間保険の役割

1 生活リスクと民間保険

　人の生涯は、多くの不確実な事象の連続である。ときには、幸運にも好結果をもたらすこともあるが、半面、予測できない不幸に見舞われる可能性もある。特に、一度の不幸が人生の転落につながるのではないかという不安は、人々が共通してもちあわせている感情である。一般的に、こうした損失発生の不確実性をリスクとよび、人々が生活上で直面するリスクを生活リスクとよんでいる。生活リスクは、経済リスク、健康リスク、人間関係リスク、などに分けてとらえることができる。生活リスクがどの程度の影響を及ぼすかは、個人によって差異があるものの、生きていく上で共通して負っているものであり、そのリスクの影響を最小限にとどめるように配慮することになる。これらのうち、最も関心の高いリスクは、経済的安定性が損なわれることに対する、経済リスクであ

〈図5-2〉民間保険の体系

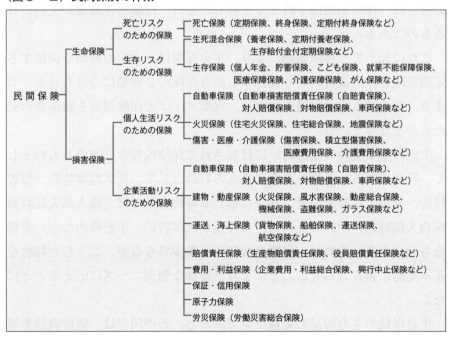

（筆者作成）

ろう。この経済リスクに対処するのが保険である（**図5-2**）。

　保険は、一般的にリスクに対応して、生命保険と損害保険に分けてとらえられている。生命保険は、人の生死などで必要となる費用に備えるものである。生命保険は、主に、死亡や老後、病気や介護など、人にかかわるリスクを対象に、保障を提供する保険である。

*12
詳しくは本節3（2）
を参照。

　これに対して、火災保険や自動車保険、地震保険など、モノや責任にかかる費用に備えるのが損害保険である。さらに最近は、生命保険と損害保険の両方の性格をおびた、医療保険や介護保険など、いわゆる「第三分野」とよばれる保険に国民の関心が集まってきている。

2 生命保険と医療・介護保障

（1）生命保険の基本構造

　現在、発売されている個人向け生命保険商品は極めて豊富であるが、基本契約としては、死亡保険、生存保険、生死混合保険（養老保険）の3つに分類してとらえるのが、一般的である。死亡保険では、保険期間（保障期間）内に被保険者が死亡した場合に、保険金給付が行われる。生存保険は、保険期間の経過後、生存している場合に、生存保険金が給付されるものである。生死混合保険（養老保険）は、死亡保険と生存保険を組み合わせた保険で、保険期間内に死亡した場合には死亡保険金が給付され、保険期間満了時まで生存した場合には満期保険金が支払われるものである。

　これに加えて、保険期間により、生命保険は、一定の期間を保障する定期保険と、生涯にわたり保障する終身保険の2種類に分けられる。つまり、基本的な生命保険の構造は、保障タイプと保険期間を組み合わせたものとなっている。

　上記の基本契約（主契約）に付加されて保障内容を拡充するものとして、特約がある。事故や災害に備える特約として、災害割増特約、傷害特約、災害入院特約など、病気に備える特約としては、成人病入院特約、疾病入院特約、がん入院特約、女性疾病入院特約、手術特約など、多様なものがある。内容は、保険会社により多少異なるが、こうした特約を基本契約に組み合わせることにより、多様な個別ニーズに応えることになる。

　生命保険の主力商品の変遷を見てみると、わが国では、戦前戦後を通して、貯蓄性の強い養老保険が販売の中心であった。その後、1970年代

〈図5-3〉 個人保険新契約件数構成比の推移

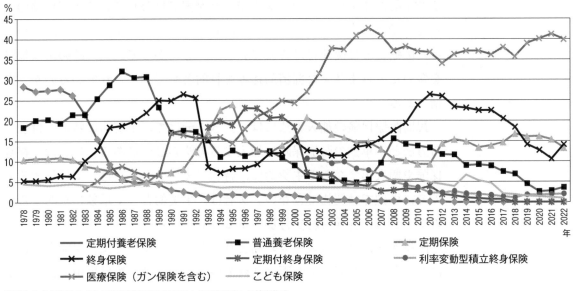

（出典）生命保険協会「生命保険事業概況年次統計」各年版をもとに筆者作成

には、高度経済成長の副産物として発生した、自動車事故や公害・産業災害などが多発するという社会的背景や高度インフレもあって、遺族保障を準備したいという意図から死亡保障の厚い定期付養老保険へと、人々の選好は移っていった。さらに1980年代に入ると、死亡保障は、一定期間のものから、生涯にわたって保障する終身保険（定期付終身保険を含む）へ移っていく。

　その後、高齢化社会が急速に進展するなかで、老後の経済保障に人々の関心が向かい、個人年金ブームが到来した。また、1980年代後半の財テクブームのなかでは、金融商品としての性格の強い一時払い養老保険や変額保険などが登場して、社会的に注目をあびたこともあった。しかし、その後の長期的な経済不況のなかで、生命保険の見直しの機運が高まり、死亡保険の契約数は低下傾向にある。これに対して、病気や介護の不安の高まりを反映して、近年は、医療保険やがん保険に対するニーズが顕著に見られる（**図5-3**）。

（2）民間医療保険

　民間医療保険は、病気やけがで入院したり所定の手術を受けたりした場合に、給付金が支払われる保険である。医療保障を主目的としているので、普通、死亡したときの死亡保険金は少額である。また、ごく限られた現物給付を除いて、現金給付であることも特徴である。[*13]

*13
公的医療保険では、通常、被保険者は医療サービスを直接受けて金銭収受は行われないが、民間医療保険では、保険会社から現金で保険給付を受けて、それにより自分で精算することになっている。医療保障を提供するという本来の目的からすると、医療サービスを直接供給することが望ましいが、民間保険会社が現物給付を行うのは、サービス供給の安定性の点で実際には困難である。しかし、最近では、関連サービスを行うことにより、現物給付を取り入れようとする動きも見られる。

　民間医療保険は、仕組みの上では、公的医療保険（健康保険）に対する補完的機能を担うものであるが、わが国で扱われている医療保険のほとんどでは、給付金は定額的に支払われており、必ずしも、実際にかかった医療費とは関連付けられていない。したがって、入院時の医療保障を含めた、さまざまな経済的保障を目的として利用されているのが、実情である。

　民間医療保険の加入方法には、大きく分けて、主契約に特約を付加する方法と、単独の医療保険に加入する方法の２つがある。前者は、終身保険や個人年金などの主契約に、特約（オプション）として付加するもので、単独では契約できない。後者は、主契約として単独に契約するもので、さらに各種特約を付加することもできる。

　医療保険に対するニーズの高まりのなかで、現在では、保険会社ごとに多種多様な医療保険が販売されている。例えば、給付事由では、日帰り入院から給付金が支払われるものから、５日以上の入院に対して免責期間４日を設けて給付するもの、８日以上の病気入院、５日以上のけが入院に対して初日から全額給付するもの、などがある。

　保障期間については、70歳まで、80歳まで、90歳までなどいろいろあるが、近年、終身医療保険にも人気が集まっている。また１入院支払限度日数は、60日、120日、180日、360日、730日、1,000日、1,095日などがある。さらに、通算支払限度日数も、700日、730日、1,000日、1,095日などさまざまである。特約には、成人病入院特約、通院特約、女性疾病入院特約、重度慢性疾患保障特約、生存給付（リビングニーズ）[*14]特約、など、多様なものがある（**表５－３**参照）。

　近年では、加入段階での診査基準が緩和された保険や、有病者を対象とした保険も販売されている。これらの保険は、保険料が割高であるが、これまで医療保険に加入することがむずかしかった人々の医療保障ニー

＊14
被保険者の「余命が６か月以内」と医師によって宣告された場合に、将来受け取る死亡保険金の一部または全部（ただし3,000万円を上限）が請求できる特約である。ただし、余命判断の信頼性やプライバシー問題のほかに、保険金を受け取った段階で保険契約が解除されるために、その後の保障が受けられないことにも注意しておく必要がある。

〈表５－３〉 多様化する医療保障商品

・支払日数の限度がなくなったり、延びるタイプ
・入院給付金が倍増するタイプ
・保険事故がなかった場合、給付金が受け取れるタイプ
・通常の医療保険よりも保障の範囲を限定したタイプ
・保険料の払い込み免除や保険料相当額が受け取れるタイプ
・傷病名に応じた給付金が受け取れる医療保険
・移植手術を受けた場合、給付金が受け取れる特約
・再建手術を受けた場合、給付金が受け取れる特約
・特定の病気の再発などにより給付金が受け取れる特約

（出典）生命保険文化センター『医療保障ガイド』2022年をもとに筆者作成

ズに応えるものとして、存在意義は大きい。

　今後、少子高齢化の影響で公的医療保険の財政逼迫により、自己負担増は避けられない情勢にある。高度医療技術の進歩はめざましいが、自らが希望する医療サービスを受けるためには、医療保障について各自で準備しておかざるを得ない。

（3）民間介護保険

　民間介護保険は、寝たきり、あるいは認知症等により要介護状態になった場合に、介護給付金（介護一時金または介護年金）が支払われる保険である。契約形態として、①単独型（介護補償給付のみを行う）、②特約型（終身保険や個人年金保険に介護保障特約として付加して契約）、③移行型（終身保険の保険料払い込み満了後に介護保障へ移行する）、の3種類がある。さらに支払い対象は、商品によって、寝たきりのみ、認知症のみ、寝たきりと認知症の両方、の3とおりがある。そのほかに、保険会社からの、介護人紹介・派遣サービス、提携有料老人ホームの紹介、介護機器・介護用品の取り次ぎサービスが用意されている。

　民間介護保険には、公的介護保険の補完的機能としての役割が期待されることになった。介護保障ニーズは非常に個別性が高く、画一的な傾向の強い公的サービスで対応するよりも、必要な者に適切なサービスを提供するためには、民間によるケアのほうが優れている部分がある。

　近年、民間介護保険は多様化が進んでおり、会社ごとに保障（補償）範囲も、給付基準も異なっている。また、保険会社は、介護サービス事業への参入の動きを活発化させており、さらに現物給付（介護サービス）を取り込んだ新しい介護保険の開発をめざしている。民間介護保険

*15
一般的には、要介護状態とは、次の①または②に該当した状態をいう。①常時寝たきりの状態であり、以下の㋐に該当し、かつ㋑〜㋕のうち2項目以上に該当して他人の介護を要する状態。㋐ベッド周辺の歩行が自分ではできない。㋑衣服の着脱が自分ではできない。㋒入浴が自分ではできない。㋓食事の摂取が自分ではできない。㋔大小便の排泄後の拭き取り始末が自分ではできない。②器質性認知症と診断確定され、意識障害のない状態において見当識障害があり、かつ他人の介護を要する状態。いずれにおいても、要介護状態が180日以上継続すると、介護給付金が支払われる。判定は毎年行われることになっている。なお、一部の保険会社では、独自の定義に基づいて要介護状態を認定している。

〈表5−4〉　公的介護保険と民間介護保険の比較

	公的介護保険	民間介護保険
加入	強制加入	任意加入
危険選択	なし	あり
保険料	法定保険料（所得による）	契約保険料（条件による）
営利性	なし	あり
給付内容	現物給付（＝必要に応じた直接的なサービス提供）	現金給付（＝使途に関する制約なし）給付方法は多様
給付期間	終身給付	契約内容により決定
要介護認定	7段階（要支援2段階＋要介護5段階）	一定の要介護状態にあれば、一律支給
給付までの期間	原則として、申請から30日以内に認定結果決定	通常、要介護状態の継続期間として180日
保険料税控除	社会保険料控除	生命保険料控除

（筆者作成）

がより充実した機能を発揮できるようにするには、政府を含めて、人材を確保し、介護関連産業を育成して、多様な介護サービスを常時利用できる環境づくりを進めることが、現在の重要な課題である（**表5－4**）。

3 現代リスクと自動車保険・地震保険

（1）自動車リスクと自動車保険

自動車事故による死亡者は、近年、著しい減少傾向を示している[*16]。その要因として、道路交通法の改正により罰則強化が図られたことや車両安全性の向上などが、功を奏したと考えられる。一方で、高齢社会が進む中、交通事故による死亡者のうち約半数が高齢者であり、高齢者の交通事故対策が大きな課題となっている。

わが国の自動車保険システムは、強制加入の自賠責保険（正式名称は自動車損害賠償責任保険）と任意加入の自動車保険の2つの保険が存在している。

❶自賠責保険

自賠責保険は、自動車損害賠償保障法（自賠法）に基づいて、昭和30（1955）年に創設された強制の対人賠償保険である。対人事故については、通常の不法行為責任に基づく賠償責任ではなく、原則として過失の有無にかかわらず、つまり事実上の無過失責任で加害者に賠償責任を負わせることになっている（自賠法第3条）。そこで、加害者の賠償資力の確保を図るために、自賠責保険への加入を、自動車保有者（正確には運行供用者）に義務づけている（同法第5条）。また無保険車やひき逃げによる被害者も、自動車損害賠償保障事業（政府保障事業）により、自賠責保険とほぼ同様の救済措置が用意されている。

自賠責保険は、あくまでも損害保険会社が取り扱う私保険に位置付けられるが、保険料は、車種用途別に一律になっており、個人のリスクの大きさを直接反映していない。また、営利を目的としないノーロス・ノープロフィット原則[*17]にしたがい、迅速かつ確実な被害者救済を第一目的として、定型的な事故処理を行っている。現在、自賠責保険により支払われる保険金は、死亡による損害については3,000万円、高度後遺障害による損害については4,000万円、傷害による損害については120万円が上限となっている。ただし、自損（単独）事故については、自賠責保険では補償されない。

---

*16
道路交通事故（人身事故）の長期的推移を見ると、戦後、自動車社会の進展とともに、交通事故が急増し、極めて深刻な状態が続いた。死者数は、昭和45（1970）年のピーク時には1万6,765人に上ったが、その後、累次にわたる国を挙げての交通安全対策が功を奏して、令和4（2022）年は2,610人となり、6年連続で戦後最少を更新している。

*17
文字どおり、保険経営において、原則的に損失も利益も発生させないこと。保険契約者が支払う保険料（総保険料あるいは営業保険料という）は、保険金支払いに充当される純保険料部分と、事業費に充当される付加保険料部分から成るが、通常、後者には、保険会社の利潤（マージン）が含まれている。自賠責保険の場合、この利潤が認められておらず、保険料はその分低く抑えられていることになる。そこで、全損害保険会社による「自賠責保険プール」を設置して、危険の平均化、分散化を行うことで、保険収支の安定化を図っている。

❷自動車保険

　他方、任意加入の自動車保険は、自動車事故に関わるあらゆるリスクを保障するための保険である。自動車保険の担保内容をその性格により分類すると、①賠償責任に関する保険（対人賠償保険、対物賠償保険、無保険車傷害保険）、②人に関する保険（自損事故保険、搭乗者傷害保険、人身傷害補償保険[*18]）、③物に関する保険（車両保険）に大別することができる。

　任意保険において留意するべきことは、より徹底した自己責任原則の下で、個人のリスクの大きさに応じた保険料負担を求められることである。一部の保険会社からはリスク細分型自動車保険が発売され、これまで以上に個人の属性や実績に応じて保険料格差が明確に現れるようになっている。

　自賠責保険との関係では、対人賠償保険は、自賠責保険を補完する上乗せ機能を担う。対人賠償保険は、保険金の最高限度額を無制限とすることができ、これにより、被害者は完全に救済され、また、加害者は賠償責任リスクから解放されることになる。高額賠償時代といわれる現在、対人賠償のみならず対物賠償に十分に備えておくことが不可欠になっている。

　その他、多様な補償サービス（例えば、代車費用補償、付随費用担保特約、故障修理サービスなど）が登場しており、各保険会社は独自に商品差別化を行っている。

（2）地震リスクと地震保険

　地震大国といわれる日本において、地震リスクは人々の大きな不安であり、地震災害に対する備えとしての地震保険は重要な役割を担っている。地震保険は、地震・噴火または、これらによる津波を原因とする火災・損壊・埋没、または流失による被害を補償する保険である。火災保険では、地震を原因とする火災による損害や、地震により延焼・拡大した損害は補償されないので、地震リスクに備えるためには、地震保険に加入しなければならない。地震保険は、火災保険の特約という形でセット加入することになっており、単独では加入することができない。

　地震保険の対象は居住用の建物と家財に分かれており、別々に加入する。保険金額（補償額）は、火災保険の保険金額の30％〜50％の範囲内で自ら決めることができるが、建物は5,000万円、家財は1,000万円が限度となっている。

*18
人身傷害補償保険では、契約した自動車に乗車中あるいは歩行中に自動車事故で死傷したり、後遺障害を被ったりした場合に、自己の過失部分を含めて損害額の全額について、保険金が支払われる。当事者間の事故処理が完了する前に、迅速に保険金を受け取ることができるメリットがある。

第5章

保険金は、保険対象である居住用建物または家財が、全損、大半損、小半損、または一部損となったときに保険金が支払われる[19]。保険料は、地震発生予測に基づいて都道府県単位に３つの等地基準が適用されており、さらに、耐震等級割引、免震建築物割引、耐震診断割引など、耐震対策へのインセンティブを促す割引制度が取り入れられている。

地震保険は、地震等による被災者の生活の安定に寄与することを目的として、住宅再建のみならず、生活保障の役割も担っている。そうした公共的観点から、政府は、民間保険会社が負う地震保険責任の一定額以上の巨額な地震損害をカバーする政府再保険制度が導入されている。現在、一回の地震に対する保険金の総支払限度額は、民間保険責任額と合計で11.7兆円となっている。

東日本大震災の後、さらなる大地震発生が危惧されているなかで、地震保険の立て直しが急務となっており、制度改正が繰り返されている。また、近年では、民間保険会社からは、地震保険で不足する部分を上乗せで補償する保険も販売されている。

4 人口減少社会の到来と保険業の課題

戦後の金融・保険業では、いわゆる「護送船団行政」とよばれる業界保護的な政策介入により、自由な市場競争は大幅に制限されていた。そのおかげで、保険市場は、安定的な成長を遂げることができた半面で、非効率な体制を温存することにもなった。

しかも、基本的に同じような商品や料率であったために、保険商品を比較しながら選択するモチベーションはもち得なかったのである。そうした非効率体制における矛盾や限界からの脱却を図る目的で、大幅な保険自由化・規制緩和が進められてきた。

その結果、保険会社は、多様な保険商品を開発し、販売競争を展開している。多くの消費者にとっては保険商品に対する多様な選択が可能になったといえるが、消費者（＝保険契約者）自身に対しても、自己責任が厳しく求められるようになっている。

しかし、国民の関心度と比較して、保険に関する国民の理解度は、必ずしも伴っていない。むしろ消費者は、情報洪水の中で、困惑を深めているのが実情である。

かつて、社会問題化した「保険金不払い問題」は、保険会社が自由化のなかで、消費者に対する販売体制が不整備であったことを露呈するも

のであった。他方、保険をめぐる消費者トラブルは、消費者意識のレベルが十分に高まらない限り、根本的な解決に至ることはむずかしい。自由競争時代には、保険市場を介して、消費者と保険会社とは対等な関係が構築されている必要があり、そのための法的整備や市場規律が不可欠である。近年では、政府は保険業界に対して、「顧客本位の業務運営」（フィデューシャリー・デューティー）に向けた取り組みを強く求めている。これは、それぞれの保険会社に、原則（プリンシプル）に基づいた自主的な経営を促すことを意図している。

　人口減少社会が進行する中で、社会保障制度の見直しが緊急な政策課題となっており、国民生活においては、いっそうの自助努力が求められているところである。他方、日本の保険業は、戦後の経済発展とともに主要な成長要因であった人口構造が大きく変化し、人口減少とともに、今後、保険市場の規模は縮小を余儀なくされるであろう。

　人口減少社会の到来は、保険産業の構造を大きく変える要因であるが、いかなる時代が訪れようとも、保険の必要性が減ずることはない。保険産業は構造的に困難な状況に置かれているように見えるが、国民の「安心」と生活の「安定」を支えるセーフティネット（安全網）としての役割を担う保険産業への期待は、むしろ高まっている。しかし、国民の信頼や期待に応えるためは、保険事業の健全な発展・成長は不可欠なのであり、そのためには現状を打開するために、今こそ顧客本位の経営体制に転換を図ることが求められている。

参考文献
● 堀田一吉『保険学講義』慶應義塾大学出版会、2021年
● 堀田一吉『現代リスクと保険理論』東洋経済新報社、2014年
● 堀田一吉『保険理論と保険政策－原理と機能』東洋経済新報社、2003年
● 堀田一吉・山野嘉朗・加瀬幸喜 編著『デジタル化時代の自動車保険』慶應義塾大学出版会、2022年
● 堀田一吉・山野嘉朗 編著『高齢者の交通事故と補償問題』慶應義塾大学出版会、2015年
● 堀田一吉 編著『民間医療保険の戦略と課題』勁草書房、2006年
● 田畑康人・岡村国和 編著『人口減少時代の保険業』慶應義塾大学出版会、2011年

第6章

年金保険

学習のねらい

　国民年金や厚生年金といった公的年金は、老齢、障害、被保険者の死亡に対して所得保障を行う社会保障制度である。公的年金は、恩給や労働者年金保険といった戦前の制度をふまえつつ、戦後に複数の改正を経て大きく形を変えている。本章では、キーワードを中心に公的年金の意義や沿革を学ぶことで、公的年金の変化を理解する。

　また、国民年金・厚生年金は、対象者や保険料、支給額など多くの点で異なり、老齢時や障害を負ったとき、被保険者の遺族に支給されるときに違いが表れる。本章では、国民年金・厚生年金に共通する部分を理解した上で、現在の公的年金がどのような対象者にどれくらい支給されるのかを学ぶ。

　一方で、公的年金は、少子化・高齢化の影響を受ける社会保障制度である。公的年金の財政や運営に不安を感じている読者もいるかもしれない。現在、iDeCoなど私的年金が充実しつつあり、実際に、公的年金と私的年金を組み合わせることで老齢時の所得保障が図られている側面がある。本章では、公的年金の現状と課題について正確に学習し、私的年金との違いや、今後の所得保障のあり方について理解を深める。

第1節　年金保険制度の意義と沿革

1 年金制度の意義と分類

（1）年金制度の意義

年金は、定期的かつ長期間支払われる金銭給付である。年金は、一時に全額ではなく定期的に支払われることで、受給する者やその家族の生計の安定に役立つ。

社会保障制度である公的年金は、老齢・障害・被保険者の死亡を対象にする給付であり、所得保障を目的にしている。公的年金は、（遺族年金の一部を除いて）期限がなく、受給者が死亡するまで支給されるため、経済的不安の解消に役立つ。

また、公的年金には、被保険者が個人として生活しやすくなる機能がある。かつて、公的年金がない時代には、家族による私的扶養を通じて生活が成り立っていた。老後の生活保障や、障害者・遺族の生活保障は、それぞれ配偶者や子ども、兄弟姉妹などが相互に助け合うことで生活していた。こうした私的扶養は、社会や家族の形とも結びつき、とりわけ女性の社会進出を阻むことがあった。公的年金が創設され、他の社会保障制度が充実していくに従って、公的年金で所得を保障し、必要なサービスを入手することが可能になった。例えば、被保険者の配偶者を亡くした受給者は、遺族年金によって所得が保障されるし、障害年金を受給する障害者は、障害福祉によるサービス保障を受けて生活することになる。公的年金によって自立した自由な生活が可能になっている。

現在、日本は、少子化と高齢化が同時に進行する少子高齢社会であり、公的年金に影響を与える。[*1] しかし、公的年金をなくすことは現実的ではない。公的年金がないとすれば、私たちは、老齢・障害に事前に自ら備えなければならないし、家族による扶養に頼らなければならない。公的年金制度にはさまざまな仕組みがあり、個人で備えるよりリスクは少ない。

*1
本章第4節参照。

（2）運営者による分類と公的年金の特徴

年金は、社会保障制度として政府などが保険を運営する公的年金と、民間の保険会社などが運営する私的年金に分けられる。

公的年金は、老齢・障害・死亡をリスクとしてとらえ、国民の生活の

〈図６−１〉公的年金制度の仕組み

（注）人数は、令和３（2021）年３月末現在。

（出典）厚生労働省『令和４年版　厚生労働白書』

安定を図るためにそれらに備える制度が必要であるとの考えに基づく。公的年金は、加入を義務づける①強制加入、支給する期間を区切らずに生きている限り給付を受けられる②終身年金、物価や賃金の変動に応じて給付額を変更する③給付の実質的価値の確保、保険料や運用収益のほかに④国庫負担（税）がある、といった特徴をもつ。しかし、①②以外は、公的年金が必ず備えている特徴ではない。

　日本の公的年金は、国民年金と厚生年金である（**図６−１**）。国民年金は、全国民が共通して加入する年金であり、**基礎年金**とよばれる。厚生年金は、被用者を対象とする年金であり、就労状況や就労先によって加入が決まる。かつて、公務員や私立学校の教職員などを対象とする共済年金があったが、平成27（2015）年10月から厚生年金に一元化されている。

　私的年金は、任意加入であって個人が事前に拠出することで、老齢・障害・死亡といったリスクに備える考え方に基づく。私的年金は、民間の保険会社が保険を利用して構築する仕組みであり、事前に保険料の支払いを必要とする。現在、私的年金は、公的年金とともに利用することで、より豊かな生活を実現する機能が期待される。私的年金は、企業が従業員の福利厚生として実施する企業年金と、就業の有無にかかわらず個人で加入する[*2]個人年金に分けられる。また、私的年金は、給付が一定期間にとどまる有期年金が多いなどの特徴がある。

＊２
個人型確定拠出年金（iDeCo）は、加入者の就業によって上限額が決まる私的年金である。加入を希望する者は、運用会社や方法を選択し、運用結果に責任を負う。現在、保険料は税制上の控除の対象になっており、加入が促進されている。

（3）給付内容による分類

給付の内容から、年金は、受給者が死亡するまで支給される終身年金と、期間を定めて支給される有期年金に分けられる。

終身年金は、老後の所得保障から望ましいが、対象者が何歳まで生きるかわからないために、保険料の額や保険料を納付する期間など保険上の計算が難しくなりやすい。そのため、私的年金では有期年金になりやすく、公的年金では、保険財政への公費の組み入れなど工夫をして終身年金を可能にしている。

また、年金は、一定額が給付される**定額年金**と、支払った保険料額に応じて給付される**所得比例年金**に分けられる。

定額年金は、一般的には定額の保険料を納付することに対応している。所得にかかわらず定額の保険料を納付し、一定額が給付される国民年金（基礎年金）は、定額年金の典型例である。しかし、国民年金でも、保険料を納付しない場合には、その分給付額が減額されるため、予定していた金額（満額）が給付されるわけでない。所得比例年金は、所得に応じた保険料を納付することに対応しており、厚生年金が典型例である。所得比例年金は、対象者の所得に応じた給付になるため、退職時の生活保障とも適合的である。

（4）確定給付年金と確定拠出年金

近年、重要になってきた年金の分類が**確定給付年金**と**確定拠出年金**である。確定給付年金は、先に支給額を決めて、それに応じて必要な保険料額を決める年金であり、確定拠出年金は、先に保険料額を決めて、保険料とその運用成果を保険給付に充てる年金である。

かつて、日本の公的年金は、世帯のモデルを想定して、標準的な給付を構想していたことから、確定給付年金のみであると考えられていた。これは、将来の年金支給額の水準と計算方法を決めて、それに応じて必要な保険料を算出し、被保険者に賦課していたからである。現在も、基礎年金や厚生年金は、将来の年金支給額を想定し計算方法を決めているため、確定給付年金という場合がある。

確定拠出年金は、保険料額のみが決まっており、保険給付がいくらになるのか確定していない年金である。また、保険料の運用を自分で決める場合があり、その場合は保険料を運用するリスクを被保険者が自ら負う特徴がある。アメリカの401k年金[*3]が典型例であり、私的年金には確定拠出年金が多い。

*3
アメリカの私的年金であり、法律条文から401kと通称される。従業員が支払う拠出金のほか、事業主が拠出金を上乗せすることがあるが、運用は従業員が行う。税制上の優遇（保険料控除）があり、転職時にも対応できる点に特色がある。
本書第5章第2節*7参照。

2 年金の財政

　年金は、どのような財源でどのような運営を行うかによって、社会の変化に伴う影響が変わる。日本の年金がどのような特徴をもつのか、理解する必要がある。

（1）社会保険方式と税方式

　年金は、給付を社会保険料でまかなう**社会保険方式**と、租税でまかなう**税方式**に分けられる。日本の公的年金は、社会保険方式を基本としている。

　社会保険方式は、保険料を主な財源として保険給付を行うものである。社会保険方式では、保険料を賦課された対象者が保険料を納付することと、年金給付の受給に期待する権利（期待権）が権利として認められる。そのため、保険料を支払うことと給付が関係しており、拠出制年金といわれることがある。一方で、賦課された保険料を支払わずに滞納することがあり、その場合は、保険者による督促や保険料の徴収などの手続きが必要になる。

　もっとも、社会保険料と租税の両方でまかなうこともあり、実際に日本の公的年金は、社会保険料を基本としつつ、租税を財政に組み込んでいる。また、社会保険方式では、主に徴収手続きのために、対象者に租税として賦課する場合があり、租税の特色を見出すことができる。そのため、税方式を狭くとらえて、租税のみでまかなう場合に税方式ということが適切であろう。

　税方式は、租税が財源であるために、保険料の賦課や徴収などの手続きが不要であり、保険料の滞納も生じない。保険料の拠出が給付とかかわらないために、無拠出制年金といわれることがある。しかし、租税を財源にする場合、他の社会保障制度だけではなく、文教や建設、防衛など他の社会支出との関係で、どれほど年金に用いられるか、問題になりやすい。さらに、少子高齢社会である日本では、年金の支給総額を確保するために、人数が少ない若い世代ほど税負担が重くなってしまう。[*4]かつて、日本には、恩給制度や、国民年金保険法施行時に設けられた福祉年金があったが、これらは無拠出制年金といえる。また、20歳前に重度の障害を負った者に給付される障害基礎年金は、無拠出制年金であるための税方式といえる。

*4
本章第4節参照。

（2）賦課方式と積立方式

　年金は、運営方式から、**賦課方式**と**積立方式**に分けられる。日本の公的年金は、賦課方式を基本とした修正積立方式とされる。

　賦課方式は、被保険者が拠出する保険料をそのときの受給者の給付の財源とし、積立金を保有しない方式である。このとき、保険料を負担する現役世代と年金を受給する高齢世代との間で、世代間扶養が行われているといえる。賦課方式は、インフレなど経済変動に応じて、保険給付の実質的な価値を維持するための調整を行いやすいが、受給者数の増大が保険財政に影響を及ぼしやすく、保険料の増加や年金給付の引き下げが必要になる可能性がある。

　積立方式は、被保険者が拠出する保険料を積み立てて、その積立金と運用収益から将来の給付を行う方式である。この場合、原則として世代間扶養は行われない。積立方式は、運用収益を保険給付に活かせるが、想定を超えた大幅なインフレや賃金上昇などの経済変動に対応しにくく、積立金の運用がうまくいかない場合などに年金給付の引き下げが必要になる可能性がある。

　いずれの方式であっても、少子高齢化によって生産力が低下し、保険料収入の減少や運用収益の低下といった影響が及ぶ。日本では、制度創設当初は積立方式を採用していたが、昭和48（1973）年から修正積立方式に改め、将来見通しに基づいて保険料率を設定することとした。現在は、保有する積立金を積極的に運用して給付に充てつつ、遠い将来に完全賦課方式に移行することをめざしている。

③ 公的年金制度の沿革

　公的年金は、所得保障を担う社会保障制度として社会的耳目を集める制度である。本項では、キーワードをふまえつつ、日本の公的年金がどのような変化をしてきたのか、おおまかな流れを記す（**表6-1**）。

（1）恩給制度

　近代国家における社会政策として年金をみると、恩給にその発祥をみることができる。日本においても、恩給が公的年金の起こりである。

　恩給は、主に軍人を対象とする拠出を必要としない税方式の給付であり、退職後の所得保障として機能を認めることができる。具体的には、明治8（1875）年に陸軍軍人・海軍軍人のための給付制度が始まり、そ

〈表6－1〉 公的年金の主な沿革

明治8（1875）年	恩給の開始
昭和16（1941）年	労働者年金保険法成立
昭和29（1954）年	厚生年金法成立
昭和36（1961）年	国民皆年金体制（国民年金法施行）
昭和48（1973）年	５万円年金（福祉元年）、スライドの導入
昭和60（1985）年	基礎年金制度導入 国民年金の第３号被保険者創設
平成元（1989）年	学生を国民年金の強制加入にする 国民年金基金の創設
平成6（1994）年	老齢年金（定額部分）の受給基準年齢を65歳へ引上げ 育児休業中の保険料免除
平成12（2000）年	老齢年金（比例部分）の受給基準年齢を65歳へ引上げ 総報酬制の導入 学生納付特例制度の創設
平成16（2004）年	厚生年金・国民年金の保険料固定 マクロ経済スライドの導入 国民年金の国庫負担割合1/2へ引上げ 離婚時の年金分割の導入
平成19（2007）年	年金時効特例法成立
平成26（2014）年	消費税８％へ引上げ
平成27（2015）年	共済年金を厚生年金に統合（一元化） 老齢年金に必要な期間を10年へ短縮

（筆者作成）

の後に上級公務員である官吏などに対象が広がり、大正になって国家公
務員を全体にする恩給法が成立するに至った。同時に、恩給の対象にな
らなかった者のうち、官庁で働いていた者は、大正時代に鉄道や逓信、
営林などの業種ごとに共済組合を創設し、年金給付を行っていた。つま
り、戦前は、広義の公務に従事する者に対して、恩給や共済組合による
退職時の所得保障が行われていたといえる。

　恩給は、税方式・無拠出制年金とみることができるが、公務員の職務
の特殊性から設けられた給付制度であり、公務の従事に対する恩恵的・
報償的側面が強い制度である。そのため、現在の公的年金と同様のもの
と考えることはできない。

（2）労働者年金保険

　日本における公的年金は、戦間期に成立した民間の被用者を対象にし
た各種の社会保険法に始まる。昭和14（1939）年に創設された船員保険
法は、医療給付とともに年金給付を含んでおり、公的年金の先駆けとい
うことができる。もっとも、昭和16（1941）年に男子工場労働者を対象
とした労働者年金保険法は、対象者が幅広く、現在の厚生年金保険法の

第6章

前身となった点から、より重要である。労働者年金保険法は、戦間期の立法として、労働力の移動防止や、対象者による金銭の無駄遣いを避けて購買力を吸収するなど、戦争に備える目的があったとされる。もっとも、立法理由として、労働者の老齢や障害、死亡などの事故に備え、労働者の生活を保障することをあげており、労働者年金保険法の成立が公的年金制度における画期であることは明らかである。

　労働者年金保険法は、昭和19（1944）年に事務職員及び女性工場労働者を対象に加えた（旧）厚生年金保険法となった。第二次世界大戦後の昭和29（1954）年に旧厚生年金保険法を全面的に改正し、現行の厚生年金保険法となった。

（3）国民皆年金体制と給付の引き上げ

　日本の公的年金の特色の一つは、限定された対象者ではなく、国民すべてを対象にする国民皆年金（体制）であることである。国民皆年金体制は、すべての国民が何らかの公的年金制度に加入資格を有することである。具体的には、厚生年金と国民年金のいずれかに加入することを意味し、昭和36（1961）年の国民年金法施行をもって成立したと理解されている。

　国民年金法は、昭和34（1959）年に制定され、農林漁業など一次産業に従事する者や、自営業者などの被用者ではない者を被保険者として、保険料の納付を求めた。その背景として、第二次世界大戦後に旧厚生年金保険法を厚生年金保険法に改正した後、それまで厚生年金の対象ではなかった一次産業従事者や自営業者の老齢時の所得保障が問題となり、新たな年金の創設が議論されるようになったことがあげられる。昭和36（1961）年から保険料の賦課と納付が始まり、厚生年金および国民年金による国民皆保険体制が成立した。なお、成立時にすでに老齢であり、年金受給に必要な長期にわたる保険料の納付がむずかしい者に対して、無拠出制の老齢福祉年金が整備された。

　その後は、高度経済成長に伴う財政状況の好転や物価の上昇などを受けて、年金の給付額の引き上げが段階的に行われた。夫婦二人の年金額を想定して、昭和40（1965）年に1万円年金、昭和44（1969）年に2万円年金とよばれる厚生年金制度の改正が行われた。とりわけ、福祉元年といわれた昭和48（1973）年には、5万円年金として給付の引き上げが行われた。同年には賃金スライド・物価スライド制度が導入され、納付された保険料の基礎となった標準報酬を現在の価値に再評価し（賃金ス

ライド）、さらに前年の消費者物価指数の変動に応じて（物価スライド）、支給される年金額を改定することとした。

（4）基礎年金制度の導入

　日本の公的年金のもう一つの特色は、国民年金を基礎年金として位置付けていることである。基礎年金制度は、制度間での公平性や財政基盤の安定化のために、昭和60（1985）年の国民年金法改正によって、全国民共通の基礎年金として国民年金を位置付け直した制度である。同年の改正は、抜本的な改正であり、給付と負担の適正化や、女性（いわゆる専業主婦）の年金権の確立が図られた。

　それまで、厚生年金と国民年金は別の制度であり、厚生年金の被保険者は、国民年金の被保険者ではなく財政上も何ら関係していなかった。当時は、高度経済成長に伴い、現役世代の多くが企業に勤める被用者になり厚生年金の被保険者が増加する一方で、一次産業の従事者や自営業者など非被用者は減少し、国民年金の被保険者の増加が緩やかになっていた。そのため、国民年金は年金受給者の増加に耐えられず、財政が悪化することが見通されていた。そこで、国民年金を基礎年金として位置

〈図6－2〉 基礎年金制度の創設（昭和61〔1986〕年4月施行）

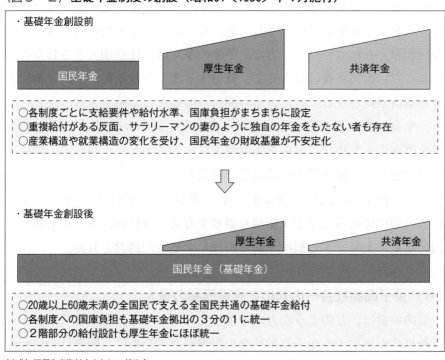

（出典）旧厚生省資料をもとに一部改変

付け直し、厚生年金の被保険者を国民年金の第2号被保険者とするとともに、国民年金の財政に一定の厚生年金保険料を組み込むこととした。これにより、いわゆるサラリーマンは、1階にあたる基礎年金（定額部分）と2階にあたる厚生年金（報酬比例部分）に加入し、2階建ての年金の対象者となった（**図6-2**）。

　あわせて、それまでいずれの年金制度に加入していなかった厚生年金保険被保険者の配偶者は、国民年金の第3号被保険者になった。第3号被保険者は、いわゆる専業主婦（専業主夫）であり、それまでは厚生年金の被保険者である配偶者を通じて、老齢時の所得保障が図られてきた。専業主婦（専業主夫）国民年金の被保険者として位置付けられたことにより、将来的に国民年金の受給が期待できることになった。

＊5
本書第6章第2節1
（2）参照。

（5）学生の強制加入

　平成元（1989）年の国民年金法の改正によって、20歳を超えた大学などの高等教育機関の学生は、国民年金の第1号被保険者として強制加入の対象になった。

　昭和36（1961）年の国民年金法施行から当時まで、学生は、厚生年金などの被保険者の配偶者とともに、任意加入となっていた。その理由として、学生は、国民年金に加入せずとも数年後に就労して厚生年金などの被保険者になることがあげられた。また、学生は、勉学が本業であって、アルバイトをしていたとしても、もっぱら稼得労働を行うものではないと考えられていた。一方で、学生の多くは、任意加入とされたことによって、国民年金に加入せず、就労するまでの数年間が公的年金における空白期間となっていた。その間に、傷病などで障害を負ったとしても、年金を受けられることはなかった（学生無年金問題）。こうした状況を改善するために、学生を強制加入にすることとし、同時に、学生を主な対象とした保険料の免除制度を創設した。

　また、同年の国民年金法改正では、（名目賃金の変化にかかわらず）物価の伸びに従って年金支給額を調整する完全自動物価スライド制度や、国民年金に上乗せする制度である国民年金基金が創設された。

（6）少子高齢社会への対応と総報酬制の導入

　公的年金は、どのような方式で運営したとしても、現役世代が減少し受給世代が増加する少子高齢社会の影響が及ぶために、制度への信頼が揺らぐことがある。少子高齢化が進むに従って、複数の制度改正が行わ

れた。

　平成 6 （1994）年の厚生年金保険法改正では、定額部分の支給開始年齢を60歳から段階的に65歳に引き上げることとした。これは、60歳から受給できなくするものではないが、基準年齢より早く受給する場合、早くした月数に応じて年金の額が引き下げられる（繰り上げ支給）。また、すでに受給している年金を対象にして行われる完全物価自動スライドについて、名目賃金の変動から、社会保険料や税を控除した手取りの賃金である可処分所得の変動を基準にした可処分所得スライド制度に変更した。そして、平成 4 （1992）年から施行されていた育児休業法との関係で、育児休業を取得している厚生年金の被保険者について、保険料を免除することとした。[6]

*6
本章第 3 節 2 （3）参照。

　平成12（2000）年の厚生年金保険法の改正では、報酬比例部分の支給開始年齢を段階的に65歳に引き上げることとなった。また、スライドについて、すでに支給されている年金について可処分所得から物価の変動率に変えた。そして、それまで保険料算定の対象になっていた月々の給与に加えて、賞与も対象にすることとした（**総報酬制**の導入）。これは、一部の使用者が、使用者負担の軽減を目的に、保険料算定の対象となっていない賞与として被用者に利益の配分を行うことがあり、公平の観点から問題であるとされたことによる。さらに、老齢厚生年金の給付乗率を引き下げた。給付乗率は、給付にあたって用いられる数値で、被保険者が支払ってきた保険料額に乗じられる。ここでは、給付水準を引き下げるために行われた。

　なお、同年の国民年金法改正では、学生の強制加入に伴って導入された免除制度を改めて、保険料を追納できる期間を特別に長くした学生納付特例制度や、第 1 号被保険者の保険料免除が全額のみであったことを改めて保険料の半額免除制度が導入された。[7]

*7
本章第 2 節 2 （3）
（4）参照。

（7）保険料の固定とマクロ経済スライドの導入

　平成16（2004）年には、厚生年金と国民年金の双方で公的年金制度の持続可能性の確保を目的とした法改正が行われた。

　一つは、保険料の固定である。厚生年金は保険料率18.3％を上限に、国民年金は保険料額 1 万6,900円を上限にすることとし、平成29（2017）年以降に上限に達するように段階的に引き上げることとした。この改正について、保険料水準固定方式とよばれることがある。なお、保険料額は平成16（2004）年度の物価や賃金を水準にして決めたものであり、そ

の後の物価・賃金の変動によって、実際の保険料額は変動する。

　もう一つは、**マクロ経済スライド**の導入である。マクロ経済スライドは、それまでの物価スライド制を見直す形で導入された負担と給付を調整する新たな仕組みである。マクロ経済スライドは、保険料負担の枠内で給付を行う「スライド調整率」を用いて、年金給付の伸びを物価や賃金の伸びより抑える仕組みである。具体的には、①向こう100年の財政均衡期間を考慮した調整期間及び調整率を設定し、公的年金財政の均衡の観点からそれらによる年金給付の調整を行うこととし、②調整率をそのまま掛けると支給額が減少する場合には前年度のままとする、③名目手取り賃金変動率・物価変動率がマイナスの場合には調整率を掛けない、といった運用が行われる。マクロ経済スライドは、その実施が見送られてきたが、平成17（2015）年度に初めて実施された。

　そして、基礎年金の国庫負担割合について、それまでの3分の1から2分の1に引き上げた。さらに、夫婦の離婚時の所得保障を主な理由に、年金分割を導入した。[*8]

＊8
本章第3節3（5）参照。

（8）年金記録問題と日本年金機構の発足

　公的年金制度は、政府などの公的機関が運営するため、一般には制度の安定性に優れる。しかし、平成19（2007）年前後の年金記録問題は、公的年金制度に対する信頼をゆるがせた。

　年金記録問題は、保険料の納付にかかわる事務が正確に取り扱われていないのではないか、という疑いが社会的問題となった事件である。背景には、長年にわたって紙媒体で行われていた保険料の納付記録の管理を電子データ化してデータベースで管理する際に、データの誤入力や漏れが生じたことや、保険料を納付した者を確定させる際にミスがあったことなどがある。その場合、実際に年金が支給される際に、対象者が納付した保険料に応じていない支給額になってしまう。年金記録問題は、被保険者全員にかかわる問題ではないものの、結果として公的年金制度の信頼を大きく損なってしまった。

　年金記録の訂正が行われたことから、平成19（2007）年に年金時効特例法が成立し、年金記録が訂正された場合には、消滅時効にかかわらずさかのぼって年金の支給を行うこととなった。そして、平成22（2010）年には、主に公的年金制度にかかわる事務を行っていた社会保険庁を廃止し、日本年金機構が発足した。

（9）社会保障・税一体改革

社会保障・税一体改革は、社会保障制度に大きな影響を与える改革である。

平成26（2014）年に、消費税が5％から8％に引き上げられた。この3％の引き上げ分は、年金や医療、介護、子育てといった社会保障制度の国庫負担分に充てられるとされており、いわば社会保障制度のための消費税引き上げといえる。その一方で、少子高齢社会の進展や人口減少社会を見据えて、社会保障制度を変えていくこととなった。

公的年金制度では、厚生年金と共済年金の統一（一元化）が行われた。平成27（2015）年、主に公務員を対象としている共済年金は、民間の被用者を対象とする厚生年金と統合し、厚生年金に一元化された。これにより、日本の公的年金は、国民年金（基礎年金）と厚生年金に整理された。

（10）老齢年金の受給に必要な期間の短縮

平成27（2015）年には、老齢年金を受給するために必要な期間がそれまでの25年以上から10年以上に短縮された。

年金を受給するために必要な期間は、①保険料納付済期間、②保険料免除期間、③合算対象期間の3つがある。①は、保険料を賦課されて支払うべき期間について、原則として賦課されたときに保険料を納付した期間である。[*9] ②は、保険料を支払う期間ではあるものの、所得など経済状況を理由に保険者から納付しなくてよいと認められた期間である。③は、受給資格期間には算入するが年金額の算定には算入されない期間であり、かつて任意加入とされた者が加入していなかった期間などである。それまで、老齢年金を受給するためには、①～③を合算して25年以上であることが必要となっていたが、10年に短縮された。

*9
例外は、保険料を事後に納付したときであり、学生納付特例制度の利用者が10年以内に追納する場合や、保険料の時効（2年）以内に納付した場合などがある。

157

第2節 国民年金制度の具体的内容

1 保険者・被保険者

（1）保険者

　国民年金の保険者は、国である。国民年金と厚生年金は、法律上、ともに国が管掌するとされており、それをもって公的と考えることができる。日本年金機構は、国民年金の運営のために置かれた公法人であり、被保険者の適用や被保険者資格の確認、保険料の賦課・徴収、年金支給のための手続きなどを行っている。

（2）被保険者の種類

　国民年金の被保険者は、第1号被保険者、第2号被保険者、第3号被保険者の3種類に分けられる（**表6-2**）。法律上、国民年金は強制加入であって、制度に加入しないことは許されていない。

　第1号被保険者は、日本国内に住所を有する20歳以上60歳未満の者であって、第2号・第3号被保険者ではない者である。農林水産業など第一次産業の従事者や、自営業者、20歳以上の学生、パートなど短時間労働者、無業者がこれにあたる。第1号被保険者は、免除手続きをしない限り、収入にかかわらず定額の保険料が賦課される。なお、第一次産業で雇われている者（被用者）は、第2号被保険者になる可能性がある。

　第2号被保険者は、厚生年金の被保険者である。民間の被用者や公務員などがこれにあたる。第2号被保険者は、使用されている者（被用者）であり、収入に応じた保険料が賦課され、保険料は事業主と半分ず

〈表6-2〉国民年金の被保険者種別と保険料・給付

被保険者種別・数	対　象　者	保険料と基礎年金の負担	給　付
第1号被保険者 1,405万人	農業、自営業、学生など（20歳～60歳未満）	16,520円/月。保険料から基礎年金拠出金を負担	基礎年金＋独自給付
第2号被保険者 4,628万人	厚生年金の被保険者など（70歳未満）	18.3%（厚生年金）。保険料から基礎年金拠出金を負担	基礎年金＋厚生年金
第3号被保険者 721万人	第2号被保険者の被扶養配偶者（20歳～60歳未満）	直接の保険料負担なし。基礎年金拠出金は、第2号の制度がまとめて負担	基礎年金のみ

（注）保険料は、令和5（2023）年度。被保険者数は、令和4（2022）年3月末現在。
（筆者作成）

つ負担する（労使折半）。

　第3号被保険者は、第2号被保険者の配偶者であって、主として第2号被保険者の収入により生計を維持する20歳以上60歳未満の者である。[*10] いわゆる専業主婦（専業主夫）がこれにあたる。第3号被保険者には所得の要件があり、60歳以上の者及び重度障害者を除いて、年収130万円未満である。

　ほかに日本国内に住所を有する60歳以上65歳未満で、厚生年金など被用者年金の被保険者でない者や、日本国籍を有する者であって日本国内に住所を有さない20歳以上60歳未満の者など、国民年金に任意で加入できる任意加入被保険者がいる。

*10
令和2（2020）年4月1日以降、日本に居住していることが要件となっている。一方で、配偶者である厚生年金被保険者の海外赴任に同行する場合など、日本に居住していないが、届出を出すことによってそのまま第3号被保険者であり続ける場合がある。

（3）被保険者資格

　国民年金の被保険者は、法律上の要件を充たせば当然に加入となる強制加入被保険者である。国籍は問われず、外国人であっても要件を満たせば加入する。

　第1号被保険者は、20歳になったときに被保険者資格を取得する。通常、対象者は、日本年金機構から国民年金の加入を知らせる書面とともに、保険料の賦課が通知されることで、第1号被保険者であることを理解する。

　第2号被保険者・第3号被保険者は、厚生年金の加入が前提となっており、事業主が手続きを行う。通常、事業主が、第2号被保険者と第3号被保険者を届け出ることで、日本年金機構が対象者を把握することになる。

　なお、日本は、年金について複数の外国と協定を結んでいる（社会保障協定）。日本人が就労する国や日本で就労する外国人の国籍によるが、保険料の負担や給付を調整する社会保障協定に基づいて、年金制度に加入することになる。

2 費用負担

（1）国民年金の財政

　国民年金は、社会保険方式の公的年金であり、保険料と国庫負担（租税）によって運営される。国民年金は、年金特別会計において経理されており、基礎年金の支出総額は、年間約26兆円となっている（令和5〔2023〕年）。

第6章

　かつて、国庫負担は、基礎年金の支給総額の3分の1であった。平成16（2004）年の国民年金法改正によって、負担割合は2分の1に引き上げられることになった。実際に、平成21（2009）年に引き上げられたが、引き上げに必要な財源を恒久化させることに苦労し、平成24（2012）年の社会保障・税の一体改革によって、平成26（2014）年以降は消費税率の引き上げ分を充てることとなった。

（2）保険料

　国民年金の保険料は、定額である。第1号被保険者の保険料は、月額1万6,520円であり、収入によって変わらない（令和5〔2023〕年）。なお、保険料額は、平成16（2004）年の国民年金法改正によって、平成29（2017）年以降、固定されている（平成16年度を基準に固定しているため、実際の保険料は、賃金の変動をふまえて変わることがある）。

　第1号被保険者の保険料は、（免除の対象となっていない限り）被保険者のみが全額負担しなければならない。第2号被保険者の保険料は、厚生年金の保険料として徴収されるため、事業主が保険料の半分を負担していることになる（労使折半）。第3号被保険者の保険料は、被保険者に賦課されず、配偶者である第2号被保険者の事業主がその分を負担している。

　なお、国民年金の保険料は、災害などを理由にした猶予を受けない限り、賦課が通知されてから2年以内に納付しなければならない。また、納付には納期限があり、納期限以内に納付しない場合、強制徴収の対象になったり延滞金がかかったりすることがある。

（3）保険料の免除と猶予

　第1号被保険者は、第2号被保険者・第3号被保険者ではない者であって、農林水産業など第一次産業の従事者や、自営業者、20歳以上の学生、パートなど短時間労働者、無業者などである。なかには、定期的な収入がなく、保険料を負担できない者も含まれているため、第1号被保険者は、保険料の免除もしくは猶予を受けることがある。

　保険料の免除は、法定免除と申請免除がある。法定免除は、国民年金法が定める免除であり、生活保護法に基づく生活扶助を受給している者や、障害基礎年金の受給者、DV被害者などであり、被保険者が特段の手続きをすることなく、当然に保険料が全額免除される（賦課されない）。申請免除は、主に所得が低い者を対象としており、被保険者が申

請手続きを行い、経済状況を確認された上で、厚生労働大臣が決定する。この申請免除される額は、全額、4分の3、半額、4分の1の4種類がある。法定免除・申請免除を受けた期間（保険料免除期間）は、受給資格期間として扱われる。なお、保険料の免除を受けた者は、10年以内であれば後から保険料を追納することができる。

　保険料の猶予は、そのときは保険料を納付しなくてよいが、後から保険料納付することが予定されている。そのため、保険料猶予期間は、保険給付を受けるために必要な期間として扱われるが、保険料を納付しなかった場合、保険給付額には反映されない（カラ期間）。猶予には、30歳未満の者を対象にした若年者納付猶予や、さらに対象年齢を引き上げて50歳の者を対象にした中年者納付猶予がある。いずれも、被保険者が申請して、第1号被保険者本人や配偶者の経済状況が確認される。

（4）学生納付特例制度

　学生である第1号被保険者は、特別な猶予制度である学生納付特例制度を利用することができる。

　学生は、平成元（1989）年から国民年金に強制加入するようになり、保険料が賦課されるようになった。しかし、学生は、保険料を（親が納付するなど）負担しないことがあり、老齢年金のイメージから国民年金に加入しているメリットを感じにくく、保険料を納付しない者が多かった。[*11]そのため、平成12（2000）年から、被保険者本人が保険料負担することや、国民年金（特に障害基礎年金）の受給権があることを可能にする学生納付特例制度を創設した。

　学生納付特例制度は、大学や専門学校などの高等教育機関の20歳を超えた学生が受けられる保険料の猶予制度である。学生納付特例制度では、学生自身の経済状況のみが確認され（通常の猶予では被保険者の家族まで確認される）、利用している期間は保険給付を受けるために必要な期間として扱われ、その間に障害基礎年金の受給要件を充たした場合には、障害基礎年金を受給できる。そして、猶予された保険料は、2年の時効を超えて、10年以内なら追納できる。

（5）産前産後の保険料免除

　第1号被保険者が出産した場合、保険料が免除された上で、支給上も特別な扱いを受けられる。

　出産に関して、労働基準法は、原則として産前の6週間と産後の8週

*11
いわゆる学生無年金問題は、保険料を未納していた学生が障害を負った場合に障害年金が支給されないことが問題となった。障害によって就労がむずかしく、本人や家族に大きな負担が及ぶことから、社会保障制度による対応が求められた。

*12
産休中の被用者は、加入する健康保険から出産手当金が支給され、それまでの給料に応じた金銭給付を受け取ることができる（国民健康保険の加入者は除く）。

間を労働させてはならない期間としている。[*12] 関連して、国民年金法は、被保険者が出産する予定月の前月から出産予定月を含む3か月間の計4か月間、保険料を全額免除する。そして、全額免除にもかかわらず、保険料を全額納付したものとみなされる（通常の全額免除は、支給にあたって2分の1として計算される）。つまり、この4か月間は、保険料納付済期間と同じように、保険給付を受けるために必要な期間として扱われる。

3 国民年金の給付

国民年金の給付には、老齢に対する給付である老齢基礎年金、障害に対する給付である障害基礎年金、遺族に対する給付である遺族基礎年金がある。それぞれ老齢基礎年金では受給に必要な年数、障害基礎年金では対象者、遺族基礎年金では配偶者と子の違いに注意する必要がある。

（1）老齢基礎年金
❶定義と受給要件

老齢基礎年金は、被保険者が65歳になったときに支給される年金である。受給するためには、保険料納付済期間・保険料免除期間・合算対象期間が合わせて10年以上でなければならない。

老齢基礎年金の支給は、65歳が基準であるが、繰り上げ支給もしくは繰り下げ支給を選択できる。繰り上げ支給は65歳より前に老齢基礎年金を受け取ることであり、繰り下げ支給は65歳より後に老齢基礎年金を受け取ることである。現在、60歳まで繰り上げることができ、75歳まで繰り下げることができる。[*13]

*13
令和2（2020）年の改正で、令和4（2022）年から75歳となっている。それまでは、70歳までの繰り下げ支給であった。

繰り上げ支給・繰り下げ支給は、老齢基礎年金の支給額に影響が及ぶ。繰り上げ支給の場合、1月あたり0.5%の割合で支給率が下がり、繰り

〈表6-3〉 繰り上げ・繰り下げ受給の支給率

繰り上げ受給		繰り下げ受給			
60歳～60歳11月	70.0～75.5%	66歳～66歳11月	108.4～116.1%	71歳～71歳11月	150.4～158.1%
61歳～61歳11月	76.0～81.5%	67歳～67歳11月	116.8～124.5%	72歳～72歳11月	158.8～166.5%
62歳～62歳11月	82.0～87.5%	68歳～68歳11月	125.2～132.9%	73歳～73歳11月	167.2～174.9%
63歳～63歳11月	88.0～93.5%	69歳～69歳11月	133.6～141.3%	74歳～74歳11月	175.6～183.3%
64歳～64歳11月	94.0～99.5%	70歳～70歳11月	142.0～149.7%	75歳	184.0%

（出典）厚生労働省資料をもとに筆者作成

下げ支給の場合、1月あたり0.7%の割合で支給率が上がる（**表6-3**）。年金の改定を除いて、この支給率は、年金をもらい始めたときから死亡によって失権するまで変わらない。

❷受給額

老齢基礎年金の受給額は、保険料納付済期間が40年間の満期であれば、年額79万5,000円に改定率を乗じたものである（金額は令和5〔2023〕年）。改定率は毎年変わり、年度で算出される。

マクロ経済スライドは、改定率にかかわる重要な仕組みである。すなわち、賃金や物価によって調整する方法を改めて、①新規に支給される年金については賃金の変動率、すでに支給されている年金については物価の変動率を年金改定率として算定し、②年金算定率に、保険料負担の枠内で給付を行う「スライド調整率」を乗じたものを改定率としている。なお、就労して収入を得ても、支給停止されない。

❸保険料の免除と未納

国民年金は定額年金といわれることがあるが、保険料の未納や免除がある場合、支給にあたってその分が減額される。免除を受けた期間（保険料免除期間）は、保険給付に必要な期間として扱われる。免除を受けた被保険者は、保険料を支払っていない分、保険料を全額納付した者よりは劣位に扱われるが、保険財政に公費負担があることから、公費負担分の支給を受けることができる。支給にあたっては、全額免除は2分の1、4分の3免除は8分の5、半額免除は4分の3、4分の1免除は8分の7として計算される。

一方で、保険料の未納・滞納[*14]は、保険料を支払っていないという意味では全額免除と同じだが、手続きを取らず漫然と支払わない点で問題である。そのため、保険料を未納した期間は、保険給付に必要な期間として扱われず、保険免除を受けた被保険者よりもさらに劣位に取り扱われる。

[*14] 保険料を納付せず、免除なども受けていない状態であり、保険給付を受けるときに、保険給付の額が低額になる、そもそも支給されないなど問題になる。

（2）障害基礎年金

❶定義と受給要件

障害基礎年金は、①障害の原因となった傷病の初診日に被保険者あるいは、20歳前または60歳以上65歳未満で年金制度に加入していない者であって、②保険料納付済期間・保険料免除期間が加入期間の3分の2以

上である者が、③障害等級の１級または２級に該当する場合に、支給される年金である。このうち、要件①を初診日要件、要件②を３分の２要件ということがある。現在、令和8（2026）年４月１日より前に初診日がある場合で、初診日に65歳未満であれば、要件②は適用されず、初診日のある月の前々月までの１年間に保険料滞納期間がなければよいことになっている。

　要件①・③は、医師による診療とかかわる要件である。要件①は、障害基礎年金を支給するにあたって、国民年金の被保険者である期間中に初診日があることを求める。要件③は、障害認定日との関係に注意が必要である。

　障害認定日は、医師によって障害の状態が判断された日であって、①受けた傷病が治癒した日、もしくは②これ以上治らずに症状が固定した日である。あるいは治療が長期にわたる場合、③初診日から１年６か月が経過した日である。つまり、初診日から治療が開始されて１年６か月以内に治療が終わるとき（①②）、もしくは１年６か月が経過したときに（③）、その状態が国民年金法施行令別表の障害等級に該当すれば障害者となり、障害等級の１級または２級であれば、障害基礎年金が支給される。

　例外として、障害認定日には障害等級の１級または２級に該当しなかった場合でも、障害の状況が変わって、65歳に達するまでに１級または２級に該当するようになった場合（事後重症）、その時点から障害基礎年金が支給される。

　障害基礎年金は、国民年金の被保険者に対する給付であって、原則として保険料の納付を前提とした給付である。しかし、国民年金の被保険者になる以前、つまり20歳以前に障害を負った障害者もおり（20歳前障害）、障害の程度によるが、稼得労働をする前に障害を負った者こそ、社会保障制度において所得を保障する必要がある。こうしたことから、初診日が20歳未満であって、20歳時もしくは20歳以降に障害等級の１級または２級に該当する場合、障害基礎年金が支給される。[*17]

　障害基礎年金は、国民年金の第１号被保険者・第３号被保険者が要件を充たした場合に受給する年金であり、厚生年金の被保険者である国民年金の第２号被保険者は、厚生障害年金を受給する。障害基礎年金と障害厚生年金には、受給権者や対象となる障害など多くの違いがある。[*18]

*15
１級とは、他人の介助を受けなければ日常生活のことがほとんどできないほどの障害の状態であり、身の回りのことはかろうじてできるものの、それ以上の活動はできない場合や、入院や在宅介護を必要とし、活動の範囲がベッドの周辺に限られるような場合である。

*16
２級とは、必ずしも他人の助けを借りる必要はなくても、日常生活は極めて困難で、労働によって収入を得ることができないほどの障害である。家庭内で軽食をつくるなどの軽い活動はできても、それ以上重い活動はできない場合や、入院や在宅で、活動の範囲が病院内・家屋内に限られるような場合である。

*17
無拠出制年金であることから、所得制限がある。前年の所得が472万1,000円を超える場合には全額、370万4,000円を超える場合には1/2が支給停止される（扶養親族がいない場合）。

*18
本章第３節３表６－５参照。

❷支給額

　障害基礎年金の支給額は、障害等級2級の場合に満期の老齢基礎年金と同額、1級の場合は満期の老齢基礎年金の1.25倍である。いずれの場合も、保険料納付済期間などにかかわらず定額が支給される（定額年金）。

　そして、障害基礎年金の受給者が子を養育している場合には、その子が18歳に達する年度まで（障害等級の1級もしくは2級の場合には20歳まで）、加算される。加算の額は、第1子と第2子にはそれぞれ年額22万8,700円、第3子以降は1人につき年額7万6,200円である（金額は令和5〔2023〕年度改定による）。また、障害基礎年金の受給権が生じてから生まれた子も、加算の対象になる。いずれの場合も、子どもを養育している（子どもの生計を維持している）必要がある。なお、受給者本人の就労によって収入がある場合、金額によって支給が停止されることがある。

（3）遺族基礎年金

❶定義と受給要件

　遺族基礎年金は、①死亡したときに被保険者もしくは老齢基礎年金の受給者であって、②保険料納付済期間・保険料免除期間が加入期間の3分の2以上である者によって、③生計を維持されていた遺族がいる場合[19]に、配偶者または子に支給される年金である。現在、平成18（2006）年4月1日より前に死亡した被保険者には要件②は適用されず、死亡までの1年間に保険料滞納期間がなければよいことになっている。また、被保険者に配偶者と子がいる場合、配偶者に優先して支給される。

　また、配偶者または子で具体的な要件が異なる。配偶者は、法律婚だけではなく事実婚を含み、年齢の定めはないが、死亡後に再婚しておらず、年齢要件を満たす子を養育している場合に限られる。一方で、子には年齢制限があり、18歳に達する年度まで（障害等級の1級もしくは2級の場合には20歳まで）受給できる。つまり、遺族基礎年金は、遺族である子が18歳（もしくは20歳）に達する年度まで、独身である配偶者または子に支給される有期年金とみることができる。[20]

❷支給額

　遺族基礎年金の支給額は、配偶者と子で異なる。

　配偶者に支給する場合、支給額は、満期の老齢基礎年金と同額であり、

*19
生計維持とは、①同居していたり別居していても仕送りしていたりするなど生計を同じくしていること、②前年度の収入が850万円未満であることの2つを充たす状態である。

*20
「母子年金」や「父子年金」といわれることがある。子がいない場合に支給されない理由として、生活困窮の程度に差があることや、就労による自立、再婚がしやすいことなどがあげられていた。

第6章

養育する子がいる場合に加算される。加算は、その子が18歳に達する年度まで（障害等級の1級もしくは2級の場合には20歳まで）、加算される。加算は、障害基礎年金の加算額と同様である。

子に支給する場合、支給額は、満期の老齢基礎年金と同額であり、①子が1名のみである場合、満期の老齢基礎年金と同額をその者に、②子が2名以上いる場合には、子の人数分加算した上で子の人数で割った金額を各人に支給する。つまり、子が遺族基礎年金を受給する場合には、全員が受給する。

（4）国民年金の独自給付

第1号被保険者に限られるものの、国民年金の給付には独自の給付がある。

❶付加年金

付加年金は、老齢基礎年金に上乗せされる年金である。国民年金の保険料と同時に付加保険料を納付した者は、老齢基礎年金を支給されるときに、保険料納付期間（月数）に200円を乗じた金額が年金の支給月額に上乗せして支給される。加入は任意である。なお、国民年金基金に加入している場合には、付加年金に加入できない。

❷寡婦年金

寡婦年金は、保険料納付済期間・免除期間などを合算して25年以上である第1号被保険者の夫が死亡した場合に、①その者と10年以上婚姻期間が継続していて、②その者によって生計を維持されていた者が、③60歳から65歳になるまでの間、支給される年金である。寡婦年金は、いわゆる専業主婦を想定した独自給付であり、専業主夫であっても夫は受給できない。支給額は、夫が受給するはずであった老齢基礎年金の4分の3である。

❸死亡一時金

死亡一時金は、保険料納付済期間が3年以上ある第1号被保険者が年金給付を支給されないまま死亡した場合に、その者によって生計を維持していた遺族に支給される給付である。一時金の金額は、保険料納付済期間によって異なり、遺族基礎年金を受給できる場合には支給されない。また、死亡一時金を受給できる遺族は、配偶者または子に限定している

遺族基礎年金より広く、父母や祖父母、孫を含む。

❹脱退一時金

　脱退一時金は、保険料納付が老齢基礎年金の支給に結びつかないまま、国籍を失ったり外国に転居したりするなどして、国民年金の被保険者資格を失った者に対する給付である。脱退一時金は、日本に居住する外国人などを想定しており、支給額は保険料納付済期間によって異なる。

（5）国民年金基金

　国民年金基金は、国民年金第1号被保険者について上乗せを行うための特別な基金である。

　国民年金第1号被保険者は、収入によって保険料が変わらない。そのため、老齢基礎年金の支給額も高いといえず、老齢期の所得保障に不安がある。そこで、保険給付が上乗せされる年金として、任意加入の基金を設けた[*21]。保険料は月額5,000円から2万円の定額であり、選択した年金や年齢によって異なる。保険料は、税制上の優遇（控除）を受けることができ、国庫負担とともに財政運営される。申込時に、終身年金か確定年金（有期年金）かを選択する。

*21
国民年金基金は、昭和44（1969）年の国民年金法改正で創設された。その後、平成元（1989）年改正で大幅に見直された。

第3節 厚生年金の具体的内容

1 保険者・被保険者

（1）保険者

厚生年金の保険者は、国民年金と同様に国であり、日本年金機構が、被保険者の適用や被保険者資格の確認、保険料の賦課・徴収、年金支給のための手続きなどを行っている。

（2）被保険者と適用事業所

厚生年金の被保険者は、健康保険と同様に事業所を単位として適用されている。厚生年金の被保険者は、事業所で「使用される」70歳未満の者であり、事業所が適用事業所かどうか、使用関係にあるかどうか、が問われる。

適用事業所は、強制適用事業所と任意適用事業所に分けられる。強制適用事業所は、常時従業員を使用する法人の事業所や、常時5人以上の従業員を使用する一定の業種[*22]の事業所である。任意適用事業所は、強制適用事業所とされていない業種の事業所であって、厚生労働大臣の認可を受けて適用事業所になった事業所である。したがって、強制適用事業所ではなく、任意適用事業所でもない事業所で使用されている被用者は、厚生年金の被保険者にならない。

適用事業所での使用関係は、事実上の使用関係があれば足り、法律上の雇用関係までなくてもよいとされる。そのため、請負契約を締結していて労働基準法上の労働者ではない者であっても、厚生年金の被保険者資格を有すると認められることがある。また、代表取締役など使用者であっても、会社との関係では労務の対価として報酬を受け取っていることから、厚生年金の被保険者となる。

（3）短時間労働者の被保険者資格

厚生年金の被保険者は、いわゆる正規労働者であり、典型的にはフルタイムで働く被用者である。短時間労働者などの非正規労働者が厚生年金の被保険者になる場合、条件がある。

かつて、非正規労働者は、当該事業所の通常の労働者の4分の3以上の所定労働時間である場合に、厚生年金の被保険者とする取り扱いとな

*22
ほぼすべての業種が強制適用事業の対象となるが、農林水産業や理美容業など対象にならない業種もある。

っていた。これは、厚生年金の被保険者が常用的使用関係にあるものという理解に基づいており、非正規労働者がそうした労働者とほぼ同様である場合に限って、被保険者資格があるとされていた。この取り扱いは、非正規労働者に厚生年金に加入する可能性を与えていたが、事業所ごとで基準となる労働者が異なるため、非正規労働者がどのような場合に厚生年金の被保険者になるか、明確ではないという問題があった。

　平成24（2012）年の厚生年金法改正によって、短時間労働者の被保険者資格は明確なルールとなった。具体的には、①１週間の所定労働時間が20時間以上であって、②当該事業所に継続して１年以上使用される見込みがあり（現に１年以上働いていなくてもよい）、③報酬月額が8.8万円以上であり、④学生ではない非正規労働者が、⑤労働者が501人以上の適用事業所で使用されている場合に、被保険者資格が認められることとなった。要件⑤は、令和４（2022）年に101人以上、令和６（2024）年10月から51名以上に人数が引き下げられ、対象となる短期労働者が増えつつある。

（4）被保険者資格

　厚生年金の被保険者は、年齢などの法律上の要件を充たせば当然加入となる国民年金とは異なり、厚生労働大臣の確認をもって効力が生じることとされている。そのために、厚生年金法は、労働者を使用する事業主に、当該労働者の厚生年金の被保険者資格の取得や喪失などについて届出を行うことを定めている。被保険者は、事業主を通じて厚生年金にかかわることになる。一方で、解雇や倒産など事業主の届出が適切にされているか不安になる状況があることから、被保険者は、厚生労働大臣に対して、被保険者資格に関する確認を行うことができる。

② 保険料と事業主負担

（1）標準報酬月額

　厚生年金は報酬比例年金であり、その保険料は被保険者の総報酬[*23]に比例して賦課される。具体的には、月ごとに支払われる報酬は標準報酬月額に当てはめて算定され、期日に定めて支払われる賞与は標準賞与額に当てはめて算定される[*24]。基礎年金であって、収入にかかわらず定額の保険料を支払う国民年金との大きな違いである。

　標準報酬月額は、保険料の賦課のために用いられる一定の幅を持った

第6章

*23
賃金、給料、手当、賞与など名称を問わず、労働者が労働の対価として受け取るすべての金銭をさす。通勤手当や住宅手当、残業手当なども含まれる。

*24
賞与は、平成12（2000）年の厚生年金法の改正から対象となっている。対象となる報酬が大きく変わったため、平成15（2003）年から年金額の計算における給付数が変わっている。それ以前は100分の7.125であり、以降は100分の5.481である。

収入の区分であり、第1等級（5万8,000円）から第32等級（65万円）に区分されている。第32等級は、報酬月額が「63万5,000円以上」[*25]となっており、例えば報酬月額が70万円である被保険者は、第32等級に区分されて標準報酬月額は65万円とみなされる。

*25
健康保険の標準報酬月額は、第1等級（5万8,000円）から第50等級（135万5,000円以上）までである。

（2）保険料の事業主負担

　厚生年金の保険料率は、平成29（2017）年9月以降、18.3%に固定されており、被保険者は、標準報酬月額に応じて賦課された保険料額を事業主と折半して負担する（労使折半）。保険料は、事業主が被保険者分を被保険者の給料から天引きして徴収し、事業主分とあわせて日本年金機構に納付している。そのため、厚生年金の被保険者は、保険料納付のために特段の手続きを取る必要がない。

（3）出産・育児の保険料免除

　厚生年金の被保険者は、出産のみ特別な扱いが受けられる国民年金の第1号被保険者と比べて、出産・育児で特別な扱いを受けられる。

　育児に関して、育児介護休業法は、子が1歳（場合によっては2歳）になるまで労働者が育児休業を取得することを認めている[*26]。事業者によっては、さらに3歳になるまで、育児休業に準じて休業等を取得できる場合がある。これに関連して、厚生年金では、①子が3歳になるまで、②休業直前の標準報酬に基づいて保険料が算定されるが、③被保険者、事業主ともに保険料を負担しなくてよい、としている。この期間は、保険料納付済期間と同じように、保険料を全額納付したものとみなされ、保険給付を受けるために必要な期間として取り扱われる。

　なお、厚生年金の被保険者の産前産後の休暇中も、これと同様に取り扱われる。

*26
育休中の被用者は、加入する雇用保険から育児休業給付金が支給され、それまでの給料に応じた金銭給付を受けることができる。

3 厚生年金の給付

　厚生年金の給付には、国民年金と同様に、老齢厚生年金、障害厚生年金、遺族厚生年金がある。一方で、国民年金とは異なり、就労している場合には老齢厚生年金の支給が制限され、障害厚生年金・遺族厚生年金の対象が広く、障害について一時金もある。さらに、離婚時における年金分割がある。

（1）老齢厚生年金

❶定義と受給要件

　老齢厚生年金は、厚生年金の被保険者が65歳になったときに支給される年金である。受給には、老齢基礎年金と同様に、保険料納付済期間などが10年以上である必要があり、65歳より前に年金給付を受け取る繰り上げ支給や、65歳より後に年金給付を受け取る繰り下げ支給がある。繰り上げ支給や繰り下げ支給では、基準となる年齢の引き上げが関係する。

　厚生年金は、昭和60（1985）年の基礎年金制度の導入に伴って、基礎年金にあたる定額部分と（厚生年金から基礎年金分を除いた）報酬比例部分から成っており、老齢年金では、それぞれの支給開始年齢の引き上げが行われてきた。具体的には、老齢厚生年金の定額部分は、平成6（1994）年から、段階的に65歳に引き上げられることになった。同時に、男女の就労状況や婚姻年齢の違いなどから、女性は5歳上の男性と同じように取り扱うこととした。

　この後、老齢厚生年金の比例部分も、平成12（2000）年から、段階的に65歳に引き上げられることとなった。これも男女で異なる取り扱いとなっており、出生年と性別によって支給開始年齢が異なることになる。男性は令和7（2025）年度に65歳に達する者から、女性は令和12（2030）年度に65歳に達する者から、老齢厚生年金の定額部分・報酬比例部分ともに65歳が支給開始年齢となる（**表6-4**）。

❷支給額

　老齢厚生年金の支給額は、平均標準報酬月額に被保険者月数を乗じ、

〈表6-4〉 老齢厚生年金の支給開始年齢

男　　子	女　　子	定額部分	報酬比例部分
昭和16.4.1 以前生まれ	昭和21.4.1 以前生まれ	60歳	60歳
16.4.2〜昭和18.4.1	21.4.2〜昭和23.4.1	61	60
18.4.2〜昭和20.4.1	23.4.2〜昭和25.4.1	62	60
20.4.2〜昭和22.4.2	25.4.2〜昭和27.4.2	63	60
22.4.2〜昭和24.4.1	27.4.2〜昭和29.4.1	64	60
24.4.2〜昭和28.4.1	29.4.2〜昭和33.4.1	65	60
28.4.2〜昭和30.4.1	33.4.2〜昭和35.4.1	65	61
30.4.2〜昭和32.4.1	35.4.2〜昭和37.4.1	65	62
32.4.2〜昭和34.4.1	37.4.2〜昭和39.4.1	65	63
34.4.2〜昭和36.4.1	39.4.2〜昭和41.4.1	65	64
36.4.2 以降	41.4.2 以降	65	65

（出典）厚生労働省資料

さらに給付乗率を乗じたものである（報酬比例）。標準報酬月額が高ければ高いほど、被保険者月数が多ければ多いほど、支給額は高額になる。平均標準報酬月額は、被保険者期間の標準報酬月額と標準賞与額から算出される。標準給付乗数は、平成15（2003）年4月以前の被保険者期間は100分の7.125であり、それ以降の期間は100分の5.481である。

　また、老齢厚生年金の受給者によって生計を維持されている65歳未満の配偶者や、18歳に達する年度まで（障害等級の1級もしくは2級の場合には20歳まで）の子がいる場合、加算がなされる。加算額は、配偶者について年額22万8,700円であり、子について、第1子と第2子には年額22万8,700円、第3子以降は1人につき年額7万6,200円であり、障害基礎年金の加算と同様の対象及び金額となっている（金額は令和5〔2023〕年度改定による）。

*27
配偶者は、さらに年齢に応じて年額約3万円から約17万円の特別加算が支給される。

（2）在職老齢年金

　もっとも、多様な働き方が広がっている現在、65歳で就労を止める被用者ばかりではない。老齢厚生年金をもらいながら就労する場合、収入によって老齢厚生年金の支給が調整される。

　在職老齢年金は、厚生年金の被保険者が稼働し続けて収入がある場合に支給される年金である。在職している老齢厚生年金の受給者は、賞与を含む月額報酬に応じて、年金給付の一部または全部の支給が停止される。また、対象者は、老齢厚生年金の受給者であっても、就労によって厚生年金の被保険者でもあるために、70歳に達するまで保険料を納付しなければならない。そして、納付した保険料は算定され、退職時に計算し直されて（退職改定）、従前より増額された老齢厚生年金が支給される。

*28
働き方によって、雇用保険から給付を受けることがある。高年齢者雇用継続給付は、退職後に再就職して賃金が大幅に下がった場合に支給される給付であり、課税の対象にはならないものの、金額によっては老齢厚生年金と調整されることがある。また、失業給付（基本手当）が支給される場合、金額にかかわらず老齢厚生年金が停止される。

　在職老齢年金の支給は、賞与を含む月額報酬によって異なる。具体的には、①報酬と老齢厚生年金の合計額が月額48万円に達するまで、年金は全額支給されるが、②合計額が48万円を超える場合、48万円を超えた金額の2分の1が停止される（例：月額報酬44万円＋年金額10万円＝合計額54万円→6万円超過→年金額3万円減額）。在職老齢年金は厚生年金にかかわる制度であり、厚生年金は支給停止されるが、基礎年金はそのまま支給される。また、調整される対象は、厚生年金加入にかかわる収入のみであり、不動産収入や株式の配当などは対象にならない。

（３）障害厚生年金と障害手当金

❶定義と受給要件

　障害厚生年金は、①障害の原因となった初診日に被保険者であって、②保険料納付済期間などが加入期間の３分の２以上である者が、③障害等級の１級から３級に該当する場合に、支給される年金である。現在、令和8（2026）年４月１日より前に初診日があり、初診日において65歳未満であれば、要件②は適用されず、初診日のある月の前々月までの１年間に保険料滞納期間がなければよいことになっている。障害基礎年金とほぼ同様の要件であるが、障害等級３級についても年金を支給する点で異なる。

❷支給額

　障害厚生年金の支給額は、老齢厚生年金の報酬比例部分を基礎に算定されるが、障害の程度によって支給額が異なる（**表６－５**）。また、障害厚生年金は、障害に対する年金給付であることから、一定の支給額を確保するため、保険料納付済期間が300か月に満たない場合は300か月とみなされる。

　最も軽い障害等級３級の場合、報酬比例部分のみが支給される。厚生年金の被保険者は国民年金の第２号被保険者であって、基礎年金を受給することができるが、障害基礎年金は３級には支給されないので、厚生年金の報酬比例部分のみが支給される。

　障害等級２級の場合、老齢厚生年金と同額が障害厚生年金として支給される。つまり、２級の障害基礎年金分（満期の老齢基礎年金分）と、報酬比例部分の合算である。また、被保険者によって生計を維持されている65歳未満の配偶者がいる場合、配偶者加給年金が支給される。

〈表６－５〉 **障害と年金・障害手当金**

障害等級	国民年金第１号・第３号被保険者	厚生年金の被保険者
1級	障害基礎年金１級 （老齢基礎年金の1.25倍）	障害厚生年金１級 （老齢厚生年金の1.25倍）
2級	障害基礎年金２級 （老齢基礎年金と同額）	障害厚生年金２級 （老齢厚生年金と同額）
3級	なし	障害厚生年金３級 （厚生年金報酬比例部分）
4級以下	なし	障害手当金（一時金） （厚生年金報酬比例部分）

（筆者作成）

最も重い障害等級１級の場合、老齢厚生年金の1.25倍の金額が障害厚生年金として支給される。つまり、１級の障害基礎年金分（満期の老齢基礎年金分の1.25倍）と、報酬比例部分の1.25倍の合算である。また、２級と同様に、配偶者加給年金が支給される。

❸障害手当金

障害手当金は、障害等級３級に満たない障害がある厚生年金の被保険者に対して支払われる一時金であり、厚生年金固有の給付である。

障害手当金は、障害厚生年金の要件①・②を満たす者が、初診日から５年以内に治った（障害が固定した）ときに、厚生年金法施行令別表に定める障害に該当した場合に、支給される[*30]。支給額は、報酬比例分の２倍が一時金として支払われる。なお、障害手当金でも、支給額の確保のため、保険料納付済期間が300か月に満たない場合は300か月とみなされる。

（4）遺族厚生年金

❶定義と受給要件

遺族厚生年金は、①死亡したときに被保険者もしくは老齢厚生年金・障害厚生年金の受給者であって、②保険料納付済期間などが加入期間の３分の２以上である者によって、③生計を維持されていた遺族がいる場合に、支給される。現在、平成18（2006）年４月１日より前に死亡した被保険者には要件②は適用されず、死亡までの１年間に保険料滞納期間がなければよいことになっている。

遺族厚生年金の受給権者である遺族は、遺族基礎年金よりも広く、配偶者または子、父母、孫、祖父母であり、また、遺族には順位があり、配偶者や子を優先して順位がつけられている（**表6−6**）。なお、配偶

*30
障害手当金が支給される障害は、別表２に列挙されており、「1. 耳の聴力が、耳殻に接しなければ大声による話を解することができない程度に減じたもの」、「そしゃく又は言語の機能に障害を残すもの」などである。

〈表6−6〉遺族厚生年金の遺族の順位と受給する年金

1位	子のある妻 子のある55歳以上の夫 子	遺族基礎年金＋遺族厚生年金
2位	子のない妻 子のない55歳以上の夫	
3位	55歳以上の父母	遺族厚生年金
4位	孫	
5位	55歳以上の祖父母	

（筆者作成）

者は、遺族基礎年金と同様に法律婚だけではなく事実婚を含むが、遺族基礎年金とは異なり、生計を維持されている限り、子どもがいなくても受給できる。また、子や孫は、婚姻している場合には配偶者による扶養義務があるため、（法律婚・事実婚のいずれも）婚姻していない場合に限られる。

　また、妻以外には、年齢の条件がある。子や孫は18歳に達する年度まで（障害等級の1級もしくは2級の場合には20歳まで）受給できる。一方で、配偶者のうち、夫は55歳以上でなければならない[*31]。また、父母や祖父母にも年齢の条件があり、55歳以上でなければならない。

　一方で、若年で子のない妻には年齢の条件はないが、期間の制限がある。具体的には、子がいない30歳未満の妻は、5年間のみの支給となっている。

❷支給額

　遺族厚生年金の支給額は、妻のみを対象にした加算があるため、妻とそれ以外で支給額が異なる。

　遺族厚生年金の支給額は、報酬比例部分の4分の3である。また、障害厚生年金と同様に、一定の支給額を確保するため、保険料納付済期間が300月に満たない場合は300月とみなされる。

　妻に支給する場合、支給額は、報酬比例の年金額の4分の3に中高齢寡婦加算または経過的寡婦加算を加算した額である。中高齢寡婦加算は、40歳以上65歳未満の妻に支給される加算であり、年額59万6,300円である（金額は令和5〔2023〕年）。経過的寡婦加算は、遺族厚生年金を受給していた妻が65歳に達したときに支給される加算であり、生年月日に応じて決定される。

❸老齢年金との併給調整

　遺族厚生年金は、被保険者によって生計を維持されていた遺族の生活を保障する給付である。そのため、子が成人したり、配偶者が新たに婚姻したりして、就労や婚姻などによって生活ができるような場合には、支給されない仕組みとなっている。一方で、遺族厚生年金の受給者が高齢になった場合、自らの老齢年金との関係が問題になる。

　遺族厚生年金の受給者が、自らの老齢年金の受給が可能になった場合、①自らの老齢厚生年金が支給されて、その分の遺族厚生年金が支給停止される、②遺族厚生年金が老齢厚生年金を上回る場合、その差額分の支

*31
この制度は、女性が就労せず（専業主婦）、男性に比べて就労しにくい時代に設けられており、男女ともに就労することが一般的になった現在には適切ではないとの意見がある。厚生労働省の審議会でも議論が行われており、見直される可能性がある。

第6章

給が遺族厚生年金として支給される。これは、遺族厚生年金の受給権者が支払ってきた保険料を年金に反映させるべきという考え方に基づきつつ、遺族厚生年金の受給権者に、従前の遺族厚生年金の額を保障する仕組みである。

❹年金の併給調整

このほか、年金では、以下のように併給調整を行う。①基礎年金同士は併給できない（老齢基礎年金、障害基礎年金、遺族基礎年金は併給できない）。②障害基礎年金受給者は、65歳以降、老齢厚生年金や遺族厚生年金と併給できる。③遺族基礎年金受給者は、老齢厚生年金や障害厚生年金と併給できない。

さらに、障害年金には、労災保険や健康保険の給付との調整がある。業務災害や通勤災害といった事由で障害を負った場合、労災保険から障害補償年金が支給される。その場合、障害厚生年金が給付され、労災補償年金が減額される。また、（業務災害・通勤災害を除いて）被用者が傷病のために就労できず報酬を十分に受け取れない場合、健康保険から傷病手当金が支給される。その場合、同一の傷病で障害厚生年金または障害手当金を支給されているときは、傷病手当金は支給されないことがある（厚生年金の給付が優先される）。

（5）離婚時の年金分割制度

厚生年金の被保険者が離婚する場合、配偶者の年金が問題になる。

長年にわたって、公的年金では、厚生年金の被保険者である夫と、国民年金の第3号被保険者である専業主婦の妻をモデルにして年金の支給額を考えてきた。いわば、高齢期の生活を、夫に支給される老齢厚生年金と、妻に支給される老齢基礎年金で維持する考え方である。しかし、離婚する場合、夫に支給されている老齢厚生年金を分けることができず（一身専属）、妻の経済状況が悪化する場合があった。また、実際に支給に至っていない（老齢）年金が支給される権利を分けることや、事前に約束をすることもむずかしい。そこで、平成16（2004）年の改正によって、離婚時の年金分割制度が導入された。

離婚時の年金分割制度は、夫と妻が合意して行われる合意分割と、合意に基づかずに行われる3号分割がある。

❶合意分割

　合意分割は、夫と妻それぞれが支払ってきた厚生年金の標準報酬を、両者の合意に基づく割合で分割することである。また、対象となる期間は、両者が婚姻していた期間に限られており、分割する割合は、2分の1以下である。そのため、夫と妻で2分の1ずつ分割すれば、婚姻期間中に支払った年金について、両者に厚生年金の比例部分が半分ずつ支給されることになる。合意分割は、両者で合意して厚生労働大臣に申請して認められる場合と、当事者で合意できないときに家庭裁判所が決めて大臣が認める場合がある。なお、平成19（2007）年以降の離婚を対象にしている。

❷3号分割

　3号分割は、厚生年金の被保険者の配偶者（国民年金の第3号被保険者）が請求して行われる分割であり、厚生年金の被保険者の標準報酬を2分の1で分割することである。対象となる期間は、合意分割と同様に両者が婚姻していた期間であるが、厚生年金の被保険者の年金期待権との関係から、平成20（2008）年4月以降に限定される。なお、この請求は、家庭裁判所の決定が不要であり、第3号被保険者が日本年金機構に申請する。

第6章

第4節 公的年金の権利性と今後の課題

1 公的年金の権利性

　公的年金は、国民年金法や厚生年金法に基づいて被保険者に権利を与えることで、年金受給に関する保護を与える。

　年金を受ける権利を基本権という。基本権は、いわば抽象的に被保険者に認められている権利であって、それだけでは何らの年金も支給されない。厚生労働大臣の裁定[*32]を受けて、はじめて被保険者は具体な年金を支給される。こうして毎月支払われる年金の受給権を支分権という。実際には、年金は2か月ごとに指定した口座に振り込まれる。

　また、年金の受給権は、一身専属である。一身専属は、権利の主体である受給権者しか享有できない権利をいい、権利の譲渡や相続が許されない。遺族年金は、被保険者の受給権を相続するものではなく、生計維持要件などの法が定める要件を満たした場合に、配偶者や子などに受給権が認められるものである。

　そして、年金の受給権は、原則として他人に譲渡したり、担保に供したり、差し押えされたりできない（受給権保護）。これは、公的年金が受給権者の生活を保障する給付であるため、譲渡や差し押さえなど認めると目的が達成できないためである。例外として、税や保険料を滞納した場合に、年金が振り込まれている口座が行政による滞納処分の対象になることがある。かつて、独立行政法人福祉医療機構のみが行っていた年金担保貸付制度があり、年金の受給権を担保にした貸付を受けることができたが、令和4（2022）年に終了している[*33]。

2 今後の課題

（1）公的年金の財政上のリスク

　日本の公的年金は賦課方式を基本とした修正積立方式であり、世代間扶養の要素を含む。そのため、少子化は財政上のリスクになる。少子化が進展し、人口が減少することによって、保険料や税を負担する現役世代が減少するためである。国民年金（基礎年金）は、保険料と税によっ

*32
厚生労働大臣は、被保険者が要件を充足しているか確認し、年金の種類や金額を決定する。裁定には被保険者による申請が必要であり、自動的に年金が支給されることはない。

*33
年金担保貸付制度は、年金受給者が自らの所得や資産でまかなうことがむずかしい、一時的な支出を可能にする制度であった。現在、社会福祉協議会が行う貸付制度の利用が代わりとなっている。

て財政が運営されており、給付を調整するマクロ経済スライドがあるものの、財政上の影響はゼロではない。

　また、日本の公的年金には積立金があり、その運用が財政上のリスクとなる。積立金をどのような投資先で運用するにせよ、計算していた利益が得られない可能性があるためである。公的年金には、約200兆円にのぼる積立金があり、運用による利益を年金給付に利用している。

（2）制度上の対応と今後の見通し

　現在、公的年金は、積極的な積立金の運用を図ることで、少子化リスクに対応しようとしている。かつて、積立金の運用は、国債の購入など安定を重視して投資していたが、現在、国内株式や国際株式など利益の確保を重視して投資している。こうした運用は、平成13（2001）年から始まり、現在まで約130兆円の収益を上げている。

　一方で、負担と給付の適正化としてマクロ経済スライドが導入されており、保険料負担には上限が設けられているものの、従前の所得と比較して給付が低下することが見込まれる。公的年金だけではなく、個人型確定拠出年金（iDeCo）などの私的年金を組み合わせることで、高齢期の所得保障を図るようになっている。

　また、基礎年金の被保険者に対する施策も講じられている。年金生活者支援給付金は、老齢基礎年金の受給者である者のうち、①満期の金額以下であり、②世帯の全員が住民税非課税である場合に、上乗せして支給される[34]。年金生活者支援給付金は、令和元（2019）年10月の消費税の10％への引き上げと同時に行われている。

　そして、年金の繰り下げ支給が75歳まで行えるようになっているが、これは、高年齢者雇用安定法改正によって70歳まで就業機会の確保が求められていることと関連する[35]。今後、場合によっては、老齢年金の支給基準年齢が65歳よりも引き上げられる可能性があるかもしれない。

*34
ほかに、障害基礎年金や遺族基礎年金の受給者を対象にする制度がある。いずれも、月額約5,000円程度の上乗せである。

*35
令和3（2021）年以降、事業主は、65歳までの雇用確保義務とともに、70歳までの雇用確保を努力義務として負う。定年の引き上げや廃止、継続雇用制度の導入のほか、業務委託契約などによる就労確保を行う。

第6章

BOOK 学びの参考図書

● 堀　勝洋『年金保険法〔第5版〕』法律文化社、2022年
　　厚生労働省勤務を経て研究者に転じた筆者による年金全般を網羅する書籍である。膨大な裁判例を分析しつつ、行政の解釈や学説の展開をふまえた記述となっており、年金を理解する上で必読といえる。

参考文献

● 菊池馨実『社会保障法〔第3版〕』有斐閣、2022年
● 堀　勝洋『年金保険法〔第5版〕』法律文化社、2022年

第7章

医療保険制度等の概要

学習のねらい

　傷病は生活不安の原因になりやすい事故であり、医療費負担の軽減による医療保障が必要である。

　本章では、医療保険制度について学ぶ。第1節では、国際的に見たわが国の医療保険の制度的特色と国民医療費の現状を概観した上で、医療保険制度の歴史と最近の動向について学ぶ。第2節では、医療保険制度の体系と健康保険、国民健康保険、高齢者医療制度の適用について、第3節では、保険給付の内容について、第4節では、保険料、税負担と財政調整、自己負担など費用について学ぶ。第5節では、医療提供体制のうち医療保険と関係の深い部分について学ぶ。

第 1 節　医療保険総論

1 概要と特色

（1）医療保険とは

　医療保険とは、国民の健康の保持・増進を図るために、公的な責任により、疾病の予防・治療・リハビリテーションなどの保健医療サービスの機会を保障する社会保険制度である。狭義には医療費の保障、広義には医療提供体制の確保が含まれる。わが国では、医療保障を主に社会保険方式で行っている。本章では、主に医療保険を中心とした医療費の保障を取り扱い、医療提供体制については、医療保険と関係が深い部分に限って取り扱うこととする。

（2）わが国の医療保険の特色

❶国民皆保険

　わが国の医療保険の特色の第一は、保険料拠出をしたものに対して医療保障を行う社会保険方式である医療保険制度に、原則として全国民が加入する**国民皆保険制度**をとっていることである。保険証１枚あれば自由に医療機関を選べるアクセスの良さにつながっている。こうした皆保険制度は、保険者・保険制度の分立のもとで、世代間・世代内の再分配の仕組みをとることによって支えられている。

❷医療保険による必要・有効・安全な医療の確保

　公的医療保険によって必要な医療がカバーされ、提供される医療の有効性と安全性が保障されている。医療機関は療養担当規則と医療保険の給付基準に従い、診療報酬によって医療費の適正化と時代の要請に合った医療への政策誘導が行われている。また、医療保険で必要な医療はすべてカバーされるよう、保険診療と保険外診療を併用する混合診療は原則として禁止されている。

❸保険料・公費・患者負担の組み合わせによる財源確保

　医療費の財源は、保険者ごとに加入する被保険者が支払う保険料のほか、全国民の負担である公費と、患者負担の組み合わせによってまかなわれている。財源の組み合わせにより、患者負担の抑制が図られている。

2　国際比較

　主要各国の医療保障制度とそのパフォーマンスは、**表7－1**のとおり各国によって大きく異なっている。医療保障制度においては、社会保険方式の国と税方式の国があり、イギリスなど医療保障を税方式で行っている国もあるほか、アメリカのように民間医療保険への任意加入を原則とする[*1]国もある。社会保険方式の国においても、低所得や高所得者は強制加入になっていない場合が多く、原則として全国民が加入するわが国の国民皆保険制度は国際的にみても特徴的である。

　医療資源をみると病床数や医療機器数が多く、受診回数や入院日数が多いなどの特色をもち、平均寿命が長く乳児死亡率が低いなど健康指標も良好である。1人当たり医療費が低く、皆保険制度によりアクセスも良いことと考え合わせると、わが国の医療は先進国の中でも費用対効果が高いといえる。

　一方で、病床数が多く平均在院日数が長いなど、適切な医療が適切な場所で効率的に提供されているとはいえないこと、高齢化等により医療

＊1
アメリカの医療制度は、公的医療保険は高齢者等向けのメディケアと低所得者向けのメディケイドにほぼ限られ、それ以外の者は民間医療保険に任意加入する仕組みである。何の保険にも入っていない未加入者も多い。

〈表7－1〉　**医療の国際比較**

医療保障制度	社会保険方式	社会保険方式	社会保険方式	税方式	民間保険中心
	日本	ドイツ	フランス	イギリス	アメリカ
1人当たり医療費（順位）	$4,691（15）	$6,518（4）	$5,274（12）	$4,500（18）	$10,948（1）
総医療費の対GDP比	11.0%（5）	11.7%（2）	11.1%（4）	10.2%（12）	16.8%（1）
平均寿命	84.4（1）	81.4（25）	82.9（10）	81.4（24）	78.9（29）
乳児死亡率	1.9‰	3.2‰	3.8‰	3.7‰	5.7‰
妊産婦死亡率（出生10万対）※	5	7	8	7	19

千人当たり医師数	2.5	4.4	3.2	3.0	2.6
千人当たり看護師数	11.8	13.9	11.1	8.2	12.0
千人当たり病床数	12.8	7.9	5.8	2.5	2.8
ICU病床数（10万対）	13.8	28.2	16.4	7.3	21.6
CT, MRI, PET台数（百万対）	171	71	36	16	91
平均在院日数	16.0	8.9	8.8	6.9	6.1
年間受診回数	12.5	9.8	5.9	5.0（2009）	4.0（2011）

（出典）OECD Health Statistics 2019より筆者作成。※は2017年。順位はOECD内

第7章

費が増大していく中で、医療保険制度の持続可能性が問われていることなどが課題としてあげられるほか、国民の医療に対する満足度が低いことを指摘する意見もある。[*2]

＊2
ISSP（2011年）によると、日本人の医療制度への満足度は43%と低い。特に治療、効率性、医師への信頼への満足度が低くなっている。

3 国民医療費

国民医療費は、医療機関等における傷病の治療に要した費用を厚生労働省が毎年推計したものである。令和3（2021）年度の国民医療費は、45.0兆円（国民1人当たり35.9万円）で、対国内総生産比8.2%を占める（**図7－1**）。制度別内訳は、医療保険等給付分が45.7%、後期高齢者医療給付分が34.9%、公費負担医療給付分7.4%で、患者負担分は12.1%である。財源別内訳で見ると、保険料50.0%、公費38.0%、患者

〈図7－1〉医療費の動向

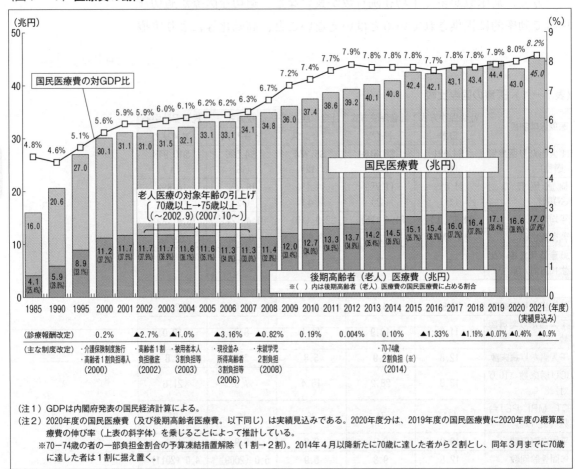

（注1）GDPは内閣府発表の国民経済計算による。
（注2）2020年度の国民医療費（及び後期高齢者医療費。以下同じ）は実績見込みである。2020年度分は、2019年度の国民医療費に2020年度の概算医療費の伸び率（上表の斜字体）を乗じることによって推計している。
　※70-74歳の者の一部負担金割合の予算凍結措置解除（1割→2割）。2014年4月以降新たに70歳に達した者から2割とし、同年3月までに70歳に達した者は1割に据え置く。

（出典）厚生労働省「令和5年版厚生労働白書」をもとに筆者作成

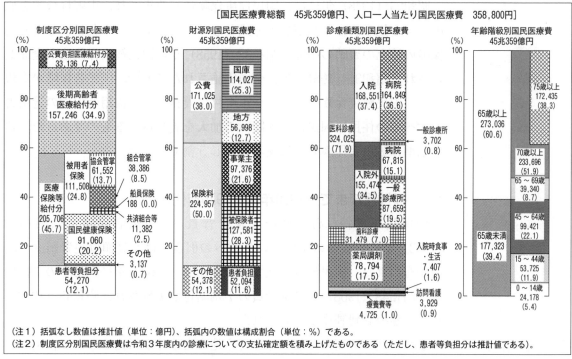

〈図7-2〉国民医療費の構造

[国民医療費総額　45兆359億円、人口一人当たり国民医療費　358,800円]

（注1）括弧なし数値は推計値（単位：億円）、括弧内の数値は構成割合（単位：％）である。
（注2）制度区分別国民医療費は令和3年度内の診療についての支払確定額を積み上げたものである（ただし、患者等負担分は推計値である）。

（出典）厚生労働省「令和3（2021）年度　国民医療費の概況」（2023）

負担11.6％である。診療種類別では医科71.9％（入院37.4％・外来34.5％）、歯科7.0％、薬局調剤17.5％である。年齢別内訳は、65歳以上が60.6％（75歳以上は38.3％）、65歳未満が39.4％となっており（**図7-2**）、1人当たり医療費は、65歳以上が75.4万円（75歳以上は92.3万円）、65歳未満は19.9万円となっている。

4 歴史と最近の動向

（1）前史（戦前）

　わが国最初の社会保険制度である健康保険法は、工場労働者を対象として、大正11（1922）年に制定され、昭和2（1927）年に施行された（昭和14〔1939〕年には対象が拡大された職員健康保険法が制定された）。

　その後、日中戦争の拡大に伴って、戦時体制下の健民健兵策の一環として、昭和13（1938）年に、農民や自営業者を対象として、任意加入・任意設立・組合方式による**（旧）国民健康保険法**が施行された（昭和16〔1942〕年には強制加入制度になった）。

（2）国民皆保険の達成まで（1945年〜1950年代）

昭和23（1948）年には、国民健康保険法が改正され、市町村公営を原則とする任意設立・強制加入方式となった。経済成長を背景にした社会保障の拡充の要請の中で、昭和33（1958）年に国民健康保険法が全面改正され、昭和36（1961）年に全面実施されたことで、国民皆保険が実現した。国民健康保険の実施を全市町村に義務付け、被用者保険の適用外のすべての住民に国民健康保険への加入を義務付けるものであった。給付水準は被用者保険の被扶養者と同じ5割であった。

（3）福祉元年まで（1960年代〜1970年代）

皆保険達成後、高度経済成長を背景に、被用者保険では昭和48（1973）年に家族への給付率の7割への引き上げと高額療養費制度の創設が行われた。国民健康保険では、昭和38（1963）年に世帯主の7割給付、昭和43（1968）年に世帯員の7割給付が実施され、昭和48（1973）年に高額療養費制度が実施された。

また、老人医療費の無料化を行う地方自治体が増えるなかで、国レベルでの無料化の要請が高まり、昭和47（1972）年の老人福祉法の改正により、昭和48（1973）年に**老人医療の無料化**が行われた。[3]

被用者保険での**高額療養費制度**創設、老人医療の無料化、年金に物価スライドなどが行われた昭和48（1973）年は福祉元年と呼ばれる。

（4）医療費適正化へ（1980年〜1990年代）

昭和48（1973）年の第一次石油ショックを機に、経済は低成長に入り、人口の高齢化が急速に進展するなかで、医療費の適正化へと大きく舵を切ることとなった。昭和57（1982）年には老人保健法が制定され、市町村を実施主体として壮年期からの保健事業を行い、老人医療費については医療保険者と公費により共同負担する仕組みをつくるとともに、高齢者本人の受診時自己負担を導入した。昭和59（1984）年の健康保険法改正では、10割負担であった被用者保険の被保険者の1割負担を導入した。また、国民健康保険に退職者医療制度を設け、被用者保険からの退職者等の医療費について被用者保険が財政支援することとなった。

（5）構造改革と医療介護政策の総合的な展開（2000年代以降）

平成9（1997）年には**介護保険法**が成立し、平成12（2000）年から施行され、老人医療のうち介護的要素の強いものが介護保険制度に移行し

*3
老人医療費無料化を昭和35（1960）年に最初に行った岩手県沢内村の取り組みが有名である。

た。その後、医療保険と介護保険の2つの制度が分立しながら、その連携が図られてくることになる。平成18（2006）年には医療保険制度の大きな改正が行われ、老人保健制度の廃止と新たな高齢者医療制度の創設（平成20〔2008〕年施行）、都道府県の医療費適正化計画の策定、特定健診・特定健康指導の創設などが行われた。平成27（2015）年には、都道府県単位の財政運営による国民健康保険の安定化、後期高齢者支援金の全面総報酬割の導入、入院時の食事代の引き上げなどが行われている。

（6）直近の課題

　最近では、**社会保障と税の一体改革**（消費税率の引上げによる社会保障財源の確保）から医療介護総合確保法（平成26〔2014〕年）への流れをふまえ、医療介護の連携強化と**地域包括ケアシステム**構築の動きが積極的に進められ、地域医療構想による病床転換と合わせて、医療保険においてもそのための支援を行ってきている。また、患者負担を年齢別から負担能力別へとしていくべきだとする考え方の下で、後期高齢者医療制度の一部負担割合について、課税所得が一定額以上の者（所得上位30％）に対しては、2割負担とするなど、負担能力のある高齢者の負担を求める動きも進められている。

第2節　制度の種類と適用

1　医療保険の体系

（1）保険者と被保険者

日本の医療保険制度は、国民皆保険である。[*4]

医療保険は、保険事業を行う保険者に、被保険者が加入するものである。ふだんから保険料を支払い、医療を必要とするときに医療保険の給付を受ける、被保険者同士の助け合いの仕組みであり、保険者は一定範囲の人たちによる助け合いの集団であるということができる。日本の医療保険制度は、職域や地域など、いわば目に見える範囲で助け合う単位で保険者が構成されていることが特徴である。すべての国民は医療保険に加入しなければならない（強制加入）が、いずれの保険者に属するかは、職業等によって決まり、自らの意思で選ぶことはできない。保険者はそれぞれ独自の規律と財政で運営されており、被保険者の医療給付に必要な保険料をそれぞれ決めて徴収を行い、財政収支が合うようにしている。

このような仕組みのために、保険者ごとに保険料は異なり、独自の負担軽減策を行っている保険者もある。また、医療機関で受けられる給付はどの保険者でも同じであるが、法定給付に上乗せされる付加給付を行っている保険者もある。さらに、保健事業として、人間ドックへの助成などさまざまな健康づくり事業を行っている。

保険者は、被保険者の利害を代弁しつつ、その主体性を発揮して、医療のアクセス改善や質・効率の向上などに対し影響を与えることができる。これを保険者機能という。健康づくりを行うことによって医療費の効率化を図ることは、保険者機能の発揮として最も注目されている。

（2）被用者保険と地域保険、高齢者医療制度

日本の公的医療保険は、被用者保険と地域保険、そして高齢者医療制度に分けられる（**表7-2**）。被用者保険は健康保険と共済制度、地域保険は国民健康保険である。わが国においては国民皆保険となっているが、これは、被用者保険に加入すべき者と75歳以上の後期高齢者以外の者はすべて地域保険に加入するものとする仕組みになっていることによる。

＊4
被用者保険加入者以外の全国民が国民健康保険に加入することで国民皆保険となる仕組み。ただし生活保護の人は国民健康保険に加入しないので、厳密には皆保険とはいえない。

〈表７－２〉医療保険制度の概要（令和５年４月時点）

制度名			保険者 (令和４年３月末)	加入者数 (令和４年３月末) ┌本人┐ └家族┘ 千人	保険給付 一部負担	財源 保険料率	財源 国庫負担・補助
被用者保険	健康保険	一般被用者 協会けんぽ	全国健康保険協会	40,265 ┌25,072┐ └15,193┘	義務教育就学後から70歳未満 3割 義務教育就学前 2割 70歳以上75歳未満 2割 (現役並み所得者 3割)	10.00% (全国平均)	給付費等の 16.4%
		一般被用者 組合	健康保険組合 1,388	28,381 ┌16,410┐ └11,971┘		各健康保険組合によって異なる	定額 (予算補助)
		健康保険法 第３条第２項 被保険者	全国健康保険協会	16 ┌11┐ └5┘		1級日額　390円 11級　3,230円	給付費等の 16.4%
	船員保険		全国健康保険協会	113 ┌57┐ └56┘		9.80% (疾病保険料率)	定額
	各種共済	国家公務員	20共済組合	8,690 ┌4,767┐ └3,923┘		－	なし
		地方公務員等	64共済組合			－	
		私学教職員	1　事業団			－	
国民健康保険	農業者 自営業者等		市町村 1,716	28,051		世帯毎に応益割 (定額)と応能割 (負担能力に応じて)を賦課	給付費等の 41%
			国保組合 160	市町村 25,369 国保組合 2,683			給付費等の 28.4～47.4%
	被用者保険の 退職者		市町村 1,716			保険者によって賦課算定方式は多少異なる	なし
後期高齢者医療制度			[運営主体] 後期高齢者 医療広域連合 47	18,434	1割 (一定以上所得者 2割または3割) 給付費等の約10%を保険料として負担	各広域連合によって定めた被保険者均等割額と所得割率によって算定されている	給付費等の約50%を公費で負担 (公費の内訳) 国：都道府県：市町村 4：1：1 さらに、給付費等の約40%を後期高齢者支援金として現役世代が負担

（出典）厚生労働省「令和５年版厚生労働白書」をもとに筆者作成

　保険者ごとに所得や年齢は異なるので、保険としての財政基盤は大きく異なる。後期高齢者は病気の人が多く所得も低いため、若年層の制度（被用者保険及び地域保険）からの再分配が行われている（世代間再分配）。また、国民健康保険の被保険者は健康保険に比べて、年齢が高く

所得も低いため、健康保険から国民健康保険への再分配が行われている（世代内再分配）。医療保険は保険集団の中で病気の人をすべての人で支えるという意味での助け合いの仕組みであるが、このような制度的な財政調整によって、世代間及び世代内の再分配が行われているという意味での助け合いの仕組みでもある。このように保険者間の助け合いが行われることにより、どの保険者も財政的に自立することができるため、皆保険制度が実現できているのである。

2 被用者保険

被用者保険は、民間企業等に雇用された社員や公務員などの被用者が加入する医療保険である。以下では、民間の被用者を中心とする健康保険と、公務員等を中心とする共済制度に分けて記述する。

（1）健康保険
❶被保険者

健康保険の被保険者は、適用事業所に使用される者である。適用事業所は、常時5人以上の従業員を使用する事業所（飲食店などサービス業の一部や農業などを除く）と、1人でも常時従業員を使用する法人の事業所である。適用事業所以外の事業所でも、手続を行って任意適用事業所となることができる。

適用事業所に「使用される者」とは、原則として所定労働時間及び所定労働日数が、同じ事業所で同種の業務に従事する通常の就労者の4分の3以上である場合である（**図7−3**）。1か月以内の日雇いや2か月以内の期間雇用などの場合は適用にならないが、それを超える日雇労働者等には、日雇特例被保険者制度が設けられている。労働基準法の労働者とは異なり、役員など使用者側の者も健康保険法上は使用される者として被保険者となる。また、国籍を問わず、外国人であっても使用される者であれば適用対象となる。

定年退職等の理由で使用される者でなくなった場合でも、継続して2か月以上被保険者であったなどの要件を満たす場合には、本人の申し出により、任意継続被保険者として、保険料の全額を自ら負担することで健康保険の被保険者であり続けることができる。

健康保険においては、被保険者（労働者本人）の被扶養者に対しても保険給付が行われる。被扶養者は、主として被保険者により生計を維持

*5 健康保険の被保険者の範囲は、厚生年金と同じであり、あわせて「社会保険」ということがある（ただし、厚生年金のように75歳までという年齢上限はない）。

*6 副業をもつなど、複数の事業所に雇用される場合、被保険者は保険者を選択しなければならない。

*7 健康保険の適用範囲は近年の改正で順次拡大されており、週20時間以上で賃金月額8.8万円以上・雇用期間1年以上・学生を除く・従業員数101人以上（令和6〔2024〕年10月から51人以上）の者にも適用される。

*8 日雇特例被保険者が療養の給付を受けるには、その前の2か月間で通算して26日以上または6か月間で通算して78日以上の保険料の納付が必要であるなどの特例がある制度である。

*9 母国の医療保険に加入している場合は日本の医療保険に加入しなくてよいとする社会保障協定締結国民の者を除く。

〈図7-3〉医療保険の適用

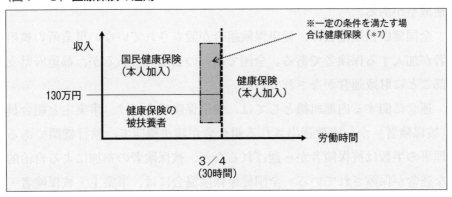

（筆者作成）

されているもので、年間収入130万円未満とされている。[10]また、2019年改正により、原則として国内居住要件が課せられている。[11]被保険者からは保険料徴収はなされず、家族療養費の支給対象として、事実上被保険者と同一の医療給付が受けられる。

❷保険者

健康保険の保険者は、**健康保険組合**と**全国健康保険協会**である。

健康保険組合には、主に大企業が企業単位で設立する単一型（被保険者常時700人以上が要件）、同業種の複数事業主が共同で設立する総合型

[10] 被扶養者の収入要件は、被保険者と同一世帯の場合は被保険者の年収の半分未満、同一世帯でない場合は被保険者の仕送りによる収入額より少ないことが要件となっている。

[11] 国内居住要件は、留学や家族の海外赴任に同行する場合などは適用されない。

〈表7-3〉医療保険の保険料

	共済組合	組合健保	協会けんぽ	国民健康保険	後期高齢者医療
加入者	公務員 学校教職員	被用者（主に大企業）	被用者（主に中小企業）	健保・共済加入者以外	後期高齢者 （75歳以上） ※例外的に65歳～74歳の障害者も加入可
保険者	共済組合	健康保険組合	全国健康保険協会	市町村・都道府県が共同 ※別に国保組合	後期高齢者医療広域連合（県単位）
加入者1人当たり平均保険料	所得比例 （労使折半） （26.4万円、5.0%〔本人分〕）	所得比例 （労使折半） （22.6万円、4.2%〔本人分〕）	所得比例 （労使折半） （19.2万円、4.5%〔本人分〕）	応能割＋応益割 （大都市では「保険料」、その他では「保険税」） （8.9万円）	所得割＋均等割 （7.6万円）
医療費／人	15.4万円	15.6万円	18.0万円	37.3万円	92.1万円
月平均所得／人	40.8万円※	37.5万円※	29.0万円※	11.1万円／世帯	7.2万円
平均年齢	33.0歳	35.5歳	38.4歳	54.0歳	82.7歳

※は標準報酬
数字は2020年（「医療保険に関する基礎資料」厚生労働省保険局調査課〔2023年1月〕より）
（出典）厚生労働省資料をもとに筆者作成

（3,000人以上）、都道府県単位で企業や業種を超えて合併して設立する地域型がある。[*12]

全国健康保険協会は、健康保険組合が設立されていない事業所の被用者が加入する保険者である。全国で単一の公法人であるが、都道府県支部ごとに財政運営がなされている。

運営に関する内部組織としては、健康保険組合では、事業主と組合員（被保険者）から同数選出される組合会が議決機関で、執行機関である理事の半数は被保険者から選ばれるなど、被保険者の参加による自治的な運営が保障されている。全国健康保険協会には、事業主・被保険者・学識経験者の同数から成る運営委員会と評議会が置かれる。

このほか、船員として船舶所有者に使用される者を被保険者とする船員保険の制度があり、保険者は全国健康保険協会となっている。

（2）共済制度

公務員等は、共済制度に加入している。共済制度には、国家公務員共済組合、地方公務員共済組合、私立学校教職員共済制度がある。

国家公務員共済組合は、国家公務員とその被扶養者が加入している。各省庁及び衆議院・参議院などの共済組合がある。

地方公務員共済組合は、地方公務員とその被扶養者が加入している。都道府県職員、市町村職員、警察職員、公立学校職員などの共済組合がある。

私立学校教職員共済制度は、私立学校の教職員とその被扶養者が加入している。運営は日本私立学校振興・共済事業団が行っている。

3 国民健康保険

（1）被保険者

国民健康保険は、被用者保険及び後期高齢者医療の被保険者または被扶養者以外の者が加入する。都道府県の区域内に住所を有する者は、都道府県が市町村とともに行う国民健康保険の被保険者となる。[*13] 国民健康保険には被扶養者という概念はなく、各個人が被保険者となるものであるが、世帯主（世帯主自身が国民健康保険の被保険者でない場合も含む）に保険料納付義務が課せられている。

国籍要件はなく、都道府県の区域内に住所を有する外国人（3か月以上滞在する外国人）は、国民健康保険の加入義務がある。

*12
被用者保険の適用拡大による被扶養者の減少などにより健康保険全体の被保険者数は増えているが、赤字の健康保険組合が多く、大規模健保組合の解散などで組合健保の加入者数は伸びていない。

*13
以前は市町村だけが運営する市町村国保といったが、平成30（2018）年から財政が都道府県単位となり、都道府県と市町村がともに行うものとなった。

国民健康保険は、被用者保険に加入していない75歳未満の者が加入しているものであるから、多様な人が加入しており、被用者保険に加入していない被用者や無業の者も多く、自営業者だけが加入しているわけではない。[*14]

（2）保険者

国民健康保険の被保険者は、以前は市町村であったが、2015年改正によって（平成30〔2018〕年施行）、都道府県は市町村とともに国民健康保険を行うものとなった。都道府県は財政運営の責任主体となり、市町村は資格管理、保険料の徴収、保健事業の実施などを行っている。

国民健康保険の運営に関しては、都道府県及び市町村に国民健康保険運営協議会が設置されている。[*15]また、保険給付等の処分に不服のある者の審査請求先として、都道府県に国民健康保険審査会が設置されている。

（3）国民健康保険組合

都道府県が市町村とともに行う国民健康保険のほか、国民健康保険の保険者には、国民健康保険組合（国保組合）がある。国民健康保険加入の対象である自営業者であっても、同種の事業または業務に従事する者が同意して設立したものである。現在、医師、薬剤師、弁護士、理容業・美容業、土木建築業等の業種には国保組合があるが、新規に設立することは認められていない。

4 高齢者医療

（1）高齢者医療制度の体系

高齢者は医療給付を多く必要とし、一方で収入が低いものも多いことから、医療保障において特別な配慮を必要とする。歴史をさかのぼると、昭和48（1973）年に老人福祉法の老人医療費支給制度により老人医療費が無料化された。昭和57（1982）年制定の老人保健法で自己負担が導入されるとともに、70歳以上の高齢者は各医療保険制度に加入したまま、医療は市町村が実施し、公費と保険者拠出金で費用をまかなう仕組みとなった。その後、高齢者の費用負担を明確にするべきである等の批判を受け、平成18（2006）年に老人保健法が全面改正されて、平成20（2008）年に高齢者医療確保法が施行され、現在に至っている。

現在の高齢者医療制度は、75歳以上の後期高齢者を対象とした独立し

[*14]
国民健康保険加入世帯の世帯主の職業は、令和3（2021）年「国民健康保険実態調査」によると、無職が43%、被用者が33%、農業その他の自営業が19%となっている。

[*15]
国民健康保険の制度の内容は、運営協議会ではなく議会が条例で決めているため、加入者自治による民主的決定が行われているとはいえないとの批判がある。

た後期高齢者医療制度と、65歳から74歳までの前期高齢者に関する保険者間の財政調整の仕組みである前期高齢者医療制度から成り立っている。

　それぞれの医療保険制度に加入したまま財政調整が行われる制度である前期高齢者医療制度については、次節の費用の部分で述べることとし、以下では、後期高齢者医療制度について述べる。

（2）後期高齢者医療制度

❶被保険者

　後期高齢者医療制度の被保険者は、75歳以上の高齢者である。75歳になるとそれまでに加入していた医療保険から脱退して後期高齢者医療に加入する。他の保険制度の被保険者の被扶養者であった者も、被扶養者ではなく後期高齢者医療制度の被保険者となる。[*16]

　また、65歳以上75歳未満の寝たきり等一定程度の障害の状態にある者も、保険者に申請をして認定を受けることによって、被保険者になることができる。

❷保険者

　後期高齢者医療制度の保険者は、都道府県の区域ごとにすべての市町村が加入する後期高齢者医療広域連合である[*17]（**表7−3**）。

*16
後期高齢者医療制度には被扶養者の概念がないため、後期高齢者の被扶養者で後期高齢者でないものは国民健康保険に加入することになる。また、生活保護の受給者は後期高齢者医療制度の適用除外となる。

*17
広域連合は、地方自治法上、市町村の連合体であり、都道府県とは異なる。なお、病院への入院等により他県に移転した者は、住所地特例により前住所地の広域連合の被保険者となる。

第3節 保険給付

各医療保険制度において保険給付の内容はほぼ同様であるので、以下ではまとめて記述し、特定の制度にしかない給付についてはその旨を特記することとする。

1 療養の給付・家族療養費

医療保険の給付の中心をなすものが療養の給付である（**図7-4**）。医療保険の加入者の業務外の理由による傷病については、医療の現物給付として、被保険者には療養の給付、被扶養者には家族療養費が支給される。[*18]療養の給付は、①診察、②薬剤または治療材料の支給、③処置、手術その他の治療、④居宅における療養上の管理及びその療養に伴う世話その他の看護、⑤病院または診療所への入院及びその療養に伴う世話その他の看護である。

2 療養費等

そのほかにも各種の療養費がある。これらの多くは、制度上はいった

*18
家族療養費は、制度上は現金給付による療養費払い方式であるが、運用上は現物給付とされ（医療機関の窓口でいったん全額を支払う必要はない）、被保険者本人と被扶養者での取り扱いは事実上同じとなっている。

〈図7-4〉公的医療保険制度の給付範囲

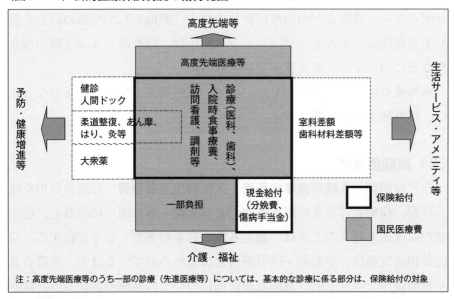

（出典）厚生労働省資料

ん費用の全額を本人が医療機関に支払い、あとで医療保険から支払いを受ける**償還払い方式**となっているが、運用上現物給付とされているものもある。

（1）入院時食事療養費・入院時生活療養費

入院時に食事の提供を受けたときは、その食事療養の費用額から定額の標準負担額（自己負担額）を控除した額が、入院時食事療養費として保険給付される。標準負担額は、平均的な家計等における食費（食材料費＋調理コスト相当額）を勘案して、1食460円とされている（低所得者等には軽減措置がある）。

療養病床に入院する65歳以上の者（特定長期入院被保険者）の生活療養（食事及び温度・照明・給水の環境）の費用額から定額の標準負担額（自己負担額）を控除した額が、入院時生活療養費として保険給付される。標準負担額は、平均的な家計における食費・光熱水費の状況等を勘案して、1日1,750円である（低所得者等には軽減措置がある）。

（2）訪問看護療養費・療養費・海外療養費

医師から訪問看護の必要を認められた在宅患者が、訪問看護ステーションから派遣された看護師などにより訪問看護を受けた場合に、被保険者に訪問看護療養費（被扶養者には家族訪問看護療養費）が支給される。

療養の給付等がやむをえない事情等により困難である場合には、療養費（被扶養者には家族療養費）が支給される。このほか、コルセット・サポーター・義眼などの治療用装具の代金、原則として医師の同意を得た柔道整復師、あんま・マッサージ・指圧師、はり師、きゅう師の施術料などについても、療養費が支給される。

海外旅行中に病気やけがをし、現地の医療機関で受診した場合などには、海外療養費が支給される。

（3）高額療養費

自己負担額（**入院時食事療養費、入院時生活療養費**、保険外負担を除く）が、保険者ごと及び医療機関ごと（入院・外来別）に合算し、その額が限度額を超えたときは、超える額を高額療養費として支給する。自己負担限度額は、年齢別・所得階層別に定められているほか、世帯合算、多数回該当[*19]、年間上限、長期高額疾病についての軽減措置がある。ほかに、1年間（8～7月）の医療保険と介護保険における自己負担（食費、

＊19
過去12か月以内に3回以上、上限額に達した場合は、4回目から「多数回」該当となり上限額が下がる。

〈表7－4〉高額療養費の毎月の上限額

適用区分		外来（個人ごと）	ひと月の上限額（世帯ごと）〈70歳以上〉	ひと月の上限額（世帯ごと）〈70歳未満〉
現役並み	年収約1,160万円～ 標準報酬83万円以上／課税所得690万円以上	252,600円＋（医療費－842,000）×1％		左と同じ
	年収約770万円～約1,160万円 標準報酬53万円以上／課税所得380万円以上	167,400円＋（医療費－558,000）×1％		左と同じ
	年収約370万円～約770万円 標準報酬28万円以上／課税所得145万円以上	80,100円＋（医療費－267,000）×1％		左と同じ
一般	年収156万～約370万円 標準報酬26万円以下 課税所得145万円未満等	18,000円（年14万4千円）	57,600円	左と同じ
非課税等 住民税	Ⅱ 住民税非課税世帯	8,000円	24,600円	35,400円
	Ⅰ 住民税非課税世帯（年金収入80万円以下など）		15,000円	

※1つの医療機関等での自己負担では上限額を越えないときでも、同じ月の別の医療機関等での自己負担（70歳未満の場合は2万位千円以上であることが必要）を合算することができる。
（出典）厚生労働省資料

居住費、保険外負担を除く）の合算額が一定の限度額を超えた世帯に対して、高額医療介護合算療養費が支給される。自己負担限度額は、年齢別・所得階層別に定められている（**表7－4**）。

（4）混合診療の禁止と保険外併用療養費

　医療保険では、保険診療と保険外診療（自由診療）を組み合わせる混合診療は原則として禁止されている。こうした場合は、保険診療として認められた部分も含め、すべての診療が保険給付の対象外となる。これは、本来は保険診療により一定の自己負担だけで必要な医療が提供されるにもかかわらず、患者に対して保険外の負担を求めることが一般化することで、患者の負担が不当に拡大する恐れや、安全性、有効性等が確認されていない医療が保険診療と併せ実施されてしまうため、科学的根拠のない特殊な医療の実施を助長する恐れがあることによるものである。

　この原則の例外として認められているのが、保険外併用療養費である。このなかには、次の3つがある。これらの保険外診療については、保険診療と組み合わせて、自己負担で受けることができる（**図7－5**）。

〈図7－5〉保険外併用療養費制度

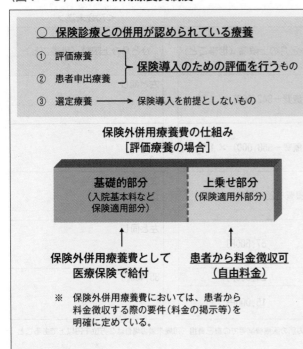

○　**保険診療との併用が認められている療養**

① 評価療養
② 患者申出療養
③ 選定療養

─ **保険導入のための評価を行うもの**
─→ 保険導入を前提としないもの

保険外併用療養費の仕組み
［評価療養の場合］

基礎的部分	上乗せ部分
（入院基本料など 保険適用部分）	（保険適用外部分）

↑
保険外併用療養費として 医療保険で給付

↑
患者から料金徴収可 （自由料金）

※　保険外併用療養費においては、患者から 料金徴収する際の要件（料金の掲示等）を 明確に定めている。

○　**評価療養**
・先進医療
・医薬品、医療機器、再生医療等製品の治験に係る診療
・薬事法承認後で保険収載前の医薬品、医療機器、 再生医療等製品の使用
・薬価基準収載医薬品の適応外使用 （用法・用量・効能・効果の一部変更の承認申請がなされたもの）
・保険適用医療機器、再生医療等製品の適応外使用 （使用目的・効能・効果等の一部変更の承認申請がなされたもの）

○　**患者申出療養**

○　**選定療養**
・特別の療養環境（差額ベッド）
・歯科の金合金等
・金属床総義歯
・予約診療
・時間外診療
・大病院の初診
・大病院の再診
・小児う蝕の指導管理
・180日以上の入院
・制限回数を超える医療行為
・水晶体再建に使用する多焦点眼内レンズ

（出典）厚生労働省資料

❶評価療養

　厚生労働大臣が定める高度の医療技術を用いた療養等であって、保険給付の対象とすべきものであるか否かについて評価を行うもの。先進医療、医薬品の治験にかかる診療、承認後保険収載前の医薬品の使用など。

❷患者申出療養

　高度の医療技術を用いた療養であって、患者の申し出に基づき、保険給付の対象とすべきものであるか否かについて評価を行うもの。

❸選定療養

　患者の選定に係る特別の病室の提供その他の療養で、差額ベッド、歯科の金合金、予約診療、時間外診療、大病院の初診など。

（5）その他

　移送費は、病院等への移送が著しく困難で、移送が緊急やむを得ないものである場合に、療養を受けるための病院等への移送の費用を支給す

るものである。

　被保険者または被扶養者の死亡時に、健康保険では、埋葬料が5万円支給される。国民健康保険及び後期高齢者医療では、葬祭費が保険者ごとの規定によって支給される。

　このほか、国民健康保険及び後期高齢者医療では、災害などの特別の事情なしに保険料を1年以上滞納している場合、被保険者証の返還を求め、代わりに被保険者資格証明書の交付を行うものとされている。この場合、医療を受けた場合にはいったん費用の全額を自分で支払い、後で現金給付を受けることになるが、これを特別療養費という。

3 出産育児・休業関連の現金給付

（1）出産育児一時金

　被保険者または被扶養者である家族が出産をしたとき、出産育児一時金または家族出産育児一時金として、1児につき50万円が支給される。[20]出産については、現物給付ではなく、定額の現金給付という形態をとっている。[21]

（2）出産手当金

　被用者保険においては、被保険者が出産したとき、出産の日（予定日以後であるときは予定日）以前42日（多胎妊娠のときは98日）から出産の日以後56日以内において労務に服さなかった期間、標準報酬日額の3分の2に相当する額の出産手当金が支給される。報酬が支払われる場合、出産手当金が上回るときは差額分が支給される。

（3）傷病手当金

　被用者保険においては、被保険者が療養のため労務に服することができないときに、4日目から、標準報酬日額の3分の2に相当する額の傷病手当金が支給される。支給期間は同一の傷病について1年6か月以内を限度とする。[22]報酬が支払われる場合や、障害厚生年金や老齢厚生年金が支給される場合、傷病手当金が上回るときは差額分が支給される。

　なお、出産手当金と傷病手当金は国民健康保険では制度上任意給付となっており、自治体が行う国民健康保険で支給を実施しているところは現在は存在しない。

[20] 令和5（2023）年4月から増額されてこの額になっている。なおこの額は産科医療保障制度に加入している分娩機関で出産した場合である。

[21] 保険事故としての性格がない、地域や病院間の差がある、個人の選択の幅が大きいなどの理由から、定額の現金給付とされてきたが、少子化対策の観点から現物給付とすべきであるという議論がある。

[22] その後の所得保障は障害年金によって行われる。

第7章

4 付加給付と保健事業

　健康保険組合は、規約の定めるところにより、付加給付を行うことができ、一部負担金の軽減などが行われている場合がある。

　このほか、被用者保険、国民健康保険、後期高齢者医療制度のいずれも、特定健康診査・特定健康指導を行うほか、健康教育、健康相談、健康診査などの被保険者の健康の保持増進のための**保健事業**を行っており、その内容は保険者によって異なっている。

5 他制度との関係

（1）労働者災害補償保険との関係

　医療保険制度は、業務外の傷病に対して支給されるもので、業務上の傷病については適用されない。労働者の業務災害については、使用者が補償責任を負うことから、業務上の傷病は労働者災害補償保険法に基づく給付が行われるためであり、その場合は原則として自己負担はない。

（2）生活保護との関係

　生活保護の受給者は、国民健康保険及び後期高齢者医療には加入しない。この場合、生活保護の受給者の医療は、医療扶助によって提供される（自己負担はない）。

*23

（3）損害賠償

　自動車事故等の第三者行為による傷病の治療費は、本来、加害者が負担するのが原則であるが、業務上のものでなければ、公的医療保険を使って治療を受けることができ、この場合は、加害者が支払うべき治療費を公的医療保険が立て替えて支払うこととなる（保険者が後で加害者に求償する）。

　なお、この場合公的医療保険を使うかどうかは被害者の選択によるため、自由診療や民間医療保険を利用することもできる。

（4）公費負担医療との関係

　日本の医療保障制度には、医療保険制度のほかに、公費負担医療の制度があり、税財源により、特定の集団や傷病を対象として医療給付を行っている。さまざまなものがあり、次のように分けられる。

---

*23
生活保護のほうが国庫負担割合が高いことから、そのように決められているものである。国民皆保険制度の下でもこのような例外があることには、注意が必要である。なお、介護保険には生活保護受給者も加入する。

❶補償的医療

　原爆被爆者（原爆被爆者援護法）、戦傷病者（戦傷病者特別援護法）、予防接種により健康被害を受けた者（予防接種法）に対する医療など。

❷公衆衛生的医療

　精神病患者の措置入院医療（精神保健福祉法）、新感染症、１・２類の感染症の入院医療（感染症法）、心神喪失者等に対する医療観察（心神喪失者等医療観察法）など。

❸福祉的医療

　障害者の自立支援医療（障害者総合支援法）、難病患者の医療（難病医療法）、児童の小児慢性疾患・施設入所措置に係る医療（児童福祉法）、自治体独自の子ども医療費の助成、生活保護法の医療扶助などがある。

　このうちのほとんどは、医療保険が優先され、医療保険が適用された後、一部負担金を公費で負担する仕組み（保険優先）となっており、所得に応じた費用徴収はあるが、自己負担は大きく軽減されている。[24]

＊24
例外的に全額公費であるもの（公費優先）としては、戦傷病者、原爆被害者、医療観察に関する医療、新感染症患者の入院医療などがある。

第7章

第4節 費用

1 保険料

（1）被用者保険

　被用者保険の保険料は、被用者の標準報酬月額と標準賞与額に保険料率を乗じて算出する[*25]。保険料率は、協会けんぽは全国平均を10％とした上で都道府県単位で設定され、組合健保・共済制度は組合ごとに定められる（**表7−5**参照）。保険料は事業主と被保険者本人が分担し、原則として労使折半であるが、組合健保は組合ごとに定めることができる。事業主が事業主負担分と被用者負担分を合わせて納付する（被用者負担分の保険料は給与から天引きとなる[*26]）。

　なお、育児休業期間中は、被用者負担分と事業主負担分両方の保険料が免除される。

（2）国民健康保険

　国民健康保険料は、世帯ごとの所得・資産に応じた応能割と、世帯人数による平等割・被保険者均等割といった応益割の組み合わせとなっており、具体的な算定方法は市町村（特別区を含む）が定める[*27]。低所得世帯については、均等割及び平等割の7割・5割・2割の軽減措置がある。

　国民健康保険の保険料は、市町村（または国民健康保険組合）が徴収する。市町村は、保険料の代わりに保険税を徴収することができる[*28]。保険料は、世帯主が納付する[*29]。

　なお、令和6（2024）年1月1日から、産前産後期間（4か月間）における国民健康保険料の免除（減額）措置がとられる。

（3）後期高齢者医療制度

　後期高齢者医療制度の保険料は、75歳以上の被保険者について、個人の負担能力に応じた応能割（所得割）と等しく被保険者に付加される応益割（被保険者均等割）から構成され、具体的な算定方法は、都道府県ごとの後期高齢者医療広域連合が定める。賦課限度額は、66万円となっている（令和5〔2023〕年現在）。低所得世帯については、均等割の7割・5割・2割の軽減措置がある。

　後期高齢者医療の保険料は、被保険者個人に対し、市町村が徴収する。

＊25
標準報酬月額は、被保険者が事業主から受ける毎月の給料などの報酬の月額を区切りのよい幅で区分したもので、健康保険の標準報酬月額は、第1級の5万8千円から第50級の139万円までの全50等級に区分されている。標準賞与額は、税引前の賞与総額から千円未満を切り捨てたもので、健康保険では年間上限573万円である。

＊26
協会けんぽの保険料は、全国健康保険協会ではなく、日本年金機構が厚生年金保険料とあわせて徴収している。

＊27
自治体によって4方式（所得割、資産割、被保険者均等割、世帯平等割）、3方式（所得割、被保険者均等割、世帯平等割）、2方式（所得割、被保険者均等割）の3つの方式がある。

＊28
保険料として徴収する自治体は大都市に多く、多くの自治体は保険税である。両者には徴収時効の年数の相違などの違いがあるが、実質的な相違はない。

＊29
世帯主自身は被用者保険であっても、世帯内に国民健康保険の被保険者があれば、世帯主が納付義務者である。また、家族は世帯主の被扶養者というわけではなくそれぞれ被保険者本人である。

〈表7-5〉協会けんぽ神奈川県支部の標準報酬月額と保険料（令和5年度）

標準報酬		報酬月額		全国健康保険協会管掌健康保険料 10.02%	
等級	月額	円以上	円未満	全額	折半額
1	58,000	～	63,000	5,811.6	2,905.8
2	68,000	63,000 ～	73,000	6,813.6	3,406.8
3	78,000	73,000 ～	83,000	7,813.6	3,907.8
4（1）	88,000	83,000 ～	93,000	8,817.6	4,408.8
5（2）	98,000	93,000 ～	101,000	9,819.6	4,909.8
6（3）	104,000	101,000 ～	107,000	10,420.8	5,210.4
7（4）	110,000	107,000 ～	114,000	11,022.0	5,511.0
8（5）	118,000	114,000 ～	122,000	11,823.6	5,911.8
9（6）	126,000	122,000 ～	130,000	12,625.2	6,312.6
10（7）	134,000	130,000 ～	138,000	13,426.8	6,713.4
11（8）	142,000	138,000 ～	146,000	14,228.4	7,114.2
12（9）	150,000	146,000 ～	155,000	15,030.0	7,515.0
13（10）	160,000	155,000 ～	165,000	16,032.0	8,016.0
14（11）	170,000	165,000 ～	175,000	17,034.0	8,517.0
15（12）	180,000	175,000 ～	185,000	18,036.0	9,018.0
16（13）	190,000	185,000 ～	195,000	19,038.0	9,519.0
17（14）	200,000	195,000 ～	210,000	20,040.0	10,020.0
18（15）	220,000	210,000 ～	230,000	22,044.0	11,022.0
19（16）	240,000	230,000 ～	250,000	24,048.0	12,024.0
20（17）	260,000	250,000 ～	270,000	26,052.0	13,026.0
21（18）	280,000	270,000 ～	290,000	28,056.0	14,028.0
22（19）	300,000	290,000 ～	310,000	30,060.0	15,030.0
23（20）	320,000	310,000 ～	330,000	32,064.0	16,032.0
24（21）	340,000	330,000 ～	350,000	34,068.0	17,034.0
25（22）	360,000	350,000 ～	370,000	36,072.0	18,036.0
26（23）	380,000	370,000 ～	395,000	38,076.0	19,038.0
27（24）	410,000	395,000 ～	425,000	41,082.0	20,541.0
28（25）	440,000	425,000 ～	455,000	44,088.0	22,044.0
29（26）	470,000	455,000 ～	485,000	47,094.0	23,547.0
30（27）	500,000	485,000 ～	515,000	50,100.0	25,050.0
31（28）	530,000	515,000 ～	545,000	53,106.0	26,553.0
32（29）	560,000	545,000 ～	575,000	56,112.0	28,056.0
33（30）	590,000	575,000 ～	605,000	59,118.0	29,559.0
34（31）	620,000	605,000 ～	635,000	62,124.0	31,062.0
35（32）	650,000	635,000 ～	665,000	65,130.0	32,565.0
36	680,000	665,000 ～	695,000	68,136.0	34,068.0
37	710,000	695,000 ～	730,000	71,142.0	35,571.0
38	750,000	730,000 ～	770,000	75,150.0	37,575.0
39	790,000	770,000 ～	810,000	79,158.0	39,579.0
40	830,000	810,000 ～	855,000	83,166.0	41,583.0
41	880,000	855,000 ～	905,000	88,176.0	44,088.0
42	930,000	905,000 ～	955,000	93,186.0	46,593.0
43	980,000	955,000 ～	1,005,000	98,196.0	49,098.0
44	1,030,000	1,005,000 ～	1,055,000	103,206.0	51,603.0
45	1,090,000	1,055,000 ～	1,115,000	109,218.0	54,609.0
46	1,150,000	1,115,000 ～	1,175,000	115,230.0	57,615.0
47	1,210,000	1,175,000 ～	1,235,000	121,242.0	60,621.0
48	1,270,000	1,235,000 ～	1,295,000	127,254.0	63,627.0
49	1,330,000	1,295,000 ～	1,355,000	133,266.0	66,633.0
50	1,390,000	1,355,000 ～		139,278.0	69,639.0

◆介護保険第2号被保険者（40歳から64歳までの人）には、健康保険率（10.02%）に介護保険料率（1.82%）が加わる

◆等級欄の（　）内の数字は、厚生年金保険の標準報酬月額等級。

（出典）全国健康保険協会資料

国民健康保険や介護保険と同様、年額18万円以上の年金受給者は年金から保険料を天引きする（特別徴収）。

2 税負担と財政調整

　医療保険の財政は、被保険者の保険料だけでまかなわれているわけではなく、公費（税）が投入されたり、保険制度間の財政調整が行われている（**図7-6**）。これは、平均年齢が高いため1人当たりの医療費が高く、平均所得が比較的低い制度は、財政基盤が弱いために、公費投入や財政調整を行うことで、制度を分立したまま国民皆保険を維持するためのものである。

（1）税負担
❶被用者保険

　被用者保険は、加入者の平均年齢が比較的低く、1人当たりの医療費も低い傾向にあり、所得も比較的高いため、健康保険組合と共済組合については、公費負担は原則として入っていない。協会けんぽについては、中小・零細企業の会社員を対象としていることから、給付費等の16.4%の国庫補助がある。^{*30}

＊30
一部の財政窮迫組合に対する定額補助はある。

❷国民健康保険

　国民健康保険は、年齢が高く医療費水準が高い、低所得者が多いという構造であり、事業主負担もないため、手厚い公費負担が行われている。給付面では、給付費の50%の定率の公費負担（国41%、都道府県9%）がある。国の負担41%のうち32%分は定率で配分され、9%分は保険者間の財政の不均衡を調整する調整交付金として傾斜配分されている。また、負担面に着目した公費負担もあり、保険料軽減制度（低所得者の保険料軽減分に対する補助）、保険者支援制度（低所得者数等に応じた補助）、高額医療費負担金（1件80万円を超える高額な医療費の発生による急激な影響の緩和を図るための補助）、特別高額医療費共同事業（1件420万円を超える著しく高額な医療費の全国規模での共同事業に対する補助）、保険者努力支援制度（都道府県・市町村の医療費適正化、予防・健康づくり等の取り組み状況に応じた支援）がある。都道府県が財政安定化基金を設け、保険料収納不足の市町村に対し、不足分を貸し付けるとともに、特別の事情がある場合2分の1以内の資金を交付する事

〈図7－6〉　国民健康保険の財政（令和5年度予算ベース）

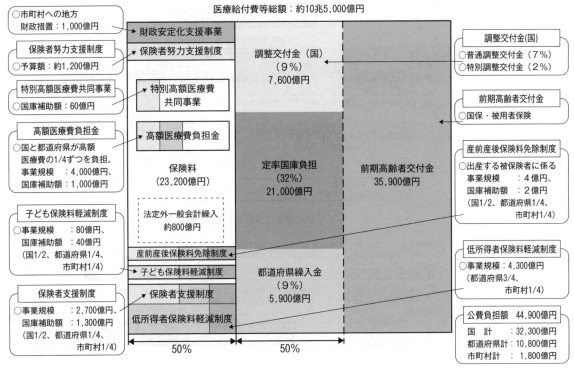

（出典）厚生労働省資料

業も、国・都道府県・市町村の負担により行われている。

❸後期高齢者医療

　後期高齢者医療制度に対しては、公費が約5割（国：都道府県：市町村＝4：1：1）投入されている。[31] 国民健康保険に類似した仕組みであり、定率国庫負担、保険者間の財政調整のための調整交付金のほか、保険基盤安定制度（低所得者等の保険料軽減分の負担）、高額医療費に対する支援（1件80万円を超える医療費についての国・都道府県の負担）、特別高額医療費共同事業（1件400万円を超える医療費の財政調整）、財政安定化基金（保険料未納リスク等に対応した貸付け等）がある。

（2）財政調整

　年齢が高いため医療費水準が高く、所得水準が低い、高齢者医療と国民健康保険の財政支援のため、若い世代から高齢者医療への再分配（世代間再分配）と、財政基盤が比較的強い制度（被用者保険）から比較的弱い制度（国民健康保険）への再分配（世代内再分配）が行われている。

*31
現役並み所得の高齢者の医療給付費については、公費負担が投入されないため、公費負担は全体の47％となっている。

〈図７－７〉高齢者医療制度の財政（令和５年度予算ベース）

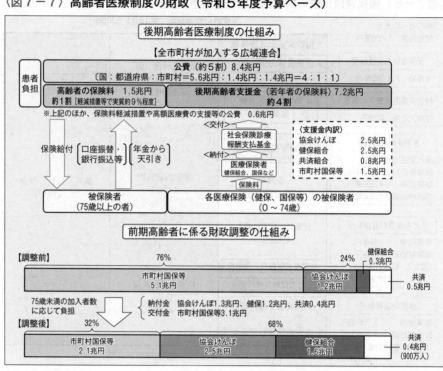

（出典）厚生労働省資料

*32
後期高齢者の保険料で
負担する割合は、現在
約１割としているが、
低所得者への軽減措置
等により、実際には１
割に満たない。また、
今後については、若年
者減少率の２分の１の
割合で引上げ、現役世
代の１人当たり負担の
増加が大きくなりすぎ
ないようにすることと
されている。

*33
負担が多く、保険者努
力による医療費効率化
が効かない部分である
ため、健康保険関係者
からは批判がある。

*34
このことによって、被
用者保険の保険者間で
は、１人当たり報酬額
の高い健康保険組合加
入者の負担が相対的に
高まることとなった。

後者は、各保険者から高齢者医療への財政支援額を傾斜的に決めること
によって行われている（**図７－７**）。

❶後期高齢者医療制度

　後期高齢者医療制度の財政は、自己負担を除き、後期高齢者の保険料
約１割、公費約５割のほか、現役世代からの後期高齢者支援金約４割で
まかなうこととなっている。後期高齢者支援金は、各医療保険者が被保
険者から徴収する保険料によってまかなわれ、被用者保険及び国民健康
保険の被保険者から徴収する保険料によってまかなわれる。この支援金
は、各保険者が０～74歳の加入者数に応じて負担することとしていたが
（加入者割）、2017年から被用者保険の保険者間については、総報酬に応
じて按分することとなっている（総報酬割）。

❷前期高齢者医療制度

　65～74歳の前期高齢者は、被用者保険または国民健康保険に加入する
が、定年退職後は国民健康保険に移るなど前期高齢者が国民健康保険に
偏在し、負担の不均衡が生ずるため、各保険者の75歳未満の加入者数に

応じて費用を負担することとしている。具体的には、各保険者に全国平均と同じ加入率で前期高齢者が加入しているとして前期高齢者納付金を負担する仕組みとなっている。[*35]

3 自己負担

　医療保険の対象となる医療費の自己負担の割合は、加入する制度にかかわらず、一般の加入者は3割、義務教育就学前は2割、70～74歳は2割（現役並み所得者は3割）、75歳以上は1割（現役並み所得者は3割、それ以外で一定所得以上の者については2割）となっている（食事療養費等を除く）。[*36]

　ただし、自己負担額が、年齢別・所得階層別に定められている限度額を超えたときは、超える額は高額療養費として支給されるので、実際の負担はそれよりも抑えられている。[*37]また、血友病、人工透析及びHIVといった非常に高額な治療を長期間にわたって継続しなければならない場合は、高額療養費の支給の特例があり、原則として負担の上限額は月額1万円となる。

　また、難病医療など公費負担医療の対象となる場合は、自己負担分が公費で支払われ、負担が軽減される。

*35
このことによって、相対的に前期高齢者の加入率が低い被用者保険の負担が高まることになる。

*36
後期高齢者医療においては、自己負担3割となる現役並み所得者とは、世帯内に住民税課税所得の額が145万円の被保険者がいる場合、自己負担2割となる一定所得以上の者とは、単身世帯の場合は課税所得28万円以上かつ年収200万円以上、複数世帯の場合は後期高齢者の年収合計320万円以上をさす。

*37
なお、高額療養費制度は償還払いが原則であるが、加入している医療保険から「限度額適用認定証」の交付を受け、医療機関の窓口で提示すれば、窓口での支払いを負担の上限額までに抑えることができる（現物給付化）。

第7章

第5節　医療提供体制と医療保険

1　保険医療機関と審査支払組織

（1）保険医療機関

　保険医療は、厚生労働大臣（地方厚生局長に委任）の指定を受けた保険医療機関または保険薬局において、登録を受けた保険医または保険薬剤師によって行われる。保険医療機関及び保険医は、一定の基準に従って保険医療を行うこととされており、この基準が「保険医療機関及び保険医療養担当規則」（療担規則）である。療担規則に適合しない診療を行った場合は、厚生労働大臣は保険医療機関及び保険医の指定及び登録の取消しを行うことができる。

（2）審査支払組織

　保険医療機関は、行った保険診療に対し診療報酬を保険者に請求する。診療報酬請求書の審査には高度の専門的知識が必要になり、また保険医

〈図7－8〉保険診療の流れ

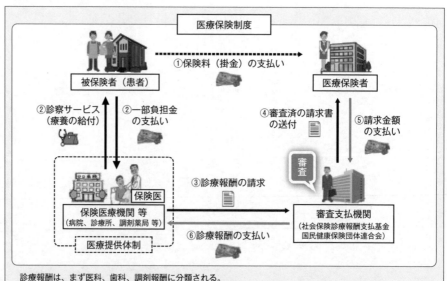

診療報酬は、まず医科、歯科、調剤報酬に分類される。
　具体的な診療報酬は、原則として実施した医療行為ごとに、それぞれの項目に対応した点数が加えられ、1点の単価を10円として計算される（いわゆる「出来高払い制」）。例えば、盲腸で入院した場合、初診料、入院日数に応じた入院料、盲腸の手術代、検査料、薬剤料と加算され、保険医療機関は、その合計額から患者の一部負担分を差し引いた額を審査支払機関から受け取ることになる。

（出典）厚生労働省「令和4年版厚生労働白書」

療機関が個々の保険者に請求することの事務的な煩雑さを避けるため、審査・支払機関が各保険者から委託を受けて診療報酬の審査・支払いを行っている。被用者保険は社会保険診療報酬支払基金、国民健康保険及び後期高齢者医療は各県ごとに設置されている国民健康保険団体連合会が審査・支払機関となっている。公費負担医療もこれらの組織が審査・支払いを行っている（**図７−８**）。

2 診療報酬

　保険医療機関や保険薬局が行った療養の給付について保険者から支払われる対価（医療サービスの価格）が診療報酬であり、保険診療の診療報酬は全国統一の診療報酬体系によって支払われている。[*38] 厚生労働大臣が中央社会保険医療協議会（中医協）に諮問して定め、２年に１度改定される。[*39]

　現在の診療報酬は、提供した個々の医療行為ごとに点数を定める出来高払い方式が原則となっており、点数に全国一律の１点単価（10円）を乗じたものが診療報酬となる。厚生労働大臣の定める診療報酬点数表には、医科・歯科・調剤に分けて、1,700の算定区分と算定要件が記載されている。最近では、一定の範囲の医療行為をまとめて評価し、一定額を支払う包括払い方式も導入されている。[*40]

　診療報酬制度の意義としては、①全国一律の価格の公定、②療養担当規則・混合診療の禁止とあいまって有効性・安全性が確認された必要な医療の提供、③費用の総額の抑制、④診療報酬を用いた資源の配分と政策的誘導、といった点があげられる。

3 医療費の適正化

　国民医療費の伸びは、人口の高齢化と医療の高度化を背景に著しく、政府が出した将来見通し[*41]においても、2040年までに医療費は経済の伸びを大きく上回るペースで増加することが予想されている。

　こうした状況の下で、医療費適正化のための努力が1980年代から行われてきた。1980年代からの医療費の適正化は、「上からの抑制」と呼べるもので、医療計画による地域ごとの病床数の抑制、大学医学部の定員管理による医師数の抑制、診療報酬改定幅の抑制、患者自己負担の増などマクロ的なものであった。2000年ごろからは、ミクロ的な「現場での

[*38] 保険薬局の調剤は調剤報酬、保険者へ請求できる医薬品の価格は薬価基準で示されている。

[*39] 前年の12月に医療費総額の改定幅が示され、２月に個々の医療行為ごとの点数の告示がなされ、４月から施行される。

[*40] 包括払い方式は、過剰診療の防止による医療の効率化と標準化をめざすもので、現在は急性期入院医療の多くで、入院基本料、検査、投薬、注射、画像診断などを包括的に評価して１日当たりの定額で支払う診断群分類（DPC: Diagnosis Procedure Combination）別の包括払いが行われている。

[*41] 内閣官房・内閣府・財務省・厚生労働省「2040年を見据えた社会保障の将来見通し」（平成30〔2018〕年５月）。

第7章

効率化と質の向上」が注目されている。根拠に基づく医療（EBM：Evidence Based Medicine）、病院機能評価・診療ガイドライン・臨床評価指標などによる医療の標準化、包括払い（DPC）、病床機能再編と地域包括ケアシステムの構築、健康づくりと予防の推進、医療情報化などが行われてきている。

参考文献
- 厚生労働省『厚生労働白書』各年版
- 厚生労働統計協会　編『保険と年金の動向』各年版

第**8**章

介護保険制度の概要

学習のねらい

　高齢化の進展に対応し、高齢者の介護を社会全体で支えるため、わが国は世界でも特徴的な介護保険制度を設けている。本章では、介護保険制度の目的、機能、課題等を学ぶ。

　第1節では、国際的に見たわが国の介護保険の制度的特色と介護給付費の現状を概観した上で、介護保険制度の歴史と最近の動向について学ぶ。第2節では、介護保険制度の体系と適用について、第3節では、給付対象者と給付プロセス、給付の種類などについて、第4節では、保険料、税負担と財政調整、自己負担など費用について学ぶ。

第1節　介護保険総論

1　概要と特色

（1）介護保険とは

＊1
本双書第3巻第3章参照。

　介護保険[*1]とは、加齢に伴って生ずる心身の変化に起因する疾病等により要支援・要介護状態となり、入浴、排泄、食事等の介護、機能訓練並びに看護及び療養上の管理その他の医療を要する者等について、日常生活を支えるため、介護サービスの費用を給付する社会保険方式の仕組みである。

（2）わが国の介護保険の特色

❶独立した社会保険制度

　わが国の介護保険の特色の第一は、医療保険や、障害福祉など他の福祉制度とは区別された、基本的に高齢者のみを対象とする、社会保険方式による介護保障制度であることである。一定年齢以上の全国民の強制加入により、全高齢者を給付対象とするとともに、公費の投入と財政調整により、世代間・世代内の再分配が行われ、利用者負担を低く抑えつつ、サービスの確保が行われている。

❷市町村による運営

　介護保険制度は国の制度であるが、市町村による保険運営が行われ、市町村の介護保険事業計画による需給調整が行われている。このことは、地域の実情と選択に応じた介護保障体制がとられる一方で、市町村により給付と負担の水準とあり方に違いが生じることを表している。

❸居宅サービス中心

　介護サービスとしては施設サービスを抑制する一方、居宅サービスの提供を中心としている。可能な限り居宅において日常生活を営むことができるように支援すること、介護している家族を社会的に支えるために外部のサービスを提供することを主眼としており、現金給付はないことも特色となっている。

2 国際比較

主要各国を見ると、高齢化に伴い介護保障制度を充実させつつあるが、介護保障のための独自の制度を有している国は多くなく、その中でも社会保険方式で介護保障を行っている国は、日本以外にはドイツと韓国くらいである。対象を基本的に高齢者に限定していることも考え合わせると、日本の介護保険制度は世界でも独自の取り組みであるといえる。[2]

介護費の内訳の国際比較を見てみると、わが国の公的介護費用のレベルは高いほうである[3]。また、居宅サービスの比重が高く、現金給付を有していない[4]点は、他の国と比較すると特色となっている。

3 介護給付費

要介護（要支援を含む）の認定者数は、介護保険制度が施行された平成12（2000）年の約256万人から、令和3（2021）年度末の690万人に増加した。利用者数も、1か月平均約184万人から約589万人に増加した。

その結果、介護給付費・事業費は、平成12（2000）年度の約3.2兆円

*2
ドイツでは高齢者に限定しておらず、現金給付との選択ができることが特色になっている（現金給付を選択する者が7割程度と多い）。

*3
Gori et al, *Long-term Care Reforms in OECD countries*, Policy Press, 2016.

*4
現金給付については、介護保険創設時に検討されたが、現金給付は介護者の慰労にはなるものの、介護サービスの拡充に使われるとは限らず、家族介護の社会化に資することはないとして見送られた経緯がある。

〈図8−1〉 要介護（要支援）認定者数

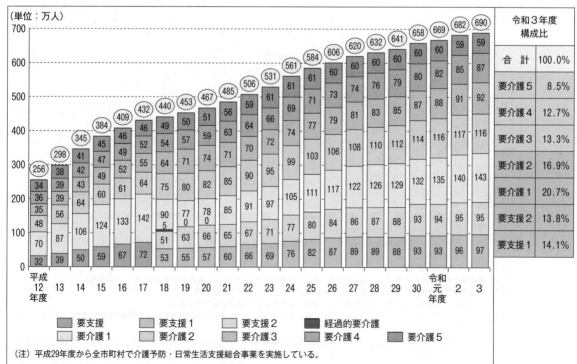

令和3年度構成比	
合　計	100.0%
要介護5	8.5%
要介護4	12.7%
要介護3	13.3%
要介護2	16.9%
要介護1	20.7%
要支援2	13.8%
要支援1	14.1%

（注）平成29年度から全市町村で介護予防・日常生活支援総合事業を実施している。

（出典）厚生労働省「令和3（2021）年度介護保険事業状況報告」

第8章

213

から、令和3（2021）年度には10.4兆円に増加した。65歳以上の人が支払う保険料も、介護保険事業計画の第1期（2000〜2005年）の全国平均2,911円から、第8期（2021〜2023年）には6,014円となっている。

4 歴史と最近の動向

（1）前史（介護保険創設以前）

高齢者介護については、介護保険法創設以前は、老人福祉法に基づく老人福祉制度と、老人保健法に基づく老人医療で対応されることになっていた。老人福祉法は、措置制度によって、行政が必要と認める人に対し行政処分でサービスを提供するものであり、利用者がサービスを選択できるものではなく、対象も主に低所得者に限られ、サービス供給量も

〈図8−2〉介護保険のサービス受給者数（1か月平均）

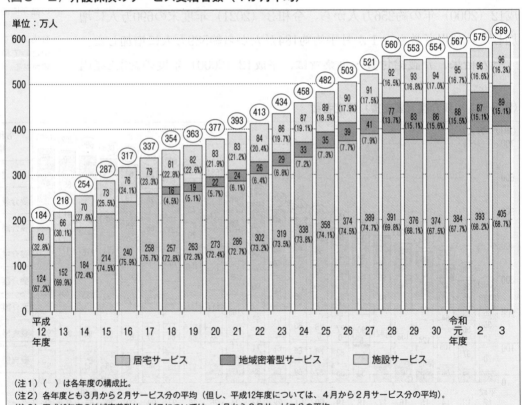

（注1）（　）は各年度の構成比。
（注2）各年度とも3月から2月サービス分の平均（但し、平成12年度については、4月から2月サービス分の平均）。
（注3）平成18年度の地域密着型サービスについては、4月から2月サービス分の平均。
（注4）受給者数は、居宅サービス、地域密着型サービス、施設サービス間の重複利用がある。
（注5）平成28年度4月1日から、居宅サービスである通所介護のうち、小規模な通所介護や療養通所介護は地域密着型サービスに移行している。
（注6）平成29年度から全市町村で介護予防・日常生活支援総合事業を実施している。また、平成29年度末をもって、予防給付のうち訪問介護と通所介護については終了している。

（出典）厚生労働省「令和3（2021）年度介護保険事業状況報告」

〈図8-3〉介護費用と保険料の推移

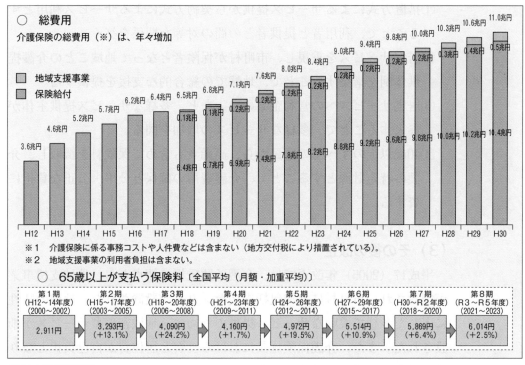

（出典）厚生労働省資料

限定されていた。

　一方、必ずしも医療の必要性が高くない高齢者を医療機関に長期入院
させる社会的入院が問題になっていた。この問題は昭和48（1973）年の
老人医療費無料化以降顕著になり、療養環境を改善するためにつくられ
た特例許可老人病院（その後の介護療養病床）も、本来生活の場でない
病院への入院を容認するものとなってしまっていた。

（2）介護保険制度の創設

　平成9（1997）年の介護保険法制定（平成12〔2000〕年施行）は、高
齢化の進展による要介護者の増加のなかで、このような状況を一変させ
るものであった。介護保険制度は、医療や他の福祉とは別制度としてつ
くられた社会保険制度である。治療中心の医療とは別に、生活支援の介
護を提供する仕組みである。また、医師の指示のもとに置かず、市町村
の生活支援サービスの一環としてつくられた。さらに、社会保険方式の
仕組みで、40歳以上のすべての者から保険料を徴収し、介護のための特
定財源を確保するものであった（一部サービスは医療保険から移行され
た）。

介護保険創設の主な意義は、次のようなものであった。

①措置方式によるサービス提供から契約方式によるサービス利用とすることで、利用者と提供者との間の対等な関係を築く。

②居宅サービスを重視し、市町村が保険者となって地域ごとの介護提供体制を構築することで、地域での総合的な支援を提供する。

③居宅サービスへの営利企業の参入など、多様なサービス提供主体が参入することで、多様なサービスの増加を図る。

④40歳以上のすべての国民から、高齢者も含めて保険料を徴収し、介護の特定財源とすることで、介護費用の確保と公平・公正な負担に資する。

（3）その後の改正

平成17（2005）年改正では、介護予防重視の観点から、地域支援事業が創設され、市町村に地域包括支援センターが設置された。地域の特性に応じた多様で柔軟なサービス提供のために、地域密着型サービスが創設された。また、介護保険施設における食費と居住費が自己負担となり、低所得者には補足給付が設けられた。

平成23（2011）年改正では、地域包括ケアシステムの構築を標榜し、24時間対応の定期巡回・随時対応サービスや複合型サービスが設けられた。また、介護職員による喀痰吸引等の業務が行えるようにした。同年高齢者住まい法の改正でサービス付き高齢者向け住宅（サ高住）が創設されたことも、関連施策として注目される。

平成26（2014）年改正では、地域包括ケアシステム構築のためとして、全国一律の予防給付（訪問介護と通所介護）を市町村ごとの地域支援事業（介護予防・日常生活支援総合事業）に移行するとともに、特別養護老人ホームの新規入所者を要介護度3以上に限定し、サービスの重点化・効率化を図った。また、一定以上の所得のある者の利用者負担を2割とし、補足給付の要件に資産を加えるなど、費用負担の重点化・重点化も図った。

平成29（2017）年改正では、現役並み所得者の一部負担割合が3割とされたほか、各医療保険者が納付する介護納付金の被用者保険者の負担を総報酬割とした。また、日常的な医学管理や看護等の機能と生活施設としての機能を備えた新たな施設類型として介護医療院を創設した。

（４）直近の課題

　第一に、地域包括ケアシステムの構築があげられる。医療や介護・生活支援サービスが日常生活圏域で適切に提供されるように、各市町村・地域で取り組まれている。とりわけ、医療と介護の連携のもとに、病床再編（急性期病床の重点化、介護療養病床の廃止）の受け皿としての機能を果たすことが求められている。また、地域住民の互助による介護予防・日常生活支援を進めるため、予防給付を総合事業に移行したが、地域において住民による生活支援の体制を整備していくことが求められている。

　介護保険財政の観点から、サービスの重点化と利用者負担のあり方も引き続き課題である。これまで、予防給付（特に家事援助ヘルパー）の総合事業への移行、特別養護老人ホーム入所基準の厳格化などの重点化、一定以上の所得のある者の自己負担強化（２割・３割負担）などが行われてきたが、要介護１・２の者へのサービスの総合事業への移行や居宅介護支援の自己負担導入など、一層の重点化や自己負担強化が議論されている。

　長期的な課題としては、介護保険の被保険者の範囲を見直し、20歳以上（現在40歳以上）を被保険者とするとともに、若年障害者も給付対象として、年齢にかかわらず介護保険制度の対象とすることがあるが、若

〈図８－４〉地域包括ケアシステムの姿

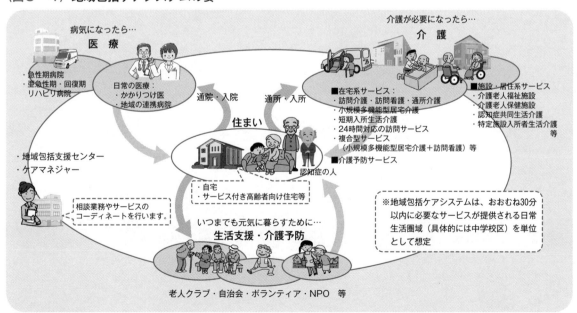

（出典）厚生労働省資料

年層の保険料負担増、若年障害者の応益負担とケアマネジメントへの拒否感などから、議論は進んでいない。

第2節　制度体系と適用

1 保険者

　介護保険の保険者は、市町村（特別区を含む）である。具体的には、被保険者の資格管理、第1号被保険者の介護保険料の徴収、要介護認定、地域支援事業の実施、居宅介護支援事業所・地域密着型サービス事業所の指定、介護保険事業計画の策定などを行っている。小規模な市町村においては、一部事務組合や広域連合を設置し、介護保険に関する事務・事業を共同で行っている場合もある。

2 被保険者

（1）第1号被保険者

　市町村の区域内に住所を有する65歳以上の者は第1号被保険者となる。[*5] 65歳以上の生活保護受給者も第1号被保険者となり、生活保護法上の生活扶助で保険料相当額が支給され、保険料を支払う。[*6]

（2）第2号被保険者

　市町村の区域内に住所を有する40歳以上65歳未満の医療保険加入者が第2号被保険者となる。20歳以上でなく40歳以上の者から被保険者となっているのは、介護保険は加齢に伴って生ずる心身の変化に起因する疾病等に対する保険であること、40歳以上になると自身及び親の加齢により介護保険への加入に理解を得やすいことなどによる。創設時には20歳以上に対象年齢を引き下げ、若年障害者の介護サービスに対しても保険給付を行うべきかどうかが議論になったが、これまで見送られている。

　40歳以上65歳未満の生活保護受給者は、医療保険に加入していない場合、介護保険にも加入しない。[*7]

*5
今までの住まいと違う市町村にある介護保険施設などに入所・入居して介護保険サービスを利用する場合には、住所を変更してもその前に住んでいた市町村が保険者を続ける（住所地特例）。

*6
国民健康保険との違いに注意。なお給付時は自己負担分が介護扶助でまかなわれる。

*7
生活保護受給者は国民健康保険には加入しないので、健康保険に加入する数少ない者以外は、介護保険料を支払うことはない。給付時は介護扶助で給付される。

第8章

第3節　給付

1 給付対象者

　介護保険の保険事故は、要介護状態または要支援状態になることである。「要介護状態」とは、「身体上又は精神上の障害があるために、入浴、排せつ、食事等の日常生活における基本的な動作の全部又は一部について、原則6か月以上継続して、常時介護を要すると見込まれる状態であって、要介護状態区分1～5のいずれかに該当するもの」である。また、「要支援状態」とは、「身体上若しくは精神上の障害があるために入浴、排せつ、食事等の日常生活における基本的な動作の全部若しくは一部について原則6か月以上継続して常時介護を要する状態の軽減若しくは悪化の防止に特に資する支援を要すると見込まれ、又は身体上若しくは精神上の障害があるために継続して日常生活を営むのに支障があると見込まれる状態であって、要支援状態区分1～2のいずれかに該当するもの」をいう。

　第1号被保険者（65歳以上の者）は、原因を問わず要介護または要支援状態になった場合に給付の対象となる。一方、第2号被保険者（40歳以上65歳未満の者）については、要介護状態の原因である身体上または精神上の障害が特定疾病（加齢に伴って生ずる心身の変化に起因する疾病）[*8]によって生じたものである場合に限り、給付が行われる。それ以外の場合の介護サービスは、介護保険ではなく、障害福祉サービスの対象となる。

2 給付プロセス

（1）要介護認定

　介護保険の給付を受けるためには、被保険者は市町村に申請をし、要介護（要支援）の認定を受ける必要がある。保険医による診察をもって保険給付が行われる医療と異なり、受給要件について保険者（行政）の認定を受けるものである[*9]。申請手続は、居宅介護支援事業者、介護保険施設、地域包括支援センターに代行してもらうことができる。

　市町村は、申請があった場合は、介護認定調査員が訪問し（新規申請以外は指定介護サービス事業者に委託可能）、本人・家族から心身状態

---

*8
特定疾病としては、政令で、以下の16疾病が定められている。①末期がん、②関節リウマチ、③筋萎縮性側索硬化症、④後縦靱帯骨化症、⑤骨折を伴う骨粗鬆症、⑥若年性認知症、⑦進行性核上性麻痺、大脳皮質基底核変性症及びパーキンソン病、⑧脊髄小脳変性症、⑨脊柱管狭窄症、⑩早老症、⑪多系統萎縮症、⑫糖尿病性神経障害、糖尿病性腎症及び糖尿病性網膜症、⑬脳血管疾患、⑭閉塞性動脈硬化症、⑮慢性閉塞性肺疾患、⑯両側の膝関節または股関節に著しい変形を伴う変形性関節症。

*9
介護は生活支援であり、医師が診断する医療と異なるものという位置付けによる。

等を聴く。この訪問調査の結果をもとに、コンピューターによる一次判定が行われる。次に、市町村は、一次判定の結果と主治医の意見書、訪問調査時の特記事項等をふまえ、介護認定審査会で二次判定を行う。介護認定審査会は、保健、医療または福祉の専門家から構成されている。その結果、要支援1～2・要介護1～5の認定、または非該当（自立）の判定がなされる。要介護認定の段階では、同居家族の介護力などは考慮されず、介護に要する手間に要する時間を基準として決められるものである。要介護度ごとに、利用できる介護サービスの上限額が決まっている。

*10
訪問調査では、まひや床ずれの有無、寝返りや歩行の可否、食事や排泄の自立度など74項目を調査する。

〈図8-5〉要介護認定の流れ

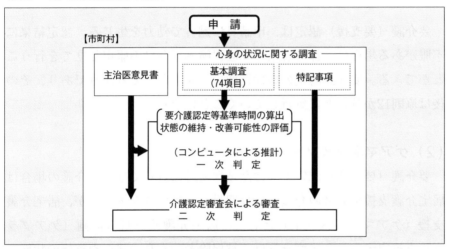

（出典）厚生労働省資料

〈表8-1〉要介護状態区分と支給限度額（令和5〔2023〕年度現在）

	要介護認定等基準時間	支給限度額（在宅の場合）
要支援1	25～32分	5,032単位
要支援2	32～50分	10,531単位
要介護1	32～50分	16,765単位
要介護2	50～70分	19,705単位
要介護3	70～90分	27,048単位
要介護4	90～110分	30,938単位
要介護5	110分以上	36,217単位

（注1）5分野（直接生活介助、間接生活介助、BPSD関連行為、機能訓練関連行為、医療関連行為）について、要介護認定等基準時間を算出し、その時間と認知症加算の合計を基に判定される。
（注2）要介護認定の一次判定は、要介護認定等基準時間に基づいて行われるが、これは1分間タイムスタディという特別な方法による時間であり、実際に家庭で行われる介護時間とは異なる。
（注3）この要介護認定等基準時間は、あくまでも介護の必要性を量る「ものさし」であり、直接、訪問介護・訪問看護等の在宅で受けられる介護サービスの合計時間と連動するわけではない。
（出典）厚生労働省資料を一部改変

第8章

〈図8-6〉ケアプラン案の例

●要介護3

（訪問サービスを多く利用したい場合の1週間のケアプラン例）

		月	火	水	木	金	土	日
午前		訪問看護	通所介護 または 通所リハビリ	訪問介護	訪問介護	通所介護 または 通所リハビリ	訪問介護	訪問介護
午後		訪問介護 （巡回型）	訪問介護 （巡回型）	訪問介護 （巡回型）	訪問介護 （巡回型）	訪問介護 （巡回型）	訪問介護 （巡回型）	訪問介護 （巡回型）

福祉用具貸与	車いす、特殊寝台、マットレス

（出典）厚生労働省資料を一部改変

要介護（要支援）認定は、申請日に遡って効力を生じる。認定結果に不服がある場合は、都道府県の介護保険審査会に不服申し立てを行うことができる。要介護認定の有効期間は、原則として6か月であり、その後は原則12か月ごとに更新していくことになる。[11]

*11
介護認定審査会の意見に基づき、3か月～11か月の範囲で短縮することや上限48か月に延長ができる。

（2）ケアマネジメント

要介護（要支援）認定を受けた被保険者に対しては、要介護の場合は、居宅介護支援事業者の介護支援専門員（ケアマネジャー）が、居宅介護支援（ケアマネジメント）として、居宅介護サービス計画（ケアプラン）を策定する。[12] ケアプランは、被保険者の心身の状況や家族の状態、本人の希望やニーズを踏まえて、必要なサービスの組み合わせをアレンジするとともに、限度額の範囲内に収まるように管理するものである。通常は、サービス事業者との契約の支援もケアマネジャーが行う。

*12
事業者は市町村長が指定する。なお、施設サービスにおいても施設のケアマネジャーによって施設サービス計画（ケアプラン）は策定される。

要支援の場合は、地域包括支援センターが、介護予防支援として、介護予防サービス計画（ケアプラン）を作成する。

ケアプランの作成にあたっての自己負担はない。ケアプランを作成しないでサービスを受けると、いったん費用の全額を支払い、後日自己負担分を除く費用が償還されること（償還払い）となる。

3 給付の種類

（1）介護給付

介護給付は、要介護者に対する保険給付であり、次のようなサービス

〈表8-2〉 介護給付と予防給付の種類

介護サービスの種類

都道府県・政令市・中核市が指定・監督を行うサービス	市町村が指定・監督を行うサービス
◎居宅介護サービス 【訪問サービス】 ○訪問介護（ホームヘルプサービス） ○訪問入浴介護 ○訪問看護 ○訪問リハビリテーション ○居宅療養管理指導 ○特定施設入居者生活介護 ○福祉用具貸与 ○特定福祉用具販売 【通所サービス】 ○通所介護（デイサービス） ○通所リハビリテーション 【短期入所サービス】 ○短期入所生活介護（ショートステイ） ○短期入所療養介護 ◎施設サービス ○介護老人福祉施設 ○介護老人保健施設 ○介護療養型医療施設 ○介護医療院	◎地域密着型介護サービス ○定期巡回・随時対応型訪問介護看護 ○夜間対応型訪問介護 ○地域密着型通所介護 ○認知症対応型通所介護 ○小規模多機能型居宅介護 ○認知症対応型共同生活介護（グループホーム） ○地域密着型特定施設入居者生活介護 ○地域密着型介護老人福祉施設入所者生活介護 ○複合型サービス（看護小規模多機能型居宅介護） ◎居宅介護支援
◎介護予防サービス 【訪問サービス】 ○介護予防訪問入浴介護 ○介護予防訪問看護 ○介護予防訪問リハビリテーション ○介護予防居宅療養管理指導 ○介護予防特定施設入居者生活介護 ○介護予防福祉用具貸与 ○特定介護予防福祉用具販売 【通所サービス】 ○介護予防通所リハビリテーション 【短期入所サービス】 ○介護予防短期入所生活介護（ショートステイ） ○介護予防短期入所療養介護	◎地域密着型介護予防サービス ○介護予防認知症対応型通所介護 ○介護予防小規模多機能型居宅介護 ○介護予防認知症対応型共同生活介護（グループホーム） ◎介護予防支援

左端の区分：介護給付を行うサービス／予防給付を行うサービス

(注) ほかに住宅改修がある。
(出典) 厚生労働省資料を一部改変

がある。

●居宅サービス

　居宅サービスには、①訪問型サービス（訪問介護〔ホームヘルプ〕）、訪問入浴介護、訪問看護、訪問リハビリテーション、居宅療養管理指導）、②通所型サービス（通所介護〔デイサービス〕、通所リハビリテーション〔デイケア〕）、③短期入所型サービス（短期入所生活介護〔ショートステイ〕、短期入所療養介護）がある。[*13]

　また、④居住型サービスとして、特定施設では住居を提供し、見守りや食事の提供などを行う特定施設入所者生活介護がある。特定施設には、有料老人ホーム、サービス付き高齢者向け住宅（サ高住）、ケアハウス（軽費老人ホーム）、養護老人ホームがある。

　さらに、⑤福祉用具・住宅改修として、福祉用具貸与、特定福祉用具販売、住宅改修がある。後の2つについては、償還払いであり、それぞ

*13
これらは都道府県知事が指定し、監督する。

第8章

れの支給限度額の範囲内で介護保険からの保険給付がある。

❷施設サービス

施設サービスには、介護保険施設である①介護老人福祉施設（特別養護老人ホーム）[*14]、②介護老人保健施設、③介護医療院によるサービスがある。このほか、④介護療養型医療施設[*15]があるが、令和6（2024）年3月末に廃止されることになっており、介護医療院への移行が求められている。

*14
要介護3以上の場合に限る。

*15
都道府県知事が認可・指定を行う。

❸地域密着型サービス

地域密着型サービスは、住み慣れた地域での生活を支えるため、身近な市町村で提供されることが適当なサービスや小規模なサービスである[*16]。原則として事業所がある市町村の被保険者のみが利用できる。運営基準や報酬も市町村が弾力的に設定できる。

定期巡回・随時対応型訪問介護看護、夜間対応型訪問介護、地域密着型通所介護、認知症対応型通所介護、小規模多機能型居宅介護、認知症

*16
これらは市町村長が指定し、監督をする。

〈図8-7〉介護給付のサービス種類別費用額割合（令和3〔2021〕年度）

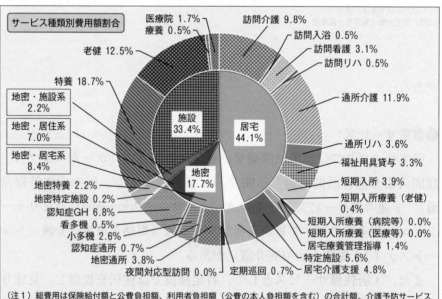

（注1）総費用は保険給付額と公費負担額、利用者負担額（公費の本人負担額を含む）の合計額。介護予防サービスを含まない。
（注2）特定入所者介護サービス（補足給付）、地域支援事業に係る費用は含まない。また、市区町村が直接支払う費用（福祉用具購入費、住宅改修費など）は含まない。
（注3）費用は、令和3年度（令和3年5月～令和4年4月審査分（令和3年4月～令和4年3月サービス提供分）。
（注4）令和3年度（令和3年5月～令和4年4月審査分（令和3年4月～令和4年3月サービス提供分）の特定入所者介護サービス（補足給付）は2,700億円。

（出典）厚生労働省資料

対応型共同生活介護（グループホーム）、地域密着型特定施設入居者生活介護、地域密着型介護老人福祉施設入所者生活介護、複合型サービス（看護小規模多機能型居宅介護）がある。

（2）予防給付

予防給付は、要支援者に対する保険給付である。予防給付における介護予防サービスは、介護給付の居宅サービスとほぼ同様である。ただし、要支援者に対する訪問介護と通所介護については、地域支援事業の介護予防・日常生活支援総合事業によって行われている。

ほかに、要支援者を対象とした施設サービスはないが、介護予防特定施設入居者生活介護、福祉用具貸与・販売、住宅改修費の給付がある。

（3）その他

市町村は、条例で定めることにより、特別給付を行うことができる。市町村固有のものとして、搬送サービス、おむつ支給、配食サービスなどが行われている。

4 地域支援事業

地域支援事業とは、市町村が行う事業で、個別の要介護者に対する給付ではなく、基盤整備や事業者への助成を行うものである。介護予防・日常生活支援総合事業、包括的支援事業、任意事業の3つがある。

（1）介護予防・日常生活予防総合事業
❶介護予防・生活支援サービス事業

介護予防・生活支援サービス事業については、介護サービス事業者、ボランティア、地縁組織、ＮＰＯ法人、民生委員、シルバー人材センター等、地域における多様な主体を積極的に活用するとともに、公民館、自治会館、保健センター等、地域の多様な社会資源を積極的に活用しながら実施するものとされている。訪問型サービス、通所型サービス、その他生活支援サービスなどがある。要支援認定を受けた者のみでなく、基本チェックリストの実施だけで利用につなげることができる。

住民などの多様な主体の参加による生活支援と介護予防を進めるとともに、予防給付を重点化・効率化するため、従来予防給付であった要支援者に対する訪問介護と通所介護は、総合事業で行うことに移行された。[*17]

*17
平成26（2014）年改正、平成29（2017）年までに全市町で実施された。

❷一般介護予防事業

　一般介護予防事業は、住民主体の通いの場を充実させることなどにより、人と人とのつながりを通じて、参加者や通いの場が継続的に拡大していくような地域づくりを推進するものである。

〈表8-3〉地域支援事業

(1) 介護予防・日常生活支援総合事業（総合事業）	
①介護予防・生活支援サービス事業	
・第1号訪問事業	住民主体の買い物代行、調理、ゴミ出し、電球の交換など
・第1号通所事業	住民主体による通いの場における体操・運動、日中の居場所づくり、定期的な交流会、サロンなど
・第1号生活支援事業	配食、定期的な安否確認、住民ボランティア等が行う訪問による見守りなど
・第1号介護予防支援事業	簡単なケアマネジメント
②一般介護予防事業	
・介護予防把握事業	閉じこもり等の何らかの支援を要する者の早期把握
・介護予防普及啓発事業	知識を普及啓発するためのパンフレットの作成・配布、講演会、教室等の実施
・地域介護予防活動支援事業	住民主体の通いの場の活動の支援など
・一般介護予防事業評価事業	計画に定める目標値の達成状況等の検証・評価
・地域リハビリテーション活動支援事業	リハビリテーションに関する専門家が助言しながら介護予防の取組を総合的に支援するなど
(2) 包括的支援事業	
①地域包括支援センターの運営	
・総合相談支援業務	地域におけるネットワークの構築、実態把握、総合相談支援
・権利擁護業務	成年後見制度の活用支援、施設への措置への支援、高齢者虐待への対応、消費者被害の防止等
・包括的・継続的ケアマネジメント業務	地域における連携・協働の体制づくりや個々の介護支援専門員に対する支援
・介護予防ケアマネジメント	要支援者等の状態等にあった適切なサービスが包括的かつ効率的に提供されるよう必要な援助を行う
②追加分（社会保障充実分）	
・在宅医療・介護連携推進事業	在宅医療・介護連携に関する相談窓口の設置・運営、地域住民への普及啓発、医療・介護関係者の研修など
・生活支援体制整備事業	地域における生活支援等サービスの資源開発やネットワーク構築のため、生活支援コーディネーター、関係者による協議会の設置を行う
・認知症総合支援事業	認知症初期集中支援チーム、認知症地域支援推進員の設置など
・地域ケア会議推進事業	地域における関係者の会議の設置
(3) 任意事業	
・介護給付等費用適正化事業	認定調査状況チェック、ケアプランの点検など
・家族介護支援事業	介護教室の開催、ボランティア等による見守りのための訪問、介護者交流会、家族を慰労するための事業など
・その他の事業	成年後見制度利用支援事業、福祉用具・住宅改修支援事業、認知症サポーター等養成事業など

（筆者作成）

〈図8-8〉地域包括支援センターの業務

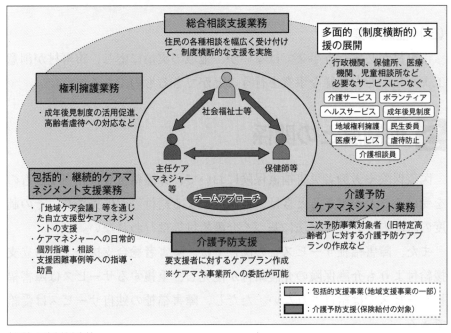

（出典）厚生労働省資料

（2）包括的支援事業

❶地域包括支援センターの運営

　地域包括支援センターは、市町村が人口3万人程度の日常生活圏域に1つ設置する（法人への委託も可能）。原則として社会福祉士、保健師、主任介護支援専門員の3種類の専門職が配置される。[*18] 地域包括ケアシステムの中核機関として、①総合相談支援業務、②権利擁護業務、③包括的・継続的ケアマネジメント業務（地域における連携・協働の体制づくりや個々の介護支援専門員に対する支援）、④介護予防ケアマネジメント業務（要支援者等の状態等にあった適切なサービスが包括的かつ効率的に提供されるよう必要な援助を行う）を行うものとされている。

　地域包括支援センターは、要支援者に対し、予防給付を受けるための介護予防支援（ケアプランの作成）を行う指定介護予防支援事業者にもなっており、個別支援と地域支援を両輪として進めていくことが期待されている。

❷生活支援体制整備事業など

　平成26（2014）年の改正により、包括支援事業として、①生活支援体制整備事業、②在宅医療・介護連携推進事業、③認知症総合支援事業、

*18
各種医療・福祉サービス関係の事業所等で社会福祉士が必置であるのは、現在までのところ地域包括支援センターだけである。

第8章

④地域ケア会議推進事業が追加された。

（3）任意事業

　市町村が必ず行う事業ではないが、地域の実情に応じ、市町村が創意工夫を生かした多様な事業を行うことができるものである。

5 他制度との関係

　医療保険や労働者災害補償保険において、介護給付等に相当するものを受けることができるときは、他制度による給付等が優先され、その制度の限度内で介護保険法に基づく介護給付等は行われない[19]。

　また、障害福祉サービスとの関係では、障害者総合支援法上の自立支援給付よりも介護保険の介護給付が優先し、重複するサービスは障害福祉サービスでは給付されない。ただし、障害福祉の独自サービスは受給できる。

*19
施設においては、例えば、特別養護老人ホームでは、健康管理等は施設サービスの一環として行い、その他医療が必要な場合は医療保険で対応される。

第4節　費用

1 保険料

（1）第1号被保険者

　第1号被保険者（65歳以上）の介護保険料は、各市町村が定めて徴収する。3年ごとに市町村が策定する介護保険事業計画において、要介護者数の推計、それに応じた介護サービスの需要見込みを行い、サービスの整備計画を決定し、それに応じた介護保険料を決定する（3年ごとに改定される）。

　保険料は、条例で定める基準額を基本に、被保険者の所得に応じ段階別に定額の保険料を決める。国では9段階に区分しているが、市町村ごとに区分を設けることができる。令和3（2021）年度からの第8期計画期間中で全国平均6,014円であるが、地域差は大きい（3,300円〜9,800円）。

　徴収方法は、年額18万円以上の年金を受給している場合は、保険料が天引きされる（特別徴収）。年金額が低い場合は、普通徴収となる。[20]

＊20
市町村から納入書が自宅へ送付され、直接保険料を納入する方法。

〈表8−4〉介護保険料

段階	対象者	保険料	（参考）対象者（令和2（2020）年度）
第1段階	・生活保護受給者 ・市町村民税世帯非課税かつ老齢福祉年金受給者 ・市町村民税世帯非課税かつ本人年金収入等80万円以下	基準額×0.5	609万人
第2段階	市町村民税世帯非課税かつ本人年金収入等80万円超120万円以下	基準額×0.75	296万人
第3段階	市町村民税世帯非課税かつ本人年金収入等120万円超	基準額×0.75	271万人
第4段階	本人が市町村民税非課税（世帯に課税者がいる）かつ本人年金収入等80万円以下	基準額×0.9	446万人
第5段階	本人が市町村民税非課税（世帯に課税者がいる）かつ本人年金収入等80万円超	基準額×1.0	480万人
第6段階	本人が市町村民税課税かつ合計所得金額120万円未満	基準額×1.2	521万人
第7段階	本人が市町村民税課税かつ合計所得金額120万円以上210万円未満	基準額×1.3	463万人
第8段階	本人が市町村民税課税かつ合計所得金額210万円以上320万円未満	基準額×1.5	238万人
第9段階	本人が市町村民税課税かつ合計所得金額320万円以上	基準額×1.7	255万人

※上記表は標準的な段階。市町村が条例により課税層についての区分数を弾力的に設定できる。なお、保険料率はどの段階においても市町村が設定できる。
（出典）厚生労働省『令和5年版厚生労働白書』

（2）第2号被保険者

　第2号被保険者（40歳～64歳）の保険料は、医療保険の保険料に上乗せして徴収される（被扶養者分を含む）。毎年度改定され、全国健康保険協会では単純平均1.64％（労使折半）、組合健康保険では1.78％（労使折半）、国民健康保険では概算6,829円（半額は実質公費負担）となっている（第8期計画期間）。

2　税負担と財政調整

（1）税負担

　介護保険の財源は、利用者負担を除き、保険料で2分の1、公費（税負担）で2分の1がまかなわれる。公費負担の内訳は、国が25％[*21]、都道府県が12.5％、市町村が12.5％となっている（施設等給付については、国が20％、都道府県が17.5％、市町村が12.5％となっている）。

　ただし、地域支援事業のうち包括的支援事業と任意事業については、第2号被保険者の負担がない分公費負担割合が高い（約77％）。また、市町村特別給付については、公費負担はない（すべて第1号被保険者の保険料でまかなわれる）。

　保険者の財政の安定化を図る仕組みとして、保険料収納額の不足や給付費の予想以上の増加に対し資金の交付または貸付を行うため、国・都道府県・市町村が財源を拠出して財政安定化基金が設けられている。また、市町村相互間において財政の悪化した市町村を支援するための市町村相互財政安定化事業も行われている。

（2）財政調整

　介護保険は高齢者に給付を行う制度であるが、第1号被保険者の保険料だけではまかなえないので、第2号被保険者からの保険料を投入しており、世代間再分配が行われている。具体的には、保険料負担分のうち、第1号被保険者が負担するのは23％で、第2号被保険者が27％を負担している（令和3〔2021〕～5〔2023〕年度の第8期計画期間）。この割合は、第1号と第2号の1人当たりの平均的な保険料負担額が同水準になるように、3年ごとに、両者の人口比率で負担割合が見直されているものである。

　一方で、第2号被保険者の保険料に関する各医療保険者の負担については、各保険者は加入者の人数に応じた介護納付金を納付するが、被用

〈図8−9〉介護保険財政の仕組み

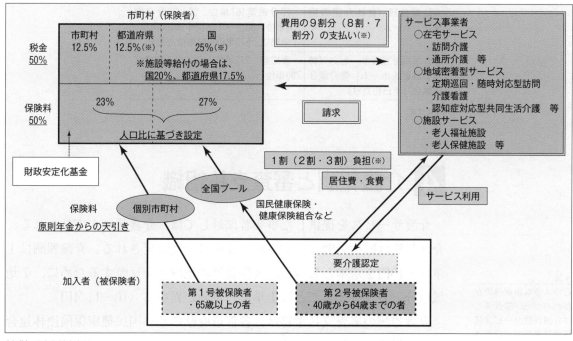

（出典）厚生労働省資料

者保険の保険者間では、標準報酬の総額に比例した総報酬割で納付することになった[*22]。このことにより、賃金の高い健康保険組合などでは納付が増え、世代内再分配が行われている。

3 自己負担

　介護サービスの利用時の自己負担は、原則として費用の1割である[*23]（居宅介護支援には自己負担はない）。ただし、現役並み所得者は3割、それ以外で一定所得以上の者は2割となっている[*24]。ただし、施設サービスにおける食費・居住費は全額自己負担である。低所得者については、所得区分に応じた負担限度額を超える部分については、補足給付（特定入所者介護サービス費）が支給されて、負担軽減がなされる[*25]。

　自己負担が1か月の上限額（一般の被保険者で4万4,000円、低所得者はより低い額）を超えた場合、超えた分は高額介護サービス費として支給される。また、皆保険と医療保険の一部負担金の合計額が年間で一定額を超える場合は、高額医療・高額介護合算療養費の支給がある。

　なお、要介護度別の支給限度基準額を超える部分は自己負担となる。また、福祉用具購入は年間10万円、住宅改修は20万円が上限額である。

*22
平成29（2017）年度から全面的に導入された。

*23
生活保護受給者の場合は自己負担分は介護扶助によりまかなわれる。

*24
「合計所得金額160万円以上」かつ、「年金収入＋その他合計所得金額280万円以上（単身世帯の場合。夫婦世帯の場合346万円以上）」の場合は、2割負担となる。
「合計所得金額220万円以上」かつ、「年金収入＋その他合計所得金額340万円以上（単身世帯の場合。夫婦世帯の場合463万円以上）」の場合は、3割負担となる。

*25
ただし、一定以上（単身で1000万円以上）の預貯金等を保有している場合を除く。

第8章

〈表8-5〉介護報酬の例

・訪問介護（身体介護の場合）　ホームヘルプサービス	20分未満167単位、20～30分未満250単位、30分～1時間未満396単位、1時間以上579単位＋84単位／30分
・介護福祉施設サービス（特別養護老人ホーム）要介護3の場合（1日当たり）	多床室　712単位、ユニット型個室793単位

（筆者作成）

4 介護報酬と審査支払組織

　介護サービスを提供した事業者に対しては、介護報酬が支払われる。介護報酬は厚生労働大臣が定め、3年に一度改定される。介護報酬は1単位＝10円を基本としつつ、人件費等の地域差を反映するために、7地域区分・各サービスごとに1単位の単価が異なる（10～11.4円）。

　介護報酬の審査支払事務は、各都道府県ごとの国民健康保険団体連合会（国保連）が行っている。[*26]

＊26
このような国保連のかかわりから、国保連には介護保険サービス苦情処理委員会が設置されている。

参考文献
● 厚生労働省 編『厚生労働白書』各年版
● 厚生労働統計協会 編『国民の福祉と介護の動向』各年版

第**9**章

労働保険制度の概要

学習のねらい

　労働保険制度は、雇用保険と労災保険から構成されている。それぞれ職業安定行政及び労働基準行政との密接な関連で整備されたものであり、機能が大きく異なることから、両保険の成立の経緯や保険制度として両者がもつ特質の相違の理解に主眼を置く。

　雇用保険制度の内容としては、受給する給付の区分により被保険者の種類が分けられること、保険給付のほか事業主の拠出分だけを財源とする雇用保険二事業の趣旨・内容等を理解する。今後の課題としては、労働市場変化のなかでの制度の見直しや、就業構造の変化や能力開発・キャリア形成支援などへの対応などについて考える。

　また、労災保険制度の内容としては、業務災害の判断が基本となるものであり、その認定の要件と各種の保険給付の体系、さらには通勤災害についても準じた取り扱いが行われていること等を理解する。今後の課題としては、労働災害の多様化・複雑化、「過労死」認定問題に加え、安全・健康の確保といった予防的施策の充実等について考える。

第1節　労働保険制度の意義と沿革

わが国では、令和4（2022）年時の15歳以上労働力人口6,902万人のうち、実に6,041万人が「雇用者」として労働することで社会経済を円滑に動かし、そして賃金を得ることで（家族含め）自らの生計を支えている。その他の就業形態として「自営業者・家族従業者」があるが、減少傾向にあり、近年では「雇用」の重要性がますます高まっている。

この「雇用」については、不況、天災事変、そして感染症拡大などのさまざまな外部的要因によって、雇用の安定がままならなくなり、「失業」状態が生じることがある。また、「雇用」の場にはさまざまなリスクが潜在しており、ときに労働災害に被災し、長期間の治療・休業を余儀なくさせる場合もある。このような「雇用」に伴うリスクが現実化することは、ただちに「生計」を営むことに困難をきたし、当該労働者及び家族、そして社会経済全体に大きなダメージが生じうる。

このようなリスクへの対処として、労使そして国が社会連帯の下、社会保険制度を設け、失業・労働災害等に対し、迅速かつ的確な給付を行うことが労働保険制度の大きな意義といえる。

以下では、まず労働保険制度の沿革を概観した上で、労災保険制度・雇用保険制度の概要について確認することとする。

1 労働保険制度の沿革

（1）失業保険制度の成立

前記のとおり、労働者の雇用安定が何よりも望ましいことは言うまでもないが、経済変動その他さまざまな要因によって、労働者の意思に反した形での失業が生じ得る。失業保険制度は、労働者が失業することによる所得喪失等のリスクに対し、保険技術をもって対処しようとするものである。同制度を最も世界で早く導入したものとして、イギリスの国民保険法（1911年）があげられるが、その後、第1次世界大戦後及び第2次世界大戦後に大量失業が深刻化するなかで、各国の導入が進み、今日に至っている。

失業保険制度の機能として、まずは前記のとおり失業による所得喪失への対処という社会保障的効果をあげることができるが、国家の経済政策全体からみても、この制度を通じた国民所得の再分配による景気調整

的効果が極めて重要である。

　わが国において失業保険制度が初めて設けられたのは、昭和22（1947）年である。当時は昭和20（1945）年の敗戦による戦後復興間もない時期であり、大量の復員者及び引揚者が職を求めるも、全国の生産拠点が復興途上にあり、失業問題は極めて深刻な状況にあった。そのような時代に失業保険制度は、職業紹介体制の整備等を図る職業安定法と両輪となり、まずは失業者の所得の保障等を行うべく制度化された。

　その後、戦後復興にめどがつき、急速な経済成長を実現した高度経済成長期には、深刻な失業状況も落ち着き、失業保険制度は循環性の不況対策としての本来的役割を果たすようになった。

　しかしながら高度経済成長期が終了し、昭和48（1973）年のオイルショックを迎えると、わが国は戦後初めての本格的な構造不況に陥り、産業間での労働力移動の促進、労働者の職業能力転換などが重要な課題となる。そこでこの年、失業保険法が雇用保険法に大改正され、失業手当の支給にとどまらない、雇用に関する総合的機能を果たす制度となり、今日に至っている。

（2）労災保険制度の沿革

　また、職場には、さまざまな労働災害リスクが存在している。例えば、製造業において労働者がプレス機械等の作業中に手指を挟まれたり、あるいは建設業において高さ2メートル以上の作業現場から墜落する等の労働災害リスクである。このような労働災害のリスクが現実化した場合、被災労働者はもちろん、その家族等にも甚大な影響が生じうる。

　このような労働災害リスクに対し、使用者及び国は労災保険制度を設け、いざ労働災害が発生した場合、当該災害に係る使用者の故意・過失責任の有無を問わず、迅速な保険給付を行い、もって被災労働者及びその家族等の福祉の増進を図るのが労災保険制度である。

　わが国では、労災保険制度について、戦前から鉱業法、工場法の制定により特定業種における事業主の扶助責任を定めるとともに、健康保険法、厚生年金保険法の中で一定の保険給付を果たす形をとってきた。その後、建設業などの屋外労働者に対しても的確な保険給付を求める声が高まり、労働者災害扶助法及び労働者災害扶助責任保険法が制定されることとなった。しかしながら戦前の同制度は、適用対象となる事業、企業規模が限定的であった上、使用者が自ら労災の補償責任を果たす際の責任保険制度として位置付けられており、被災労働者本人等が直接、当

第9章

*1
使用者の無過失責任と
は、近代市民法の原則
の1つである「過失が
なければ責任なし」と
いう過失責任主義に対
し、損害発生につき、
使用者に故意・過失が
なくとも賠償責任を負
わせる法理を指す。労
災の無過失責任につい
ては、まず労基法に無
過失責任の定め（第75
条以下）を設け、労災
保険法が担保する法的
構造にある。

*2
じん肺とは、各種の鉱
物性粉じんを吸入する
ことによって肺に生じ
た線維増殖性変化を主
体とする疾病であり、
息切れ、せき、胸部痛
などの自覚症状のほか、
心肺機能の低下や肺結
核の合併により死亡に
至る場合もある重篤な
疾患である。何よりも
同疾患は、粉じん吸入
から疾患発症まで遅発
性がある上、いったん
かかると治癒しない不
可逆性があり、治療が
長期化する傾向も高い。

該保険給付の権利主体たる立場ではなかった。

　このため第二次世界大戦後に、労働基準法等と相まって全産業を網羅する災害補償が体系化されることとなり、昭和22（1947）年に使用者の無過失責任[*1]を前提とし、被災労働者等が権利主体となる労災保険法が制定されることとなる。その後、労災保険法は、じん肺[*2]問題に端を発した長期療養者に対する補償制度の大幅な拡充を行うとともに、国際水準の動向を受け、給付水準の引き上げを行った。さらには通勤途上災害の増加を受け、昭和51（1976）年に新たに労災保険制度において通勤災害保護制度が設けられるなど、順次、改正が成され、現在に至っている。

第2節　雇用保険制度の現状と課題

本節では、雇用保険制度の体系・仕組みと今後の課題を学ぶ。雇用保険の適用事業及び雇用保険の被保険者を確認した上で、求職者給付をはじめとした雇用保険給付の内容・趣旨、さらには同財源について正確に理解する。また、労働市場の変化に伴う雇用保険制度の将来的課題について考える。

1 適用事業と被保険者

雇用保険制度は、原則として、業種、規模等を問わず、労働者が雇用される事業にすべて適用される。ただし、常時5人未満の労働者を雇用する個人経営の事業主が行う農林・畜産・養蚕・水産の事業は適用除外されており、法律上は当然に適用対象とはならないが、加入の申請をし、厚生労働大臣の認可を受けた場合には適用事業（暫定任意適用事業）となる。[*3]

雇用保険の被保険者は、適用事業に雇用される労働者であるが、短時間労働者、4か月以内の期間を定めて季節的事業に雇用される者、昼間学生[*4]、公務員などは、被保険者から除外される。ただし、いわゆる非正規労働者（短時間労働者等）であっても、1週間の所定労働時間が20時間以上で、31日以上の雇用見込みがある場合、雇用保険の一般被保険者としなければならない。

被保険者は、受給する給付の種類に応じて、一般被保険者、高年齢被保険者、短期雇用特例被保険者、日雇労働被保険者の4種類に分けられる。このうち高年齢被保険者は、65歳以上で雇用されている被保険者であり、平成29（2017）年1月1日以降から、適用対象が拡大された。拡大当初は経過措置として、雇用保険料が免除されていたが、令和2（2020）年4月1日以降、雇用保険料の納付が義務付けられている。短期雇用特例被保険者は、季節的に雇用されることを常態とする者（同一事業主との間で1年未満）が該当する。日雇労働被保険者は、日々雇用される者ないし30日以内の期間を定めて雇用される者のうち、所定の区域に居住するなど一定の条件に該当する者である。

*3
雇用保険の暫定任意適用事業の事業主が雇用保険の適用を行う場合、その事業に使用される労働者の2分の1以上の同意を得て、加入申請をし、厚労大臣の認可を受ける必要がある。

*4
昼間学生については、夜間等に就労した場合を含めて適用除外とされるが、以下の場合は例外的に雇用保険が適用される。
①卒業見込証明書を有する者であって、卒業前に就職し、卒業後も引き続き当該事業に勤務する予定の者
②休学中の者
③事業主の命によりまたは事業主の承認を受け（雇用関係を存続したまま）大学院に在学する者（社会人大学院生）
④その他一定の出席日数を課程修了の要件としない学校に在学する者であって、当該事業において同種の業務に従事する他の労働者と同様に勤務し得ると認められる者

第9章

2 雇用保険給付の目的と概要

　雇用保険の目的（雇用保険法第1条）は、労働者が失業し所得の源泉を失った場合、その所得保障を行い、新たな雇用に就くまでの生活の安定を図ること（失業等給付の支援）、労働者の失業中に、求職活動を容易にする等その再就職の促進を図り（求職活動支援）、在職中の労働者についても、雇用の継続が困難となる事由が生じた場合の援助（育児休業給付等の支援）、労働者が主体的に能力開発に取り組むための支援を行い（キャリア形成支援）、さらに、失業の予防、雇用状態の是正及び雇用機会の増大、労働者の能力の開発・向上その他労働者の福祉の増進を図ること（雇用政策）を目的としている。

　同給付体系の概要は、**図9-1**のとおりである。

3 雇用保険給付の体系

（1）失業等給付

　雇用保険給付の体系において、最も重要なのが**失業等給付**である。失業等給付とは、労働者が失業した場合にその生活の安定を図り、求職活動を支援するために支給される「求職者給付」と、再就職を援助・促進するために支給される「就職促進給付」、労働者が主体的に教育訓練を受講する場合に支給される「教育訓練給付」及び労働者の雇用の継続が困難となる事由が生じた場合にその雇用の安定を図るために支給される「雇用継続給付」等から成る（第10条1項・**図9-1**）。

（2）育児休業給付

　育児休業給付は、1歳未満の子（対象となる子の範囲については、養子縁組里親、養育里親等も対象となる）を養育するため育児休業を取得した被保険者に対して、休業開始時の賃金の67%相当額（育児休業の開始から6か月経過後は50%）に給付日数を乗じた額を支給するものである（上限は67%のとき31万143円、50%のとき23万1,450円）。1歳を超えても保育が実施されない場合などには、一定の条件のもとに給付の延長が認められる。また合わせて、父母ともに育児休業を取得する場合には、育児休業の取得できる期間を延長する「パパ・ママ育休プラス制度」として、一定の要件を満たすと、子が1歳2か月に達する日の前日までの間に、1年まで育児休業給付金が支給される。

〈図9−1〉雇用保険制度の概要

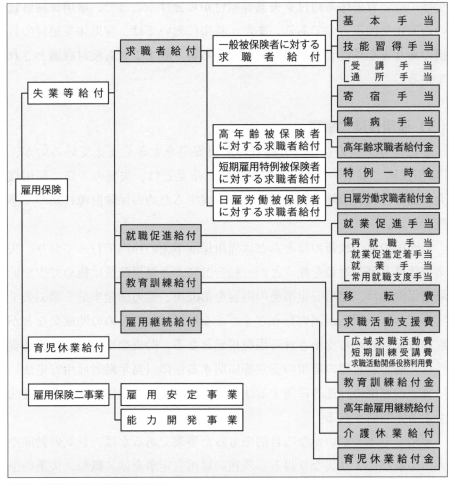

（出典）厚生労働省「雇用保険制度の概要」

　なお、令和3（2021）年6月に育児・介護休業法が改正され、男性の育児休業取得促進のための出生時育児休業が新設された（令和4〔2022〕年10月1日施行）。同改正に伴い、子の出生日から8週間を経過する日の翌日までの期間内に、4週間（28日）以内の出生時育児休業を取得した被保険者（2回まで分割可）についても、本給付金の支給対象となる。支給額は、休業開始時賃金日額の67％相当額に休業期間の日数（28日が上限）を乗じたものであるところ、休業開始時賃金日額の上限は1万5,430円、休業28日の場合の支給上限額は28万9,466円と定められている。

　育児休業給付は従前、「雇用継続給付」に含まれていたが、令和2（2020）年4月1日以降、失業等給付から独立しており、保険料率の算定方法、国庫負担を別立てとした。同改正の理由としては、育児休業給

付の支給額が増加し、失業等給付の総額に匹敵するなか、景気の影響を受けにくい育児休業給付を失業等給付から分けることで、雇用保険財政の透明化を図るものである。また、将来においては、育児休業給付の負担のあり方を見直し、雇用保険財政から切り離すことも検討課題とされている。

（3）雇用保険二事業

またコロナ禍のなか、労働者の雇用安定を大きく支えているのが、「雇用保険二事業」である。雇用保険二事業とは、失業の予防、雇用機会の拡大、教育訓練等の雇用政策を達成するための保険財源に基づく事業をいう。

わが国の雇用政策のほとんどは雇用保険事業の枠内で行っており、失業等給付と緊急対策を除くと、一般会計による雇用政策は極めて少ない。雇用保険法は、雇用安定事業の内容を第62条、能力開発事業を第63条で定めており、同条が国の行うさまざまな雇用政策のための助成金などが雇用保険財政から支出される根拠規定となる。助成金支出の政策的必要性は、高年齢者等の雇用の安定等に関する法律（高年齢者雇用安定法）、障害者の雇用の促進等に関する法律（障害者雇用促進法）などの関連法もふまえ判断される。

雇用安定事業がいかなる目的をもった事業であるかは、景気の動向や人口の推移により異なり得る。現在の雇用安定事業は、概ね、失業の予防、雇用状態の是正、雇用機会の拡大その他雇用の安定を図る事業を行うこととされている（同法第62条１項）。

能力開発事業は、職業生活の全期間を通じて、労働者の能力を開発向上させることを促進するために行う事業である（第63条）。両事業では、具体的に、次のような助成金事業が行われている。

*5
経済的理由により事業の縮小を迫られた事業主が、休業、教育訓練、出向などを行い、その雇用する労働者の雇用を維持する場合になされる助成金である。受給の要件としては、①雇用保険の適用事業主であること、②最近３か月間の売上高または生産量等がその直前３か月間または前年同期比で10％以上減少していること、③従業員の全一日の休業または事業所全員一斉の短時間休業を行うことなどであるが、コロナ禍特例では、受給要件・期間および給付内容を大幅に緩和・拡充した。

①雇用維持関係の助成金　*5 雇用調整助成金等
②再就職支援関係の助成金　労働移動支援助成金等
③雇入れ関係の助成金　特定求職者雇用開発助成金等
④障害者の雇用環境整備の助成金　中小企業障害者多数雇用施設設置等助成金等
⑤雇用環境の整備関係等の助成金　職場定着支援助成金等
⑥仕事と家庭の両立関係の助成金　両立支援等助成金等
⑦キャリアアップ・人材育成関係の助成金　キャリアアップ助成金等

　特に令和2（2020）年から生じたコロナ禍において、雇用調整助成金が労働者の雇用安定に大きく貢献しており、政府も、特例措置として、当該助成金制度の支給要件緩和、対象期間延長、さらには給付水準の拡充を積極的に行った（雇用保険財政への影響は後述）。

4 求職者給付について

（1）求職者給付とは

　雇用調整局面において、失業保険給付が失業労働者の生活を支え、さらには社会経済の安定に資することは言うまでもないが、この失業保険給付のうち求職者給付はどのような場合に支給されるのだろうか。

　求職者給付は、労働者が失業した場合に、その生活の安定を図るとともに、求職活動を容易にするもので、基本的な位置付けをもった給付であり、基本手当その他の諸手当に分けられる。以下では基本手当を中心に解説するが、その他の手当として、技能習得手当、寄宿手当、傷病手当がある。

（2）失業の定義

　求職者給付は、労働者が「失業」していることを支給要件とするが、この失業とは、被保険者が離職し、労働の意思及び能力があるにもかかわらず、職業に就くことができない状態にあることをいう。求職者給付を受給する場合には、離職した被保険者の申告に基づいて、公共職業安定所長が失業の認定を行うが、失業認定は、原則として4週間に1回ずつ行われており、「失業」状態のほか、求職活動状況等の確認がなされる（基本手当の受給手続きの流れは**図9-2**を参照）。

（3）雇用保険の受給資格

　基本手当は、被保険者が離職の日以前2年間に被保険者期間が通算して12か月以上であったとき、受給資格が認められる。ただし、特定受給資格者及び特定理由離職者については、受給資格が緩和化されており、離職の日以前1年間に被保険者期間が6か月以上あれば受給資格が認められる。

（4）雇用保険の給付制限

　給付制限とは、正当な理由がなく自己都合で退職した場合、1か月以

〈図9-2〉基本手当の受給手続きの流れ

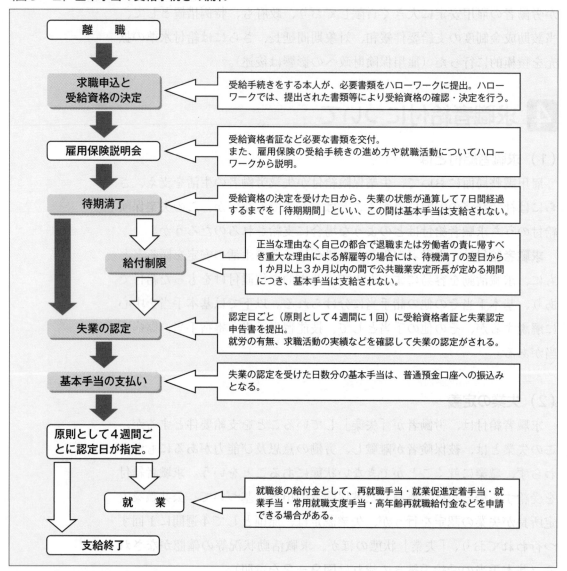

（出典）厚生労働省資料をもとに一部改変

上3か月以内の間で公共職業安定所長が定める期間（5年間のうち2回までに限り、2か月）基本手当を受給しないことをさす。また、公共職業安定所の職業紹介を拒んだ場合には1か月、懲戒解雇など自己の責に帰すべき重大な理由により解雇された場合には、基本手当が3か月以内の間で支給されない。さらに雇用保険給付を不正に受給した場合には、基本手当はいっさい支給されない。

「自己の都合」による退職とは、通常は事業主・労働者の合意解約による退職または労働者側の一方的な解約の意思表示（辞職）により退職

する場合をさす。いずれも労働者側の意思に基づく雇用契約終了であるが、実態として、その退職事由が事業主に起因する場合も少なくない。そこで、雇用保険法は、正当な理由がない自己都合退職の場合に限って給付制限を行っている。行政解釈では、「正当な理由とは、事業所の状況、被保険者の健康状態、家庭の事情その他からみてその退職が真にやむを得ないものであることが客観的に認められる場合をいい、被保険者の主観的判断は考慮されない」としている。この認定は厚生労働大臣の定める基準によって判断される。

（5）特定受給資格者・特定理由離職者

　雇用保険制度では、会社都合等の理由で退職した者（特定受給資格者）または、自己都合で退職したが会社都合の理由に準じる者（特定理由離職者）には、給付日数その他で、自己都合退職者に比べて、基本手当の支給水準を手厚くしている（**表9－1**参照）。

（特定受給資格者の一例）

イ．倒産などにより離職した者、事業所の廃止により離職した者

ロ．事業所の移転により通勤が困難になったため離職した者

ハ．解雇等により離職した者（重大な自己責任により解雇された者は除く）

ニ．給料が以前に比べ85％未満になったために離職した者

ホ．過重な長時間労働があったために離職した者（過重労働とは、退職前6か月以内に時間外労働時間が、いずれか連続する3か月間で45時間以上、いずれか1か月で100時間以上、いずれか2～6か月以上平均して1か月80時間を超える場合などをいう）

ヘ．上司や同僚からの故意の排斥又は著しい冷遇、嫌がらせを受けて離職した者

ト．事業主から直接または間接的に退職するよう勧奨を受けて離職した者など

（特定理由離職者の一例）

㋑特定受給資格者以外の者で、契約更新の明示はあるが、期間の定めのある労働契約の期間が満了し、かつ、当該労働契約の更新がないことにより離職した者（その者が当該更新を希望したにもかかわらず、当該更新についての合意が成立しなかった場合に限る）。

㋺次の正当な理由のある自己都合により離職した者もこれに当たる。

・体力の不足、心身の障害、疾病、負傷等により離職した者

第9章

・妊娠、出産、育児等により離職し、雇用保険法第20条1項の受給期間延長措置を受けた者
・父若しくは母の死亡、疾病、負傷等のため、父若しくは母を扶養するために離職を余儀なくされた場合等、家庭の事情が急変したことにより離職した者
・配偶者又は扶養すべき親族と別居生活を続けることが困難となったことにより離職した者など
・配偶者（事実婚含む）から身体に対する暴力又はこれに準じる心身に有害な影響を及ぼす言動を受け、加害配偶者との同居を避けるため住所又は居所を移転したことにより離職した者

〈表9－1〉 失業保険の所定給付日数

①特定受給資格者及び前記㋑の特定理由離職者（③就職困難者を除く）

区分＼被保険者であった期間	1年未満	1年以上5年未満	5年以上10年未満	10年以上20年未満	20年以上
30歳未満	90日	90日	120日	180日	—
30歳以上35歳未満	90日	120日	180日	210日	240日
35歳以上45歳未満	90日	150日	180日	240日	270日
45歳以上60歳未満	90日	180日	240日	270日	330日
60歳以上65歳未満	90日	150日	180日	210日	240日

②①及び③以外の離職者

区分＼被保険者であった期間	1年未満	1年以上5年未満	5年以上10年未満	10年以上20年未満	20年以上
全年齢	90日※	90日	90日	120日	150日

※前記㋺の特定理由離職者については、被保険者期間が6か月（離職以前1年間）以上であれば基本手当の受給資格を得ることができる。

③就職困難者

区分＼被保険者であった期間	1年未満	1年以上5年未満	5年以上10年未満	10年以上20年未満	20年以上
45歳未満	150日	300日	300日	300日	300日
45歳以上65歳未満	150日	360日	360日	360日	360日

（出典）厚生労働省資料

5 基本手当の支給内容

（1）基本手当日額

　雇用保険で受給できる1日当たりの金額は「基本手当日額」とよばれるが、同日額の算定方法は、原則として離職した日の直前の6か月に毎月決まって支払われた賃金（賞与等は除く）の合計を180で割って算出した賃金日額に対し、給付率50～80％（60歳～64歳については45～80％）を乗じて算出される。この給付率は賃金日額の低い被保険者ほど高い率となっている。

　また、以下表9－2・表9－3のとおり、賃金日額、基本手当日額の上限・下限額が別に定められている。

（2）失業保険の所定給付日数

　基本手当の支給を受けることができる日数を所定給付日数といい、離職事由とともに、離職の日における年齢等や被保険者であった期間（算定基礎期間）によって段階的に区別されて設定されている。表9－1①③のとおり、特定受給資格者、特定理由離職者の一部及び就職困難者[6]については、所定給付日数が手厚く設定されている。

*6
身体障害者、知的障害者、社会的事情により就職が著しく阻害されている者等をいう。

〈表9－2〉年齢区分に応じた賃金日額・基本手当日額の上限額

離職時の年齢	賃金日額の上限額（円）	基本手当日額の上限額（円）
29歳以下	13,890	6,945
30～44歳	15,430	7,715
45～59歳	16,980	8,490
60～64歳	16,210	7,294

【例】
　29歳で賃金日額が17,000円の人は、上限額（13,890円）が適用されるので基本手当日額（1日当たりの支給額）は、6,945円となる。

（出典）厚生労働省資料

〈表9－3〉賃金日額・基本手当日額の下限額

年齢	賃金日額の下限額（円）	基本手当日額の下限額（円）
全年齢	2,746	2,196

○基本手当日額の下限額は、年齢に関係なく、2,196円になる。

（出典）厚生労働省資料

第9章

（3）その他一般被保険者以外の求職者給付

　また、一般被保険者以外に対する求職者給付は、日雇労働被保険者を除き、一時金の形で支給される。高年齢被保険者に対する高年齢求職者給付金は、被保険者期間の長さが1年未満の場合、基本手当の日額の30日分、1年以上は50日分が支給される。また、短期雇用特例被保険者に対する特例一時金は原則として30日（当分の間は暫定措置で40日）分が支給される（離職の日以前1年間に被保険者期間が6か月以上あるときに支給）。日雇労働被保険者の場合は、日々の失業の認定分について、失業の日の属する月の前2か月間に納付した印紙保険料の納付日数に応じた給付日額が支給される。

（4）基本手当の受給期間

　基本手当を受給できる期間（受給期間）は、原則として離職した日の翌日から1年間である。ただし、その間に疾病あるいは出産・育児等のために、職業に就けない期間が引き続き30日以上あり、延長手続がなされた場合には、その期間を加算して延長することができる（最長3年間加算）。60歳以上の定年等による退職者が、離職した日の翌日から20日以内に就職を希望しない期間（1年が限度）を申し出た場合には、その期間分が加算して延長される。

6 その他の失業等給付

（1）就職促進給付

　就職促進給付は、失業者が再就職するのを援助・促進することを主目的として支給される。同制度は、失業者が失業期間中に求職手当等の受給が得られることに甘んじ、積極的な就職活動を行わないことを防止し、早期再就職に対し便益を与えることを目的としたものである。就業促進手当、求職活動支援費、移転費等があるが、このうち就業促進手当として、再就職手当、就業促進定着手当、就業手当、常用就職支度手当をあげることができる。再就職手当は、受給資格者が基本手当の所定給付日数を3分の1以上残して早期に再就職し一定の要件に該当する場合、その残日数に応じた額（基本手当日額×支給残日数×60％）が支給される（なお支給残日数を3分の2以上残した場合には70％として算定）。

　また就業促進定着手当は、再就職手当の支給を受けた者が、引き続きその再就職先に6か月以上雇用され、かつ再就職先で6か月の間に支払

われた賃金の日額が離職前の賃金の日額に比べ低下している場合に、離職時賃金と再就職後賃金の差額の6か月分相当が一時金として支給されるものである（基本手当日額×支給残日数×30～40％が上限）。

　さらに就業手当は、受給資格者が常用雇用以外の形で就職した場合に、受給期間内の就業日に応じた額（基本手当日額×30％×就業日数）が支給される。さいごに常用就職支度手当は、受給資格者等であって障害がある者等就職困難なものが就職した場合で再就職手当の支給が受けられない（支給残日数が3分の1未満）が、一定の要件に該当するとき、その残日数に応じた額（基本手当日額×支給残日数×40％。ただし、残日数が90日以上のときは90日、45日を下回るときは45日として算定）が支給される。

（2）教育訓練給付

　教育訓練給付は、一般被保険者（在職者）または一般被保険者であった者（離職者）が、厚生労働大臣の指定する職業に関する教育訓練を受け、修了した場合に支給される。

　一般教育訓練給付金は、雇用保険の被保険者であった期間（支給要件期間）が教育訓練の受講開始日までに3年以上（当分の間は、初めて支給を受けようとする場合に限り1年以上）あること等が条件である。給付額は、支給要件期間にかかわらず、受講者本人が支払った教育訓練経費の20％相当額（上限は10万円）となっている（4,000円を超えない場合は支給されない）。

　また、令和元（2019）年10月1日から、速やかな再就職及び早期のキャリア形成に資する教育訓練に対し、受講費用の4割（上限20万円）を訓練修了後に支給する特定一般教育訓練給付金が創設されている。さらに専門実践教育訓練給付金は、専門的・実践的な教育訓練として厚労大臣が指定する講座を受ける場合に、支給要件期間が3年以上（当分の間は、初めて受けようとする場合に限り2年以上）であること等が条件となる。給付額は、教育訓練経費の50％相当額（1年間の上限40万円、3年間合計の上限120万円）となっている（同じく4,000円を超えない場合は支給されない）。また、受講終了後、一定の要件を満たす者については、支払った教育訓練経費の20％相当額が追加して支給される。さらに、初めて専門実践教育訓練を受講する者で一定の要件を満たす者に対して、令和7（2025）年3月31日までの時限措置として、基本手当の日額に相当する額の80％の教育訓練支援給付金が支給される。

*7
受講開始日までに同一の事業主に被保険者として雇用された期間をいう。被保険者であった者（離職者等）については、被保険者期間が3年以上であることを要件とする（被保険者でなくなった日から1年以内の教育訓練開始であることが必要）。

第9章

（3）雇用継続給付

　高年齢者や女性の職業生活の円滑な継続を援助・促進するものとして、高年齢雇用継続給付、介護休業給付がある。

❶高年齢雇用継続給付

　高年齢雇用継続基本給付金は、60歳から65歳までの賃金がそれ以前と比べ大幅に減じられた場合、一定の要件を満たした（雇用保険被保険者期間が5年以上等）者の申請に基づき、支給される制度である。支給額は60歳到達時の賃金額（上限額486,300円、下限額82,380円）と比べ、各月の賃金額が61％以下の場合には、同賃金額の15％、61％超75％未満に低下した場合には、低減された割合を乗じた金額が支給される（ただし同給付の支給限度額は37万452円であり、支給対象月に支払われた賃金額に当該雇用継続給付の支給額を加えた額が37万452円を超える場合には、37万452円から支給対象月に支払われた賃金の額を減じた額のみが支給される）。同様に高年齢再就職給付金は、基本手当を受給中の者が60歳に達した日以後に再就職し、その賃金額が低下した場合、同様の給付を行うものである。なお同給付金制度は、令和7（2025）年4月1日から、段階的に給付率を10％に縮小するなど、制度自体の縮小・廃止が検討されている点に、留意が必要である。

❷介護休業給付

　介護休業給付は、要介護状態にある一定の範囲の家族を介護するために休業した被保険者に対して、最長3か月間に限り、休業開始時の賃金の67％相当額を支給する（支給対象月の支給上限額は34万1,298円）。対象となる家族は、配偶者、父母、子及び配偶者の父母ならびにこれらに準ずる者である。なお、同一の対象家族について介護休業給付金を受給したことがある場合であっても、一定の要件により再び取得した介護休業には、支給対象となる（通算して93日が限度であるが、分割取得が可能）。

7 費用の負担

　雇用保険事業に要する費用は、事業主及び労働者の被保険者が負担する保険料と国庫負担でまかなわれている。

　雇用保険料の計算方法としては、労働者に支払われた賃金に対し、**表**

〈表９－４〉令和５（2023）年４月１日から令和６（2024）年３月31日までの雇用保険料率

事業の種類 \ 負担者	①労働者負担（失業等給付・育児休業給付の保険料率のみ）	②事業主負担			①＋②雇用保険料率
			失業等給付・育児休業給付の保険料率	雇用保険２事業の保険料率	
一般の事業	6/1,000	9.5/1,000	6/1,000	3.5/1,000	15.5/1,000
農林水産※・清酒製造の事業	7/1,000	10.5/1,000	7/1,000	3.5/1,000	17.5/1,000
建設の事業	7/1,000	11.5/1,000	7/1,000	4.5/1,000	18.5/1,000

※　園芸サービス、牛馬の育成、酪農、養鶏、養豚、内水面養殖および特定の船員を雇用する事業については一般の事業の率が適用される。

（出典）厚生労働省資料をもとに一部改変

９－４の雇用保険料率を乗じて算出する。**表９－４**のとおり、失業等給付・育児休業給付等の保険料率については労使折半となるが、雇用保険２事業の保険料率については事業主のみが負担する。

　国庫負担については、求職者給付、雇用継続給付等に要する費用の一定割合とされている。このうち一般求職者給付については、法文上その要する費用の４分の１を国庫が負担することになっているが、雇用情勢等に応じて機動的な対応が可能な仕組みに改められた。

　雇用保険料の計算方法について、参考までに**表９－５**に例を示す。なお雇用保険の保険料の徴収は、労災保険の保険料と合わせて原則的には

〈表９－５〉保険料の計算例（令和５〔2023〕年４月１日以降の雇用保険料率から算出）

1年間に労働者に支払う賃金が310万円（従業員１名、毎月20万円×12か月＋賞与70万円）の小売業を営んでいる場合。
　労災保険率 3/1,000（小売業）
　雇用保険率 15.5/1,000（うち被保険者負担分は 6/1,000）
　労働保険料 ＝ 賃金総額 × （労災保険率＋雇用保険率）

　　3,100千円（賃金総額）× （3＋15.5）/1,000（労災保険率＋雇用保険率）＝ 57,350円（労働保険料）

※この場合の事業主負担は、雇用保険の被保険者負担分を除いた額となる。
　この場合の被保険者負担分は以下の表のとおり。

賃金種別	賃金額	被保険者負担分（6/1,000）	回数	被保険者負担額
月額賃金	200,000円	月額1,200円	12回	14,400円
賞与（夏期）	300,000円	1,500円	1回	1,800円
賞与（冬期）	400,000円	2,400円	1回	2,400円
被保険者負担分計				18,600円

したがって、同ケースでの事業主負担分の労働保険料は、57,350円－18,600円＝38,750円となる。

（出典）厚生労働省資料をもとに一部改変

一元的に行われる。

8 雇用保険制度の将来展望と課題

（1）コロナ禍と雇用調整助成金

　新型コロナウイルス感染症の影響による雇用不安を防止すべく、令和2（2020）年1月以降、雇用調整助成金制度の大幅な特例措置として、支給要件の大幅緩和とともに、助成額の日額上限、助成率の大幅引き上げなどが段階的に行われた。また通常の制度であれば、同助成金の支給対象期間は「1年」と定められているが、これに対して政府は、特例期間中は1年を超えて引き続き受給できることとされた。以上の雇用調整助成金のコロナ特例措置について、段階的に縮小しつつ維持してきたが、令和5（2023）年3月末をもって、経過措置を廃止することとした。

　令和3（2021）年版労働経済白書によれば、緊急事態宣言がなされた令和2（2020）年度の雇用調整助成金等の月別支給決定額及び増加ペースは、リーマンショック期をはるかに上回っており、令和2（2020）年8月の支給決定額は約5,100億円にも達していた。同白書の分析では、このような雇用調整助成金の特例措置による完全失業率の抑制効果は極めて大きく、「2020年4月～10月の完全失業率が2.6％程度抑制されたものと見込まれる」としている（同時期の完全失業率平均は約2.9％）。

　他方で、同雇用調整助成金等の支出は、成長分野への労働移動を遅らせ、雇用保険財政をひっ迫させるといった影響ももたらしており、令和2（2020）年4月から令和5（2023）年7月末の累計で、支給決定額が5兆9,870億円、支給決定件数が629.7万件にも及ぶ。その結果、雇用安定資金は枯渇化し、失業給付の積立金などから借り入れ等を行っている状況であり、雇用保険財政の立て直しが今後の大きな課題である。

（2）セーフティネットとしての雇用保険の役割とフリーランス等

　世界経済全体の先行きも不透明さを増しており、景気動向による失業率の増加可能性が否定できないところ、いったん深刻な経済不況が生じると、そのしわ寄せは弱い立場の働き手に集中する恐れ大である。近時ではリーマンショック時の派遣村問題が想起されるが、今後は特にフード・デリバリーの自転車配達員、ITフリーランスなどの業務委託・請負従事者（契約上）の生活不安が大きな課題となり得る。

　まずは、当該業務委託・請負従事者（契約上）が、果たして実態とし

て請負・委任等に該当し、労働者性が否定されるか否かが問題となる。労働者性の実態が認められる場合には、雇用保険の遡及適用・保険料徴収等（過去2年分）を行うことが可能であるし、当該従事者の「失業」に対し、求職者給付等につなげることが可能となる。また、リーマンショックの反省に立って創設された求職者支援制度は、仮に基本手当等の支給要件を満たさない場合であっても、労働の意思と能力を有し、求職活動する者（特定求職者）に該当すれば、職業訓練の実施と職業訓練受講給付金の支給が可能となる。また、令和4（2022）年7月1日から、雇用保険の被保険者であった者が離職後、フリーランスとして起業するも、3年以内に廃業し、再就職活動を行う場合、特例として基本手当の受給を可能とする制度が新設された（事前申請が前提）。

　他方で、実態として労働者性が認められず、かつ、今後も雇用ではなく、フリーランスとしての事業継続を希望する場合、現行雇用保険法上、不況など大きな経済変動による所得喪失時に、失業保険に類する給付を成す制度がない。フリーランスの「失業保険問題」は今後の雇用保険法上の大きな課題である。

（3）兼業・副業と雇用保険

　近年、働き方改革の一連の流れのもと、政府は「兼業・副業促進」を周知啓発している。複数の事業で重複して雇用され、合算すると「週20時間」を超過した場合であっても、雇用保険では主たる賃金を受ける1の雇用関係についてのみ、被保険者となることとされており、合算適用の取り扱いは原則として行われない。ただし、例外として65歳以上を対象に、2つの事業所の労働時間を合算して20時間以上となる場合には、合算適用する制度が令和4（2022）年1月1日から施行された。改正高年齢者雇用安定法における65歳から70歳までの高齢者就業確保措置の努力義務化を後押しする施策ともいえ、当該申請があれば、適正に企業として雇用保険適用の必要が生じ得る。

　雇用市場を取り巻く環境変化が著しいなか、雇用者の雇用安定と就労促進を目的とする雇用保険法制の重要性は変わらない。今後、働き方自体も大きく多様化していくことが予想され、さらに経済状況・国家財政、とりわけ雇用保険財政が厳しさを増すなか、国民からの負託に応える雇用安定施策の展開が望まれる。

第9章

第3節　労働者災害補償保険制度の現状と課題

本節では労働者災害補償保険制度の体系・仕組みと今後の課題を学ぶ。労災保険制度では、業務上災害に該当するか否かが極めて重要であり、その認定の要件と各種の保険給付の体系、さらには通勤災害についても、業務災害に準じた取り扱いが行われていることを理解する必要がある。

また適用労働者については、雇用保険の適用対象よりも広くなっており、特別加入制度の理解も重要である。

1 適用事業と適用労働者

労働者災害補償保険（労災保険） 制度は、原則として、一人でも労働者を雇用する事業に適用される。ただし、例外として、国の直営事業や非現業の官公庁は適用対象から除外されている。[*8] また雇用する労働者が常時5人未満の個人経営の農林、畜産、養蚕、水産の事業は当面の間、任意適用とし、加入の申請があって認可された場合に、保険関係が成立することになっている（暫定任意適用事業）。

適用事業に雇用される労働者は、その雇用形態にかかわらず、すべて適用対象労働者となる。この点で、雇用保険制度よりも適用対象が広くなっており、アルバイトやパートタイム労働者、昼間学生を含め、事業主との間に使用従属関係があり、賃金が支払われている者はすべて適用される。

また中小事業主、一人親方等の自営業者、家族従業者、家内労働者、海外に派遣されて業務に従事する者は労働者に該当せず、原則として労災保険の対象とならない。しかしながら、その就労実態から見て保護の必要があることから、都道府県労働局長の承認を条件として、一定の範囲で労災保険の適用を認める特別加入制度がある。[*9]

2 業務上認定の判断

（1）労働災害における業務上認定の判断基準

労災保険制度は、「業務上負傷し、又は疾病にかかった場合」（以下

＊8
国の直営事業及び非現業の国家公務員については国家公務員災害補償法により、非現業の地方公務員については地方公務員災害補償法により、それぞれ公務上の災害または通勤災害の補償等が行われる。なお、都道府県、市町村の現業部門は労災保険法が適用されるが、常勤職員については地方公務員災害補償法が適用され、労災保険法が適用除外とされている。

＊9
特別加入が認められる範囲は、①中小事業主とその家族従事者、②労働者を使用しないで事業を行うことを常態とする一人親方等の自営業者、③家内労働者などの特定作業従事者、④海外支店、工場等への派遣者等である。家事支援従事者（家政婦紹介所の紹介等により個人家庭に雇用され家事、育児等の作業に従事する者）についても、平成30（2018）年度から対象とされている。

「業務上認定」という）に労災保険給付を行う制度であり、この業務上認定が極めて重要といえる。業務上認定の定義については、法文上、明確な定義は存在しないので、労災保険制度の趣旨・目的に照らした法解釈が要請される。

　実務上は、大量に発生する個別事案を公平かつ迅速に処理するために行政解釈が数多く示され、これに基づいて労基署長が給付決定しているが、基本的な考え方は以下のとおりである。

> （行政解釈）業務と傷病（負傷、疾病）、死亡との間の相当因果関係が認められることが必要

　この相当因果関係が認められる場合について、同行政解釈は「業務遂行性」及び「業務起因性」を満たすことを求めており、これについては概ね以下のように整理することができる。

　まず、業務上災害に該当する第1の類型は、「事業主の支配・管理下で業務に従事している場合」における災害である。これは所定労働時間内や残業時間内に事業場施設内で業務に従事している際、災害に被災する場合をさす。業務としての行為や事業場の施設・設備の管理状況などが原因となって事故が発生したものであれば、特段の事情のない限り、業務上と判断されるが、他方で以下の場合は業務外と判断されることとなる。

> 【業務外となりうる場合】
> ①労働者が就業中に私用（私的行為）を行い、または業務を逸脱する恣意的行為をしていて、それが原因となって災害が発生した。
> ②労働者が故意に災害を発生させた。
> ③労働者が個人的恨みなどにより、第三者から暴行を受けて被災した。
> ④地震・台風などの天災地変で被災（事業場の立地・作業環境等による例外あり）した。

　第2に、「事業主の支配・管理下にあるが、業務に従事していない場合」でも、業務上災害に該当する場合がある。まず、業務に従事していない「休憩時間」や「就業前後」における災害が私的行為によって発生した場合、例えば、昼休み中に同僚有志と遊びでサッカーに興じていた際の靭帯損傷等は業務上災害にあたらない。ただし、次のようなケースが問題となる。休憩時間にサッカーに興じていたところ、突風が吹き、

第9章

会社施設内の老朽化したゴールポストが倒れてきて、けがをした場合である。この場合は、事業場施設内において、当該施設・設備の管理状況が原因で災害した事案にあたるため、業務上災害となり得る。また、トイレなどの生理的行為は事業主の支配下で業務に付随する行為と扱われ、その移動途中などに転倒した場合も業務災害に該当する。

　第3は、出張・社用での外出中に生じた災害である。これについては、労災保険法上、当該出張過程の全般が事業主の支配下とされ、この移動途中などに生じた災害は業務上災害と扱われる。ただし、積極的私的行為は除くこととされており、出張中に酒宴で酩酊状態となり、旅館の屋根から墜落した場合などは「積極的私的行為」であり、業務外と成り得る。

（2）職業性疾病と労災認定

　わが国における労災保険制度は、職業性疾病についても広く労災保険給付の対象としてきた。まず業務と傷病（負傷・疾病）との間に「災害」（出来事）が介在する場合については、業務と疾病との間に相当因果関係が通常認められ、特段の反証がない限り肯定するのが原則である。一例をあげれば、職場において重量物を運搬しようとしたところ、災害性腰痛に罹患した場合などはその典型例といえる。

　これに対して、業務と疾病との間に「災害」（出来事）が介在しない場合が難問である。この職業性疾病にかかる労災認定については、まず労基法施行規則第35条別表第1の2に「業務上の疾病一覧」が設けられており、合わせて膨大な行政解釈が示されている。例示された業務上の疾病に該当する場合、反証がなければ職業性疾病であるとの推定がはたらく。

　さらにわが国の労災保険法では、第9号「その他業務に起因する事が明らかな疾病」のとおり一般条項を置いて、業務上の疾病の柔軟な認定の余地を設けており、現に多くの行政解釈等において、この一般条項に基づく労災認定がなされている。なお、いわゆる過労死及び過労自殺の労災認定事案についても、平成22（2010）年に労基法施行規則の職業性疾病リストに過重労働による脳心臓疾患、及び職場における心理的負荷が過重であることによる精神疾患が追加されたが、それまでは一般条項を基に労災認定がなされていた。

（3）通勤災害の労災認定

　労災保険制度では、業務災害と同様に、労働者の通勤に起因して発生した負傷、疾病、障害または死亡に対する保険給付を行うことも目的としている。この場合も、通勤と災害の発生との間に相当因果関係があることが求められる。

　この場合の通勤とは、就業に関し、①住居と就業の場所との間の往復、②就業の場所から他の就業の場所への移動、③住居と就業の場所との間の往復に先行し、または後続する住居間の移動について合理的な経路及び方法により行うことをいい、業務の性質を有するものを除くものとされている。

　①は通常の通勤をさすが、②は同一日に複数の事業所で働く労働者が1つの勤務場所から次の勤務場所に向かう途中に災害に遭った場合を意味する。また、③は単身赴任者が赴任先住居と帰省先住居との間を移動している途中に災害に遭った場合をさす。

　この合理的な経路・方法については、社会通念に照らして判断されるものであり、会社に通勤手当等の申請にあたり提出されていた通勤経路・方法と異なるものであっても、社会通念に照らし相当なものであれば、通勤災害の対象となり得る。例えば会社への通勤手当申請に際し、自宅から最寄り駅までバス等の公共交通機関で移動（10分程度）する旨の申告があったが、実際には自転車（15分程度）で通勤し、事故に被災した場合などは、合理的な経路・方法に反するとは言い難く、通勤災害に該当し得る。なお、上記事案については、通勤災害給付の請求とは別に、通勤手当の不正受給が生じている可能性があり、使用者は通勤手当の返還請求はもちろん、企業秩序違反を理由とする懲戒処分等を別途検討し得る。

　また通勤の途中に、移動の経路を逸脱（通勤の途中で合理的な経路を外れること）し、または移動を中断（通勤経路上で通勤とは関係のない行為を行うこと）した場合、原則として逸脱または中断の間及びその後の移動は「通勤」に該当しない。したがって、帰宅途中に居酒屋で酒を飲んだり、映画鑑賞をした場合は、この逸脱・中断にあたり通勤災害給付の対象とならない。

　ただし、逸脱または中断が日常生活上必要な行為であって、厚生労働省令で定めるやむを得ない事由により行うための最小限度のものである場合は、逸脱または中断の間を除き「通勤」に該当するものとしており、以下の場合等がこれに該当する。

第9章

【やむを得ない事由の一例】
● 日用品の購入その他これに準ずる行為
● 職業訓練、学校教育法第1条に規定する学校において行われる教育その他これらに準ずる教育訓練であって職業能力の開発向上に資するものを受ける行為
● 選挙権の行使その他これに準ずる行為
● 病院又は診療所において診察又は治療を受けることその他これに準ずる行為
● 要介護状態にある配偶者、子、父母、孫、祖父母及び兄弟姉妹、ならびに配偶者の父母の介護（継続的に、又は反復して行われるものに限る）

　上記のとおり、会社から自宅への帰宅途中にスーパーマーケットに立ち寄り、夕飯の買い物をする等の逸脱・中断については、「やむを得ない事由」にあたる。この場合、当該買い物のための逸脱・中断中は、通勤災害の対象とならないが、そこから合理的な経路・方法による通勤経路に復した以降の事故は通勤災害の対象になる。

　また、通勤経路中に、駅構内のミルクスタンドで軽食を取る等、ささいな行為については必ずしも逸脱・中断とみなされず、通勤災害の対象となる。

3 労災保険給付

（1）給付基礎日額

　労災保険の保険給付額の算定基礎として用いられる給付基礎日額は、原則として労働基準法第12条の「平均賃金」[10]に相当する額とされている。

平均賃金（給付基礎日額）
　＝被災前3か月の賃金総額÷被災前3か月の総暦日数

　ただし、算定期間中に業務外の事由による傷病のために休業した期間や産前産後休業の期間、育児休業または介護休業の期間がある場合など、平均賃金によることが適当でないときは、その期間及びその期間中の賃金を賃金総額から除外して算定される。
　また、じん肺の職業性疾病のように給付期間が長期にわたる場合などには、賃金水準の変動等によって保険給付（特に年金給付）の額が目減

[10]
平均賃金とは、次の算定を行う場合の算定基礎となる賃金額である。①労働基準法第20条の解雇予告手当、②労働基準法第26条の休業手当など。

りしてしまうため、給付基礎日額をその後の賃金水準の変動によって改定することにより、保険給付の額をスライドさせる方式（スライド制）を取っている。また、給付基礎日額の最低保障額が4,020円（令和5〔2023〕年8月1日以降適用）と定められているが、賃金変動に応じて最低保障額もスライドされる。さらに、労災年金給付等に係る給付基礎日額は年齢階層別に最低保障額と最高限度額が設定されている。

（2）業務災害に関する保険給付

業務災害に関する保険給付には、①療養補償給付、②休業補償給付、③傷病補償年金、④障害補償給付、⑤遺族補償給付、⑥葬祭料、⑦介護補償給付の7種類がある。

①療養補償給付とは、労働者の負傷・疾病が業務上認定され、医療サービスが必要な場合に支給されるものであり、療養の給付（現物給付）と療養の費用の給付（現金給付）の2種類がある。この療養補償給付は、労災病院や労災指定病院による医療サービスの現物給付が原則であり、これらの病院以外で療養を受ける場合の現金給付の支給は例外的な取り扱いとなっている。

②休業補償給付は、労働者が業務上認定による療養のため労務提供ができず、賃金を受けられない場合に支給される。給付額は、1日につき給付基礎日額の60/100に相当する額であり、後述する社会復帰促進等事業の一つである休業特別支給金（給付基礎日額の20/100支給）と合わせて、被災前の平均賃金の概ね8割が補償される。また、これらの給付金は3日間の待機期間をおいた上で、4日目から支給される。

③傷病補償年金は、労働者が業務上の傷病による療養の開始後1年6か月を経過しても治癒（症状固定）せず、かつ、その傷病の程度が第1級から第3級までの障害の状態（傷病等級）に該当する場合に休業補償給付に代えて年金として支給される。給付額は、傷病等級に応じて、給付基礎日額の第3級245日分〜第1級313日分となっている。このほか社会復帰促進等事業として傷病特別支給金（一時金）が支給される（第3級100万円〜第1級114万円）。

④障害補償給付は、労働者の業務上認定の傷病が治癒したが、身体に一定の障害が残った場合（症状が固定して、それ以上の治療効果が期待できなくなった状態）に、その障害の程度に応じて支給される。障害の程度は、障害等級表で判断し、第1級から第7級までの重い

第9章

障害のある者には年金（第7級は給付基礎日額の131日分〜第1級313日分）が支給される。また、第8級から第14級までの者には一時金（第14級56日分〜第8級503日分）が支給される。このほか、社会復帰促進等事業として障害特別支給金（一時金）が支給される（第14級8万円〜第8級65万円、第7級159万円〜第1級342万円）。なお、障害補償等年金は、支給要件に該当することとなった月の翌月分から支給され、毎年2月、4月、6月、8月、10月、12月の6期に、それぞれの前2か月分が支給される。

⑤遺族補償給付は、労働者が業務上の災害により死亡した場合に、一定の範囲の遺族に対して、年金または一時金で支給される。遺族補償年金の受給資格者は、死亡した労働者の収入によって生計を維持していた配偶者、子、父母、孫、祖父母、兄弟姉妹であり、この順に従い、最先順位の者が受給権者となる。年金の額は、遺族（受給権者及びこれと生計をともにする受給権者）の数等に応じて、給付基礎日額の153日分〜245日分となっている。また、遺族補償年金の受給権者がいないとき（生計維持要件を満たさない場合　独身の労働者が被災し死亡するも、両親等を生計維持していない場合などが対象）等には、遺族補償一時金（給付基礎日額の1,000日分）が支給される。このほか、社会復帰促進等事業として遺族特別支給金（一時金300万円）、遺族特別年金または、遺族特別一時金が支給される。

⑥葬祭料は、労働者が業務上の災害により死亡した場合に、その葬祭を行う者に対して支給される。給付額は、31万5,000円に給付基礎日額30日分を加えた額（その額が60日分に満たない場合は、給付基礎日数の60日分）となっている。

⑦介護補償給付は、障害補償年金または傷病補償年金を受給している労働者が、現に介護を受ける場合に支給される。給付額は、最低保障額と最高限度額が定められており、常時介護を要する場合には月額7万7,890円〜17万2,550円、随時介護を要する場合には月額3万8,900円〜8万6,280円となっている。

（3）通勤災害に関する保険給付

通勤災害に関する保険給付には、業務災害の場合と同様に、①療養給付、②休業給付、③傷病年金、④障害給付、⑤遺族給付、⑥葬祭料、⑦介護給付の7種類がある。

*11
通勤災害と業務災害の取扱いの相違点とは、業務災害では、休業4日未満の待機期間中でも労基法に基づき使用者に休業補償を成す義務が生じるが、通勤災害には当該義務が使用者に生じない点にある。また、労災による療養のため休業する期間、及びその後30日間は労基法第19条の解雇制限規定が適用されるが、通勤災害に対しては適用されない。

　これらの給付内容は、業務災害の場合の保険給付と同一の内容であるが、使用者の労災補償責任に基づく「補償」として行われるものでないことから、同給付の名称から「補償」が削られている。

（4）二次健康診断等給付

　労災保険二次健康診断等給付は職場の定期健康診断等（以下「一次健康診断」）で異常の所見が認められた場合に、脳血管・心臓の状態を把握するための二次健康診断及び脳・心臓疾患の発症の予防を図るための特定保健指導[*12]を1年度内に1回、無料で受診することができる制度であり、以下要件を満たした場合に、労災保険から二次健康診断及び特定保健指導に係る給付がなされるものである（労働者本人の負担なし）。

　第1に、「一次健康診断の結果、異常の所見が認められること」とされており、一次健康診断の結果、次のすべての検査項目について、「異常の所見」があると診断されたときは二次健康診断等給付を受けることができる。①血圧検査、②血中脂質検査、③血糖検査、④腹囲の検査またはBMI（肥満度）の測定である。なお、一次健康診断の担当医師により、①から④の検査項目において「異常なし」と診断された場合であっても、労働安全衛生法に基づき事業場に選任されている産業医等が、就業環境等を総合的に勘案し、異常の所見を認めた場合には、産業医等の意見が優先される。

　第2に、「脳・心臓疾患の症状を有していないこと」であり、一次健康診断またはその他の機会で、医師により脳・心臓疾患の症状を有すると診断された場合、治療を要することが明らかなため、二次健康診断等給付を受けることはできない。第3は「労災保険の特別加入者でないこと」であり、特別加入者の健康診断の受診は自主性に任されていることから、特別加入者は二次健康診断等給付の対象とはならない。

（5）労災保険給付と他の社会保険との調整

　前記のとおり、労災保険制度は業務上の負傷・疾病等に対し、保険給付をなすものであるが、他の社会保険給付との調整がときに問題となる。まず負傷・疾病に対する医療サービスに係る重要な社会保険制度として健康保険があるが、従前は「業務上の事由」の療養給付を労災保険、「業務外の事由」については健康保険が役割分担してきたところ、近時、制度の狭間に陥る事案が指摘されるようになった。一例として、請負の形式で業務を行うシルバー人材センターの会員が負傷し、医療サービス

*12
特定保健指導とは、二次健康診断の結果に基づき、脳・心臓疾患の発症の予防を図るための栄養指導、運動指導、生活指導である。

第9章

259

〈表9−6〉労災年金と厚生年金等の調整率

労災年金		障害補償年金 障害年金	遺族補償年金 遺族年金
社会保険の種類	供給される年金給付		
厚生年金及び国民年金	障害厚生年金及び障害基礎年金	0.73	−
	遺族厚生年金及び遺族基礎年金	−	0.80
厚生年金	障害厚生年金	0.83	−
	遺族厚生年金	−	0.84
国民年金	障害基礎年金	0.88	−
	遺族基礎年金	−	0.88

（出典）厚生労働省資料

を要する場合、労災保険制度上は、特別加入がなく、「労働者」に該当しないことから労災療養補償給付が不支給となり、さらに健康保険上、「業務外の事由にあたらない」ことから同じく不支給となる事案が生じた。これに対して、平成25年（2013）年健康保険法改正によって、同法の適用対象を「業務外の事由」から「業務災害（労災保険法第7条第1項第1号に規定する業務災害）以外の事由」に改める（健康保険法第1条）等の改正が行われ、一定の調整がなされている。

　また労災保険と年金保険制度との調整が問題となるところ、まず労災保険の障害補償給付もしくは障害給付を受ける権利を有する者は、障害手当金が不支給とされている（厚生年金法第56条）。また労災障害補償年金・傷病補償年金・遺族補償年金と障害厚生年金・障害基礎年金・遺族厚生年金・遺族基礎年金が同一の事由により支給される場合、**表9−6**のとおり、労災保険給付が減額支給される一方、厚生年金等は全額支給される取り扱いとされている。

（6）労災支給水準の優位性

　労災補償給付の水準は、他の社会保障給付に比して、その支給水準が極めて高い。一例として、給付基礎日額が1万円の労働者が労働災害に被災し、療養のため休業103日を要し、その後、障害が固定し障害等級1級に該当した場合の補償を例にあげて考えてみる。

　まず労災であれば、医療機関における治療費は、労働者本人の自己負担はなく、その全額が労災保険制度から療養補償給付として支給される。また休業期間中の所得保障として、休業4日目以降から、労災休業補償給付がなされ、給付基礎日額の6割が被災労働者に支給される。その上、労災保険の労働福祉事業から、休業特別支給金として平均賃金の2割が

追加支給され、給付基礎日額の8割が休業期間中の所得保障として行われる。休業103日間とすれば、80万円もの休業補償が支給される。

　また、被災労働者の障害が固定して、障害等級に該当した場合は、労災制度から障害による労働能力の喪失に対する損害填補を目的として障害補償給付が支給される。障害等級1級であれば、1年につき給付基礎日額の313日分が障害補償年金として毎年支給され、給付基礎賃金が1万円であれば、年額313万円となる。また、同時に障害等級1級であれば、労働福祉事業から障害特別支給金として、一時金342万円（その他、支給金あり）が支給される。

　これらの手厚い保障がなされる上、国民年金、厚生年金において障害年金の支給要件に該当すれば、ここからも障害年金が支給される。国民年金、厚生年金においてそれぞれ障害等級1級に該当した場合は、国民年金からは99万3,750円、厚生年金からは約80万円程度の年金額（標準報酬月額30〜40万円、被保険者期間350月等の例）が支給されることになる。

　しかし、他の年金から障害年金が支給されるにもかかわらず、労災制度から労災障害補償給付等が全額支給されることはあまりに公平性を逸することから、前記のとおり一定の調整規定が設けられており、労災給付が73％に逓減される。先の労災障害補償年金額でいえば、年額313万円から228万4,900円になる。とはいえ、国民年金、厚生年金から障害年金の支給を受けることから、労災によって障害等級1級に該当すれば、先の例によれば、年額約400万円程度の所得保障を受けることとなる。

　これが労災に該当せず、私傷病となり健康保険を用いて治療にあたった場合、その3割を自己負担分として、本人自ら負担する必要がある（ただし高額医療費制度がある）。また、休業中の所得保障については健康保険から傷病手当金が支給されるが、標準報酬日額の3分の2が支給されるのみであり、労災休業補償給付等（給付基礎日額の8割）に比して額が小さい。最も差が生じるのは症状固定後の障害給付であり、平均報酬月額が30万円としても、国民年金、厚生年金による障害年金は合わせて年額約180万円程度に留まり、労災支給決定を受ける場合と比べ、給付額が大きく異なる。

4 社会復帰促進等事業

　労災保険制度においては、保険給付のほか、適用労働者やその遺族の

福祉を増進させるための**社会復帰促進等事業**が設けられている。具体的には、次の事業が行われている。

①被災労働者の円滑な社会復帰の促進を図る事業（社会復帰促進事業）

②被災労働者及びその遺族の援護を図る事業（被災労働者等援護事業）

③労働者の安全衛生・労働条件等の確保を図る事業（安全衛生確保等事業）

このうち社会復帰促進事業としては、独立行政法人労働者健康福祉機構を通じて、労災病院、産業保健推進センター等の設置運営、あるいは義肢等補装具の費用の支給などが行われている。

また、被災労働者等援護事業としては、各種の特別支給金とボーナス特別支給金が支給されている。障害特別年金などのボーナス特別支給金は給付基礎日額に賞与等の一時金が反映していないことを補完する性格のものである。このほか、労災就学等援護金や労災就労保育援護金などが支給されている。

さらに、労働災害防止対策、メンタルヘルス対策、未払い賃金の立て替え払い、時間外労働等改善助成金の支給などが実施されている。

5 費用の負担

（1）労災保険料率

労災保険制度は、労働基準法上の使用者補償責任を保険化した側面があるため、その費用は、基本的には使用者の負担で行うものとされており、労働者からの保険料徴収はない（政策的配慮として一部わずかではあるが国庫補助も行われている）。ただし通勤災害については、業務災害の枠組みとは異なるため、労働者も保険給付の費用の一部を負担するものとされている（療養給付について原則200円を被災労働者が自己負担をする）。

労災保険料率は、過去の災害発生状況等を勘案し、業種ごとに定められており、令和5（2023）年度現在の業種区分は54種類であり、料率の区分は28段階（最低1,000分の2.5から1,000分の88）に設定されている。このうち0.6/1,000については非業務災害率（通勤災害及び二次健康診断等給付にかかる分）となっている。

個々の事業主が負担する労災保険料は「労働者に支払う賃金総額

（年）」×業種・事業場ごとの労災保険率をもって算出され、年度単位で概算・確定保険料の徴収（前納制・年度更新）が成されている。

　また、労災保険料率は、原則として個別の事業場ごとに保険料率を変動させる「労災保険メリット制」が導入されている。同制度は、一定の要件を満たす個々の事業について、その事業の労働災害の多寡により一定範囲内で労災保険料率または労災保険料を増減させる制度であり、その目的として次の２点あげられる。第１は、保険事故（労働災害）の減少であり、「労働災害発生度合いに基づく労働保険料の増減」という事実を事業主の経営感覚に訴えることによって、労働災害防止努力を喚起し、労働災害を減少させることにある。第２は、前述のとおり「事業の種類」ごとの労災保険料率のみをもって、保険料を算出するだけでは、使用者ごとの災害防止努力等を評価し得ないため、メリット制による労災保険料の増減によって、同一業種の事業主間の負担の具体的公平を図るという点にある。

　メリット制については、継続事業（一括有期事業含む）のメリット制、有期事業のメリット制、特例メリット制度がある。継続事業（一括有期事業含む）のメリット制とは、事業の継続性（３年間）及び事業の規模（100人以上、その他20人から100人規模で災害率が高い事業場）を満たした事業場において、過去３年間の災害発生に応じて、その保険料率自体を増減する制度である。その増減させる仕組みとして、事業の種類ごとに定められた労災保険率から通勤災害に係る率を減じた率をメリット収支率に応じて定められている増減率（最大幅40％）の範囲で増減させ、その増減させた率に通勤災害に係る率を加えた率を、その事業の労災保険率としている。

（２）第三者・使用者への求償

　労災保険制度は使用者責任の代位的性格を有するが、労災認定事例の中には、社用自動車で移動中に、不安全運転を行っていた第三者との交通事故なども含まれ得る。このような第三者行為災害が生じた場合、政府は被災労働者に対し労災保険給付を行うとともに、第三者に対して求償（労災給付相当額の請求）を行う場合がある。

　また使用者が、危害防止に関する法令に違反したり、監督官庁の指示に反して危害防止措置を怠ったりする等、使用者の故意または重大な過失によって業務災害が生じた場合、政府は被災労働者に対し労災保険給付を行う一方、保険給付の一定割合を使用者から徴収することがある。[*13]

＊13
具体的には、労働基準監督署等から指導等を受けていたにもかかわらず手続きを行っていない場合には、「故意」と認定され、給付された額の100％が事業主から徴収される。また、指導等を受けていないが、労災保険の適用事業になって１年を経過しても手続きを行っていない場合には、「重大な過失」と認定され給付された額の40％が徴収される。

第9章

　このほか、保険関係成立届の提出を怠り、労災保険の加入手続きを行っていない期間に、業務災害や通勤災害が発生した場合も、政府は被災労働者に対して労災保険給付を行う一方、使用者に費用徴収を行うことがある。

6 労災保険制度の当面の課題と将来像

（1）労災認定制度の多様化・複雑化

　過去においては、労災保険制度が重要な役割を果たしてきたのは、製造業・建設業のような危険有害な作業環境現場での労災事故であり、管轄労基署が労災保険制度によって迅速的確に被災労働者に対して直接補償給付をなすとともに、事業主に対し監督指導を行い、再発防止等を行わせてきた（さらに重大な労働安全衛生法違反、または、労災隠しなどが認められる場合、刑事訴追もあわせて行われてきた）。

　これに対して、最近では次第に製造業・建設業等の典型的な重篤死亡災害等は年々減少に転じる一方、新たに、いわゆる過労死（脳心臓疾患の労災認定）、さらには過労自殺等（精神障害の労災認定）が高止まりしており、実務上も大きな課題と認識されている。この過労死・過労自殺等の労災認定については、他国に見られない精緻な労災認定基準が示されているが、その適用をめぐって、法的紛争が後を絶たず課題が山積するなか、労災認定基準の改正が相次いでいる。

　まず、令和3（2021）年7月16日、厚生労働省の「脳・心臓疾患の労災認定の基準に関する専門検討会」は報告書を取りまとめ、厚生労働省はこれを受けて、脳心臓疾患の労災認定基準の見直しがなされた（令和3〔2021〕年9月14日基発0914第1号）。従来の労災認定基準では、「発症前1か月間に100時間または2〜6か月平均で月80時間を超える時間外労働は、発症との関連性は強い」としており、被災労働者の直近1か月または2〜6か月平均の時間外労働時間数の状況が、脳心臓疾患の労災認定実務において極めて重要な意義を有していた。新通達は過重性評価として上記基準を引き継いだ上で、以下の新方針を示した。

　「発症前1か月間に100時間または2〜6か月平均で月80時間を超える時間外労働の水準には至らないが、これに近い時間外労働があり、かつ一定の労働時間以外の負荷が認められる場合には業務と発症との関連が強いと評価することを明示する」。

　問題はここでいう「労働時間以外の負荷要因」であるが、新通達では、

拘束時間の長い勤務、休日のない連続勤務のほか「勤務間インターバルが短い勤務」を示した。このインターバルが短い場合につき、「睡眠時間の確保の観点から勤務するインターバルが概ね11時間未満の勤務の有無、時間数、頻度、連続性等について検討し、評価する」とされている。

　また、不規則な勤務・交代制勤務・深夜勤務、事業場外における移動を伴う業務、心理的負荷を伴う業務、及び身体的負荷を伴う業務についても、「労働時間以外の負荷要因」として評価対象となりうることを再確認した。特に「心理的負荷を伴う業務」については、精神障害の労災認定基準を参考に、新たに脳心臓疾患の労災認定のための「評価表」が作成されている。同評価要素には「パワーハラスメント」「対人関係」なども盛り込まれており、今後の認定基準の運用動向が注目される。

（2）精神障害の労災認定基準の見直し

　令和5（2023）年7月、厚生労働省が参集した有識者による「精神障害の労災認定の基準に関する専門検討会報告書」（以下、報告書という）を受け、厚生労働省は同年9月1日に基発0901第2号「心理的負荷による精神障害の認定基準」を発出し、精神障害の労災認定基準改正を行った。今回の改正は、近年の社会情勢の変化や労災請求件数の増加等に鑑み、最新の医学的知見をふまえて行われている。

　改正ポイントとして3点あり、まず第1は業務による心理的負荷評価表の見直しがあげられる。精神障害の労災認定においては、まず業務による出来事の心理的負荷（ストレス）が過重か否か問題となるところ、実際に発生した業務による出来事を、同評価表に示す「具体的出来事」に当てはめ、負荷の強さを評価する。この評価表につき、新たに「顧客や取引先、施設利用者等から著しい迷惑行為を受けた」（いわゆるカスタマーハラスメント）等を具体的出来事として追加するとともに、その他類似性の高い具体的出来事の統合等を行った。また心理的負荷の強度が「強」「中」「弱」となる具体例を拡充しており、とりわけ近時、請求件数が増加している「パワーハラスメント」につき、評価表に示す6類型すべての具体例、性的指向・性自認に関する精神的攻撃等を含むことを明記する等の見直しがなされた。

　第2は精神障害の悪化の業務起因性が認められる範囲等の見直しである。すでに精神障害を発病している者が、新たな心理的負荷等を要因として精神障害を悪化させる場合がある。同悪化が、もともとの精神障害の症状の現れにすぎないのか、または精神障害の悪化に業務起因性が認

第9章

められるか否かが問題となるところ、これまでの労災認定基準では、「既に精神障害を発病している労働者本人の要因が業務起因性の判断に影響することが非常に少ない極めて強い心理的負荷があるケース、すなわち『業務による心理的負荷評価表』の特別な出来事があり、その後おおむね6か月以内に精神障害が悪化したと医学的に認められる場合、その心理的負荷が悪化の原因であると推認」して、業務起因性を認めてきたが、その他の悪化ケースは一般に業務外とされてきた。これに対し、今回の改正で新たに示されたのは以下の判断基準である。「特別な出来事がなくとも、悪化の前に業務による強い心理的負荷が認められる場合には、当該業務による強い心理的負荷、本人の個体側要因（悪化前の精神障害の状況）と業務以外の心理的負荷、悪化の態様やこれに至る経緯（悪化後の症状やその程度、出来事と悪化との近接性、発病から悪化までの期間など）等を十分に検討し、業務による強い心理的負荷によって精神障害が自然経過を超えて著しく悪化したものと精神医学的に判断されるときには、悪化した部分について業務起因性を認めることが妥当」とする。

最後に第3として、医学的意見の収集の効率化がある。これまでは自殺事案、「強」かどうか不明な事案について、労働基準監督署長は認定判断の際、専門医3名の合議による意見収集を必須としてきたが、改正後は特に困難なものを除き専門医1名の意見で決定できることとし、困難なものの例として、「専門医や労働基準監督署長が高度な医学的検討が必要と判断した事案（発病の有無、悪化、新たな疾病、心理的負荷の強度、個体側要因等）」をあげる。厚生労働省は同改正を通じ、より適切な認定、審査の迅速性、請求の容易化を図るとしており、今後の認定業務の実際が注目される。

（3）労災メリット制における適用事業主の不服の取り扱いの見直し

これまで労災保険制度は、労働者からの労災支給申請に対し、労基署長が労災支給決定処分を行った場合、事業主がいかに同処分に不服があったとしても、同支給決定処分等に対する行政不服申立制度等は設けられていなかった。そもそも労災保険制度は、労働災害に被災した労働者及びその家族に対し、迅速かつ公正な保護をなすことを目的としており（労災保険法第1条）、事業主自体の法益を直接保護するものではない。そのことからも、労災支給決定処分に対し、使用者の行政不服申立制度

を設けないことは相応の合理性あるものと考えられてきたが、近年、労働保険徴収法のメリット制に係る問題が指摘されるようになった。このメリット制とは、前述のとおり、一定の要件を満たす個々の事業について、その事業の労働災害の多寡により一定範囲内で労災保険料率または労災保険料を増額させる制度である。事業主側から見れば、異論ある労災支給決定処分によって負担すべき労災保険料が増額されることとなり、自らの経済的利益が害される事態が生じ得る。

　労災支給決定処分自体に対して、労災メリット制による保険料増額等を理由に、事業主自体が法的に争う資格（原告適格）を有するか否か争う行政訴訟等が提起されてきたところ、近年の裁判例では、事業主の原告適格を認め、地裁に差戻しをなす高裁判決（東京高判令和4年11月29日）が登場した（上告中）。これに対し、厚労省は学識経験者を参集し「労働保険徴収法第12条第3項の適用事業主の不服の取扱いに関する検討会」を開催し、概要を次の報告に取りまとめ（令和4年12月13日公表）、労災メリット制に係る事業主の不服申立につき、労働保険徴収法上認める運用に見直し、通達等を示達した（令和5年1月31日基発0131第2号）。

①労災保険給付決定に関して、事業主には不服申立適格等を認めるべきではない

②事業主が労働保険料認定決定に不服をもつ場合の対応として、当該決定の不服申立等に関して、以下の措置を講じることが適当
　・労災保険給付の支給要件非該当性に関する主張を認める。
　・労災保険給付の支給要件非該当性が認められた場合には、その労災保険給付が労働保険料に影響しないよう、労働保険料を再決定するなど必要な対応を行う。
　・労災保険給付の支給要件非該当性が認められたとしても、そのことを理由に労災保険給付を取り消すことはしない。

　以上のとおり、労災支給決定に対し異議ある事業主は、新たに労働保険徴収法上、行政不服審査等において別途争う手段が設けられることとなり、今後の行政不服申立等及び行政・民事訴訟等への影響が注目される。

参考文献

- 菅野和夫『労働法　第12版』弘文堂、2019年
- 鎌田耕一『概説労働市場法　第2版』三省堂、2021年
- 濱口桂一郎『日本の労働法政策』労働政策研究・研修機構、2018年
- 労働新聞社 編『雇用保険制度の実務解説　第11版』労働新聞社、2020年

第10章

社会福祉制度の概要

学習のねらい

　本章では、社会福祉制度の概要について学習する。社会福祉の各分野の制度や理念については、各論において別に詳細を学ぶため、ここでは、全体像を示したい。

　戦後、日本の社会福祉制度の体系は、GHQの指示によって、「公的責任の原則」に基づき、行政庁の責任と判断のもとに、福祉サービスの提供を決定する措置制度がかたちづくられた。当初、救貧対策の意味合いが強かった社会福祉制度も、人々の家族構造の変化とニーズの多様化により、保育所の増加、障害者サービスの整備、介護保険制度の創設や社会福祉基礎構造改革などにより「措置から契約へ」と、利用者本位とした制度への改革が行われてきた。

　本章では、社会保障、社会福祉、公的扶助の位置付けと、それらの制度の変遷と背景についてそれぞれの意義を概観したい。

　生活保護制度については、いわゆる最後のセーフティネットとして、他の社会保障制度の最後に登場し、憲法第25条を具現化しつつ最低生活の保障を行う機能をもつ。他の社会福祉制度とはその性格が異なっていることを理解する。

第1節 社会福祉制度の位置付け

1 社会保障制度と社会福祉制度

　社会福祉制度が何かを述べる前に、社会福祉と社会保障の位置付けについてふれたい。社会保障と社会福祉の関係については、昭和25（1950）年の社会保障制度審議会による「社会保障制度に関する勧告」（昭和25〔1950〕年10月16日、以下、勧告）で戦後の社会保障の枠組みが示された。勧告では、「いわゆる社会保障制度とは、（中略）生活困窮に陥った者に対しては、国家扶助によって最低限度の生活を保障するとともに、公衆衛生及び社会福祉の向上を図り、もってすべての国民が文化的社会の成員たるに値する生活を営むことができるようにすることをいう」と述べられている。すなわち、社会保険、国家扶助、公衆衛生、社会福祉が社会保障を構成する部門であり、社会福祉に対して社会保障が上位概念として位置付けられている。**図10－1**は、社会保障制度審議会による日本の社会保障の制度別分類を準用した区分である。この分類は社会保障費の範囲として分類されたものであるが、同時に勧告における社会保障制度の分類と枠組みが整理されている。

　また、勧告では社会福祉についても説明があり、「社会福祉とは、国家扶助の適用をうけている者、身体障害者、児童、その他援護育成を要する者が、自立してその能力を発揮できるよう、必要な生活指導、更生補導、その他の援護育成を行うこと」と述べられており、何らかの経済保障のみならず、ケースワークの支援を伴ったものであるとしている。

〈図10－1〉 **社会保障制度の制度別分類**

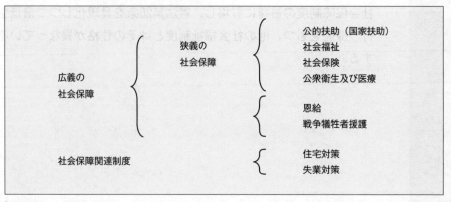

（筆者作成）

しかし、国家扶助を受けている者としての生活保護と社会福祉との関係のあいまいさも残している（第4編）。

　現実的に社会福祉という用語は広義的にもさまざまな意味で用いられ、具体的にどこまでが社会福祉であるということを定義するのは難しい。しかしながら、社会福祉は、何らかの課題（高齢・障害・児童・ひとり親等）を有し、日常生活に不便や困難をきたしている人々に対して、生活支援のための各種の給付を行う法制度として、社会保障の体系に位置付けられているものをいう。また、具体的にはいわゆる福祉6法から生活保護法を除く福祉5法を中心としたものが狭義の社会福祉で、障害者総合支援法などの関係各法を加えたものを広義の社会福祉とする見方もある。

2 社会福祉法

　時代や社会の変化もあり、社会福祉という言葉を厳密に定義することはむずかしいが、社会福祉の通則法たる社会福祉法（昭和26〔1951〕年に社会福祉事業法として成立、平成12〔2000〕年に名称変更）においても、社会福祉の定義はされていない。

　社会福祉法では、社会福祉を目的とする事業の全分野に共通事項を定めている。他の社会福祉各法と相まって、①社会福祉サービス利用者の権利擁護、②地域福祉の増進、③社会福祉事業の公明かつ適正な実施の確保、④社会福祉を目的とする事業の健全な発達を図ることにより、社会福祉の増進に資することを目的としている。

　また、「社会福祉事業」について第1種社会福祉事業と第2種社会福祉事業に区分し列挙し、具体的にしている。第1種社会福祉事業は、利用者の権利擁護の観点から、特に公的規制が必要とされる事業のことで、入所施設（利用者が日常生活の大半を過ごす施設）の経営事業や、経済保護事業（生活困難者に対する無利子または低利の貸付け）などである。第2種社会福祉事業は、第1種以外の事業で、相対的に人権侵害の危険性が低いとされる事業のことで、在宅サービスの運営事業、相談援助事業、通所施設などがあげられている。第1種社会福祉事業は、その事業内容の特性から、その設置運営は原則として国・地方公共団体・社会福祉法人に限られている。

　この担い手の中核となってきたのが社会福祉法人であるが、社会福祉法人は社会福祉事業を行うことを目的として、社会福祉法の規定に基づ

き、厚生労働大臣または都道府県知事もしくは市長の認可により設立される法人である。その公益性が強い性質上、資産や役員などについて一定の規則があり行政の強い監督下に置かれていることにより、第1種社会福祉事業としての経営主体に置かれ、公的な助成と税制上の優遇措置を受けることができる。なお第2種社会福祉事業については経営主体の制限はない。そのため社会福祉法人以外の多様な法人の参入が広がってきている。

第2節　社会福祉制度の展開

1 戦後の社会福祉制度の沿革

　戦後の社会福祉は、GHQの覚書「社会救済」（SCAPIN775、昭和21〔1946〕年）によって「社会福祉の領域における4原則」（①無差別平等の原則、②公私分離の原則、③救済の国家責任の原則、④必要な救済を制限してはならない原則）が提示され、これが社会福祉の基本原則となった。

　これらを受け、昭和21（1946）年9月に戦後の困窮者対策として（旧）生活保護法が成立した。昭和22（1947）年には、戦災孤児対策として児童福祉法、昭和24（1949）年には、傷痍軍人対策として身体障害者福祉法が制定された。これら3つの法は、総じて「福祉3法」とよばれたが戦後の救貧政策として意味合いも強かった。また、当初の生活保護法は、最低生活の保障や無差別平等、不服申し立てに関する規定がないなどの問題も多く、それらを刷新したものとして昭和25（1950）年に現在の生活保護法が制定された。

　1960年代には高度経済成長とともに、社会福祉制度も拡充される。昭和35（1960）年に精神薄弱者福祉法（現　知的障害者福祉法へ名称変更）、昭和38（1963）年に老人福祉法、昭和39（1964）年に母子福祉法（現　母子及び父子並びに寡婦福祉法）が相次いで制定され、福祉3法と合わせて福祉6法の体制となった。行政の福祉体制は、福祉六法体制を中心として構成されていった。また、昭和36（1961）年には、国民健康保険法、国民年金法によるそれぞれの保険料徴収が始まり、「国民皆保険・皆年金」の体制も成立し、戦後福祉国家の枠組みができあがった。その後、児童扶養手当（昭和36〔1961〕年）、特別児童扶養手当（昭和39〔1964〕年）、児童手当（昭和46〔1971〕年）などの各社会手当の整備もされていった。

　なお精神障害については、社会福祉の領域とは区別されてきた歴史があったが、精神保健福祉法[*1]の制定以降、社会福祉の領域に含まれるようになった。

*1
正式名称は「精神保健及び精神障害者福祉に関する法律」。平成7（1995）年、精神保健法を改定・名称変更。

〈表10-1〉 主要な社会福祉関係の関連法年表（1945年以降）

年	法律名	年	法律名
1946	（旧）生活保護法　日本国憲法公布	2000	介護保険法施行
1947	児童福祉法（1948施行）		社会福祉法（社会福祉事業法改正・改称）
1946	身体障害者福祉法（1950施行）		児童虐待の防止に関する法律
1950	（新）生活保護法	2001	配偶者からの暴力及び被害者の保護に関する法律
	【「福祉三法」体制】		（DV防止法）
1951	社会福祉事業法	2002	ホームレスの自立の支援等に関する特別措置法
1956	売春防止法（1957施行）	2003	次世代育成支援対策推進法
1960	精神薄弱者福祉法		少子社会対策基本法
1961	児童扶養手当法（1962施行）		新障害者プラン策定
	【国民皆保険・皆年金】	2004	発達障害者支援法（2005施行）
1963	老人福祉法	2005	障害者自立支援法
1964	母子福祉法		高齢者虐待の防止、高齢者の養護者に対する支援
	特別児童扶養手当等の支給に関する法律		等に関する法律（2006施行）
	【「福祉六法」体制】	2006	改正介護保険法施行
1970	心身障害者対策基本法		就学前の子どもに関する教育、保育等の総合的な
1971	児童手当法（1972施行）		提供の推進に関する法律（認定子ども園法）障害
1972	老人福祉法改定（老人医療費無料化）		者自立支援法
	【福祉元年】	2009	子ども・若者育成支援推進法
1981	母子及び寡婦福祉法	2010	平成22年度における子ども手当の支給に関する法
	（母子福祉法を改称）		律（子ども手当法）
1987	社会福祉士及び介護福祉士法（1988施行）	2011	障害者虐待の防止、障害者の養護者に対する支援
	精神保健法		等に関する法律（障害者虐待防止法）（2012施行）
	（精神衛生法を改正・改称）	2012	改正介護保険法施行
1989	高齢者保健福祉推進十か年計画		社会保障制度改革推進法
	（ゴールドプラン）策定		子ども・子育て支援法
1990	老人福祉法等福祉八法改正	2013	障害者総合支援法
	いわゆる「福祉改革」		（障害者自立支援法を改正・改称）
1993	障害者基本法		子どもの貧困対策の推進に関する法律（2014施
	（心身障害者対策基本法改正・改称）		行）
1994	エンゼルプラン策定		生活困窮者自立支援法（2015施行）
	新ゴールドプラン策定		持続可能な社会保障制度の確立を図るための改革
1995	障害者プラン策定		の推進に関する法律（社会保障改革プログラム
	高齢社会対策基本法		法）
	精神保健福祉法	2014	母子及び父子並びに寡婦福祉法
	（精神保健法改正・改称）		（母子及び寡婦福祉法改正・改称）
1997	介護保険法制定（2000施行）		難病の患者に対する医療等に関する法律（2015施
	精神保健福祉士（1998施行）		行）
	【社会福祉基礎構造改革】		医療介護総合確保推進法
1999	知的障害者福祉法		（介護保険法等の改正）
	（精神薄弱者福祉法改正・改称）	2016	社会福祉法改正（社会福祉法人制度改革）
	新エンゼルプラン策定	2017	介護保険法改正
	ゴールドプラン21策定	2022	困難な問題を抱える女性への支援に関する法律
			（2024施行）

（注）法律の施行年の記載のないものは、公布と施行が同年
（筆者作成）

2 措置制度

　社会福祉は長らく措置制度による方法で行われてきた歴史がある。措

置制度とは、行政庁の行う行政上の処分のことである。社会福祉の領域においては、行政庁が社会福祉の対象となる者に対して社会福祉各法の規定に基づき、サービス提供や入所の要否を判断して行う行政処分をさす。利用者は事実行為としてその希望を申し出ることはできるが、申請権は認められないとされてきた。

「福祉の措置」が行政処分として行われるということは、その行政処分が国家責任（公的責任）として位置付けられることになる。そのためには、その一定の水準が維持される必要があり、各種施設の最低基準が設定される。それを担保するために入所者の処遇に要する経費が「措置費」として定められた。しかし、社会福祉施設は必ずしも公的施設とは限らず、社会福祉法人などが設置する民間施設であることも多い。そのような場合は民間施設へは「措置委託」がなされ、措置費は措置委託費として支出される。[*2]

措置制度は戦後長らく日本の社会福祉サービスの水準を保つ最低保障機能を果たしてきたが、その最大の欠陥は、社会福祉サービスの利用や施設への入所について利用者の申請権が認められないことにあり、権利性の面で大きな問題を抱えていた。

3 社会福祉の展開

戦後の社会福祉へのニーズは、社会福祉につきまとう低所得者対策の意味合いから、人々の生活の変化に伴う社会福祉サービスへのニーズの高まりとともに、徐々に変化してきた。

1970年前後から夫婦共働き家庭の増加、第二次ベビーブーム、核家族化の進行などによる保育ニーズの高まりとともに、保育所の設置が進んできた。

また、障害者福祉の領域では、昭和56（1981）年の国際障害者年が大きな転機であった。「完全参加と平等」[*3]を掲げた国連・国際障害者年に向けた日本委員会が組織され、その準備段階からノーマライゼーションの理念やその具体的な概念が日本でも浸透し始めるようになった。

高齢者福祉の領域でも、長らく対象が低所得者世帯に限定されたり、家族介護が優先されていたが、徐々に拡大していき、ホームヘルパーの派遣は昭和57（1982）年になって「老人又はその家族サービスを必要とする場合」として、利用対象を一般化した。[*4]

*2
憲法第89条の「公金その他の公の財産は、宗教上の組織若しくは団体の使用、便益若しくは維持のため、又は公の支配に属しない慈善、教育若しくは博愛の事業に対し、これを支出し、又は利用に供してはならない」とあるのに対して、措置委託制度を通して、社会福祉の民間社会事業への公の費用の支出を可能にしたものとされる。

*3
国連が定めた1981年の国際障害者年のテーマ（Full Partici Pation and Equality）。

*4
昭和57（1982）年９月厚生省「家庭奉仕員派遣事業運営要綱」改定による。

4　介護保険制度の創設へ

　高齢者福祉のニーズを政策化したものとして、平成元（1989）年、「高齢者保健福祉推進十か年戦略」（ゴールドプラン）が策定され、平成2（1990）年には、在宅福祉サービスと施設福祉サービスの市町村への一元化を内容とする、福祉関係8法改正が行われた。

　平成9（1997）年には、介護保険法が制定され、平成12（2000）年4月から介護保険制度がスタートした。それまでのゴールドプランによる保健福祉サービス水準の引き上げと市町村主義への移行を受けたものである。介護保険法はその名称にみられるように、社会保険方式の運用である。保険料の納付義務に対応して、給付を受ける権利が保障されることが、介護保険のメリットであるとされるが、それはあくまで保険料納付義務を果たすことが前提となる。また介護保険制度の創設は措置から契約へという社会福祉改革の先駆けとなった。

5　社会福祉基礎構造改革

（1）社会福祉基礎構造改革

　介護保険制度が実施された平成12（2000）年以降、利用者本位の制度を確立する観点から、社会福祉法や障害者関係の福祉法などが改正され、介護保険制度以外の社会福祉サービスについても、それまでの社会福祉事業、措置制度、社会福祉の共通する基盤的制度の見直しを行うため、**社会福祉基礎構造改革**が行われた。これによって、公費を財源とする社会福祉の分野でも措置から契約への転換が実現した。

　具体的には、身体障害者、知的障害者及び障害児に関する障害者サービスに支援費方式が導入された。また地域福祉権利擁護事業（現日常生活自立支援事業）や苦情処理などの利用者保護制度が整備された。しかし、支援費方式は、サービス需要の増加に対応する供給量を支える財源の確保に困難が生じたり、自治体間のサービスの供給に格差もみられるなどの課題が明らかになった。こうした問題をふまえ、平成17（2005）年10月に障害者自立支援法が成立した。

　障害者自立支援法は、精神障害者も対象として、障害福祉サービス体系の再編・一元化を図り、自立支援給付の導入、障害者保健福祉サービスの計画的整備、国の財政基盤の明確化などとともに、利用者負担を応能負担から応益負担に改めた。しかしながら応益負担原則の導入による

負担強化に対しては強い批判があり、利用者だけでなく事業者においても経営不安定などの問題も生じた。

それらの批判もふまえて、平成21（2009）年9月に発足した民主党政権は、「障がい者制度改革推進本部」「障がい者制度改革推進会議」等を設置して議論を進め、平成22（2010）年12月には応能負担原則の明確化などを実施した、いわゆるつなぎ法案が成立した。

その後平成24（2012）年6月に、障害者支援に関する基本理念が確定し、障害者の範囲に難病なども含めること、「障害程度区分」を「障害支援区分」に改めることなどを改正点とし、障害者自立支援支援法を廃止し、新たに障害者総合支援法が成立した。

保育所政策に関しては、平成9（1997）年の児童福祉法の改正により、独自の利用方式が導入されることになった。これにより利用者による保育所選択の権利が認められた一方、サービスの決定は行政が行い、利用者は行政との契約によりサービスを利用することとなった。

（2）社会福祉制度改革の意味

戦後の社会福祉においては、公的責任のもと、行政が弱者を救済するという考え方に基づいて、福祉サービスの対象者や提供するサービスの種類・内容は行政側が一方的に決定するという措置の立場をとってきた。措置制度は、歴史的な意義はあったといえるが、行政側が権限をもって弱者を救済するというパターナリズムの考え方に基づいていたため、利用者が対等にサービスを選択できないという欠点があった。

しかし社会の成熟を経て、近代市民社会では、対等な当事者間の合意（契約）に基づき、必要な財やサービスの利用関係について、利用者が利用しやすく、利用者の選択を基本としてサービス利用関係を決定するニーズが高まった。所得の多寡にかかわらず、福祉サービスを必要とする人々が増え、利用者が利用しやすい利用関係を決定する契約に改めることになった。これらが措置から契約への改革であり、保育政策、介護保険制度改革に始まり、障害者総合支援法、子ども・子育て支援制度にまで拡大していった。

しかしながら契約関係に基づき、利用者負担を求める福祉サービスは、もともと弱者である利用者にとって、その利用の排除の側面ももつ。そのことは必要なサービスが利用できなかったり自ら利用を抑制したりといったことにもつながりかねない状況を生み出す可能性もあるため、サービスの利用支援を行うことが不可欠である。

＊5
正式名は「障がい者制度改革推進本部等における検討を踏まえて障害保健福祉施策を見直しまでの間において障害者等の地域生活を支援するための関係法律の整備に関する法律」。

＊6
本来は父親の子どもに対する権利、義務、責任の関係の特徴としてみられる権限、保護、温情等の体現やその内容、体制のこと。最近は広く権力構造や保護・支配の関係を示すものとして使われる。

第10章

　また一方でこれらの改革は、介護や保育、障害福祉といったこれまで家庭内で行われていたケアサービスの整備であり、福祉国家体制における家族主義からの離脱といった点で重要な意味をもつといえる。戦後しばらく、家族のケアは家族内で担うことが当然視され、またそれが性別役割分業体制を維持していたことからの脱却になる側面をもっていたともいえる。

第3節 公的扶助（生活保護制度）の概要

1 公的扶助の一般的特徴

　公的扶助制度は現に生活に困窮している者を対象として、税金を財源としてその者の最低限度の生活を保障する制度である。社会保険が事前に社会保険料の拠出を義務付け、防貧的な特徴と機能をもつ制度であるのに対し、公的扶助は、事後的・救貧的な特徴と機能をもつ制度である。

　また公的扶助は、その財源を税金としているために、困窮の実態を確認するため、あるいはどの程度生活に困っているかを把握した上で援助が廃止されることから、資力調査とよばれるミーンズテストを伴う。これは、公的扶助による生活保障を求める個人や世帯の所得や資産などについて、プライバシーに立ち入る調査となる。そのため、心理的な抵抗感から生活保護の申請をやむなく控えるということも生じかねず、ミーンズテストは、こうした利用抑制効果[*7]（スティグマ）の側面をもつことも避けられない。これは、他の社会保障制度にはなく、生活保護制度の大きな特徴である。

*7
もとは奴隷や犯罪者に付された烙印のことであったが、転じて差別や偏見の対象とされ、それに伴う負のイメージや恥辱をさす。

2 目的・原理・原則

（1）目的

　現行の**生活保護制度**は、日本国憲法第25条第1項「すべて国民は、健康で文化的な最適限度の生活を営む権利を有する」との生存権規定を受けて、生活保護法第1条に「この法律は、日本国憲法第25条に規定する理念に基き、国が生活に困窮するすべての国民に対し、その困窮の程度に応じ、必要な保護を行い、その最低限度の生活を保障するとともに、その自立を助長することを目的」としている。生活保護を受けることは国民の権利であることを明確にしている。

（2）生活保護の原理

　生活保護制度の原理については法の第1条〜第4条に規定されている。
　①国家責任の原理（生活保護法第1条）

第
10
章

279

憲法第25条に規定する「健康で文化的な最低限度の生活を営む権利」を保障するのは国であり、生活保護の実施を国家の責任としているものである。

②無差別平等の原理（生活保護法第2条）

保護の受給権は、「この法律の定める要件を満たす限り」すべての国民が無差別平等に有することを定めるものである。生活困窮に至った原因を問わず、もっぱら生活困窮の状態にあることのみに着目して、本法所定の要件を満たす限りにおいて思想信条、性別、社会的身分などにより差別されることなく、すべての国民が無差別平等に保護の請求権をもつこととされている。

③最低生活保障の原理（生活保護法第3条）

この原理は、国が生活保護制度によって保証する最低生活について規定しているものであって、第3条に「この法律により保障される最低限度の生活は、健康で文化的な生活水準を維持することができるものでなければならない」とされている。すなわち、生活保護法が保障する最低生活は、単なる生理的最低限ではなく、健康で文化的な最低限度の生活であることを規定している。

④保護の補足性の原理（生活保護法第4条）

生活に困窮する者が、生活保護を受給するに先立ってそのものの利用可能な資産、能力その他あらゆるものを活用してもなお、最低限度の生活を維持することができない場合にその不足する部分を補足する限りにおいて保護を行うというものである。また、この場合に民法上の扶養義務者の扶養や他の法律に定める扶助は、生活保護法による保護に優先することとされる。

そのため保護にあたっては、その人が活用できる資産や働く能力がどれぐらいあるのか、実際の保護の実施機関である福祉事務所によって厳密に調査される。

（3）生活保護の原則

生活保護の原則は第7条～第10条に規定されている。

⑤申請保護の原則（生活保護法第7条）

保護は申請に基づいて初めてその手続きが開始されるという原則である。「保護は、要保護者、その扶養義務者又はその他の同居の親族の申請に基いて開始するものとする。但し、要保護者が急迫した状況にあるときは、保護の申請がなくても、必要な保護を行うことができ

る」と規定している。ここで重要なことは生活保護の申請権を明確に定めていることと、さらに急迫した状況の場合は、職権により必要な保護ができるとしていることである。

⑥基準及び程度の原則（生活保護法第8条）

　保護は厚生労働大臣によって定められる基準により測定された需要に基づいて、そのうち、要保護者のもつ金銭や物品で満たすことのできない不足を補う程度において行うという原則である。またその基準の設定については「要保護者の年齢別、性別、世帯構成別、所在地域別その他保護の種類に応じて必要な事情を考慮した最低限度の生活の需要を満たすに十分なものであって、且つ、これをこえないものでなければならない」とされている。この基準は生活保護基準（保護基準）といわれるもので、厚生労働省告示によって示される。

⑦必要即応の原則（生活保護法第9条）

　第9条は、「保護は、要保護者の年齢別、性別、健康状態等その個人又は世帯の実際の必要の相違を考慮して、有効且つ適切に行うものとする」とされている。その趣旨は、保護はすべてを機械的・画一的に行うのではなく、それぞれの要保護者の抱えているニーズのもつ個別性を十分理解して、制度上認められる限りにおいて、それに応じて実施されなければならないという原則である。

⑦世帯単位の原則（生活保護法第10条）

　第10条は「保護は世帯を単位としてその要否及び程度を定めるものとする。但し、これによりがたいときは、個人を単位として定めることができる」としている。すなわち居住と家計を同一にする消費生活上の単位ごとに、生活保護が適用されるというものである。

3 生活保護制度の概要

（1）保護の種類

　生活保護の種類は、以下の8種類がある。これらの扶助のうちどれか1種類の適用になることを「単給」、複数を組み合わせて適用することを「併給」という。扶助を実施する場合には金銭給付と現物給付がある。金銭給付は定められた額の現金を給付し、現物給付は有形の物品のみならず人手を介した無形のサービスを給付することを含んでいる。8種類のうち、原則的に医療扶助と介護扶助が現物給付で行われ、他の扶助は金銭給付で行われる。

・生活扶助：衣食その他日常生活の需要を満たすために必要なもの等
・教育扶助：義務教育の伴って必要な教科書その他の学用品等
・住宅扶助：住居及び補修その他の住宅の維持に必要なもの
・医療扶助：診察、薬剤・治療費用、手術、入院等の医療
・介護扶助：居宅介護、施設介護などの介護保険法に規定する介護[*8]
・出産扶助：分べんの介助等
・生業扶助：生業に必要な資金、器具又は資料、技能の習得等
・葬祭扶助：火葬又は埋葬、納骨その他葬祭のために必要なもの等

*8
介護扶助は介護保険法が施行された平成12（2000）年に創設された。

（2）保護費の支給

　実際の保護の適用については、補足性の原理や基準及び程度の原則に応じて、まず厚生労働省の定める基準において最低生活費を算出し、そこから収入（就労収入、他の社会保障給付、仕送りなど）を差し引いた差額が保護費として支給される（**図10-2**）。

（3）保護の方法と保護施設

　保護の方法は被保護者の居宅において行われる居宅保護が原則であるが、これによりがたい場合は施設保護も認められている。生活保護施設には以下の5つの施設がある。

①救護施設：身体上または精神上著しい障害があるために日常生活を営むことが困難な要保護者を入所させて、生活扶助を行うことを目的とする施設である。

〈図10-2〉保護の適用関係

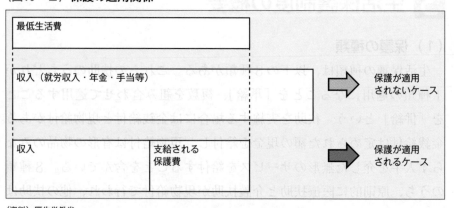

（資料）厚生労働省

②更生施設：身体上または精神上の理由により養護及び生活指導を必要とする要保護者を入所させて、生活扶助を行うことを目的とする施設である。

③医療保護施設：医療を必要とする要保護者に対して、医療の給付を行うことを目的とする施設である。

④宿所提供施設：住居のない要保護者の世帯に対して住宅扶助を行うことを目的とする施設である。

（4）保護の実施機関

保護の実施機関は、福祉事務所である。福祉事務所は、市は必置義務がある。町村に関しては任意設置である。福祉事務所を設置していない町村に関しては都道府県が郡部を単位として福祉事務所を設置することになっている。

（5）生活保護の財政

保護に必要な費用は、すべて税でまかなわれる。具体的には保護費、保護施設事務費及び委託事務費75％を国が、25％を実施機関の属する自治体が負担する。他の福祉政策と比較し、国の負担割合が高くなっているのは、憲法第25条に基づいて、健康で文化的な最低限度の生活を保障する国家責任があるからである。

4 生活保護制度における自立支援施策と給付金

平成17（2005）年から、全国の福祉事務所で「自立支援プログラム」を策定した取り組みが始まった。同時に、厚生労働省は生活保護における自立の考え方を検討・議論し、①就労による「経済的自立」、②心身の健康回復・維持、自分で自分の健康・生活管理を行うなどの「日常生活自立」、③社会的なつながりを回復・維持し、地域の一員として充実した生活を送る「社会生活自立」に整理した。[*9]

また、これらの自立を支援するために、就労支援・自立支援に関する制度・事業がある。

（1）被保護者就労支援事業

保護の実施期間は生活保護受給者のため、相談、情報提供及び助言の

*9
平成15（2003）年に「生活保護制度の在り方に関する専門委員会」が設置され、「利用しやすく自立しやすい制度へ」と改革をめざし、平成16（2004）年12月に「専門委員会報告書」を公表した。自立支援プログラムや自立の定義はこの報告書に基づくものである。
生活保護における自立支援については、本双書第7巻第3章第2節参照。

第10章

事業を実施する。

（2）被保護者就労支援準備事業

　一般就労に向けた準備として、就労意欲の喚起や一般就労に従事する準備としての日常生活の改善を総合的・段階的に実施する。社会福祉法人やNPO法人などに委託して実施し、中間的就労、就労体験、居場所の利用を通じて支援を行う。

（3）就労自立給付金

　生活保護受給中の収入認定された金額の範囲内で別途一定額を積み立て、安定した就職により保護廃止に至ったときに支給される。就労インセンティブを強化し、安定的に生活を維持し、再び保護に至ることを防止するためのものである。

（4）進学準備給付金

　生活保護受給世帯の子どもの自立を助長するため、生活保護世帯の子どもが大学等へ進学した際に、自宅通学者10万円、自宅外通学者30万円が支給される。[*10]

*10
厚生労働省社会・援護局長通知「生活保護法による進学準備給付金の支給について」（平成30年6月8日付／社援発0608第6号）。

（5）被保護者健康管理支援事業

　保護の実施期間は、被保護者に対する必要な情報の提供、保健指導、医療の受診の勧奨その他の被保護者の健康の保持及び増進を図るための事業を実施する。

参考文献
●社会保障制度審議会「社会保障制度に関する勧告」1950年
●『生活保護手帳　2022年度版』中央法規出版、2022年
●生活保護制度研究会 編『生活保護のてびき　各年度版』第一法規

第11章

社会手当制度の概要

学習のねらい

　この章で扱うのは、①児童手当、②児童扶養手当、③特別児童扶養手当、④障害児福祉手当、⑤特別障害者手当の5つの社会手当である。ただし、社会手当といっても必ずしも一様ではなく、それぞれに特徴をもっている。いずれの手当も金銭給付であるから、所得保障としての役割をもっているという点では共通している。とはいえ、同じように"児童"という名称を用いていても、支給要件とされる児童の年齢は同じではない。また、同じ手当制度（例えば、児童手当）であっても、対象となる児童の範囲（第何子からか）、支給期間（何歳までか）、給付水準（給付額はどのくらいか）といったことが固定化されているわけではない。

　重要なのは、こうした支給要件に単に当てはまるかどうか、損か得かといったとらえ方ではなく、広く社会福祉を学ぶという観点から、社会手当のもつ特徴のどのようなところが社会保険や生活保護と似ているのか、それぞれの社会手当の関係性はどうか、所得保障の必要性（ニーズ）とのつながりはどうかといった観点から学んでいくことである。

第1節 社会手当の理解とその視点

1 社会保険と生活保護の中間類型

　社会手当は、一般に、社会保険と生活保護の中間類型といわれることが少なくない。ただし、ここで目を向ける必要があるのは、中間に位置しているということの意味内容である。

　社会保険が制度として成り立つためには、一定のルールがある。例えば、給付に先立って、事前の保険料拠出がなされることである。保険事故の偶発性もポイントである。ただし、支出の増大や所得の減少といった生活上の出来事の中には、こうしたルールを前提としている社会保険では必ずしも対応しきれないものがある。むしろ、社会保険は、特定の保険事故を対象にしていることから、生活上のあらゆるリスクをカバーすることは困難であるといってもよい。他方、生活保護は、その人の資力が最低生活レベルを下回ってから、ようやく機能する仕組みである。こうした社会保険や生活保護の仕組みに対して、社会手当もまた、所定の支給事由（資格要件）を満たす場合に金銭給付をしようとする仕組みなのだが、その際、保険集団への加入や事前の保険料拠出が給付の要件として設定されているわけではないという点で社会保険と異なる。また、最低生活保障をしようとするものではないし、そのための資力調査が行われるわけではないという点で生活保護とも違いがある。このようなことから、社会手当は、社会保険と生活保護の中間類型であるというとらえ方がしばしばなされてきたのである。

2 金銭給付としての社会手当の意味

　例えば、児童の養育という支出増、生別母子世帯等に生じる所得の喪失、障害児のいる世帯の支出増といった状況に着目してなされるのが、社会手当による定型的な金銭給付である。こうした金銭給付は、制度化のありように違いはあるとしても、年金制度とも共通するように、その使途は制限されておらず、消費選択は自由という特徴をもっている。[*1]あるいは、このような給付の形式は、自助原理の要素を一定程度残しているというとらえ方もできる。このことは例えば、児童手当法によれば、「父母その他の保護者が子育てについての第一義的責任を有するという

*1
例えば、児童手当は生活の安定と児童の健やかな成長のために用いなければならない（第2条）とあるが、必ずしも強制力があるわけではない。

基本的認識の下」（第１条）、国や社会も、その保護者とともに子育ての責務を分かち合うという考え方にもみることができる。確かに、こうした点が強調され過ぎてしまうと、子どもを養育する家庭の所得水準の高低によって、支出可能な養育費に偏りが生じることになるかもしれない。しかし、仮にそのような状況が生じるとしても、社会手当を通じた社会的な介入がなされることによって、こうした偏りが一定程度緩和されることに意味がある。このように考えてみるならば、金銭給付としての社会手当は、家計負担の増大や所得の喪失に伴う金銭的なニーズのすべてをカバーしようとするものではないのだが、私的領域での自助原理を前提としながら（尊重されながら）、その上で、所得と支出の不均衡をなだらかにするために制度化されているというとらえ方ができる。[*2]

3 それぞれの社会手当の関係性

　この章で扱う社会手当は、児童手当法、児童扶養手当法、そして特別児童扶養手当法（特別児童扶養手当等の支給に関する法律）の３つの法律を根拠とする手当、つまり、特定の要保障事由に注目して行われる定型的な金銭給付のことである。具体的には、①児童手当、②児童扶養手当、③特別児童扶養手当、④障害児福祉手当、⑤特別障害者手当の５つである。ここでは、いくつかの観点から、それぞれの手当の関係性をみておくことにしたい。

（1）支給要件に該当する児童（支給要件児童）等からみる場合

　社会手当の支給要件には、主に、居住要件、監護生計要件、そして所得要件が設けられている。[*3]例えば、ここで支給要件となっている児童に注目をしてみると、①児童手当、②児童扶養手当、③特別児童扶養手当、④障害児手当は、児童という属性によってカテゴリー化されている点で共通しているが、⑤特別障害者手当は、成人（20歳以上の障害者）を対象にしている点で他の手当と異なる。ちなみに、①児童手当は児童一般を対象にしているのに対して、②児童扶養手当、③特別児童扶養手当、④障害児手当は、特定の状況にある児童に着目して給付がなされるという点で違いがある。また、"児童"という言葉が同じように用いられているが、それぞれの手当によって支給要件として設定されている児童の年齢に違いもある。

*2
社会手当をどのような観点から検討していくかによって、その意味付けが異なってくる。例えば、児童手当をめぐる議論で参考になるのは、次の文献である。北明美「第７章　日本の児童手当制度とベーシック・インカム－試金石としての児童手当」武川正吾編著『シティズンシップとベーシック・インカムの可能性』法律文化社、2008年、160－193頁。

*3
居住要件でいう住所とは、住民基本台帳に記載されている住所をいう。また、日本は難民の地位に関する条約（1981年）に加入し、それにより国籍要件が撤廃されているため、外国人であっても日本国内に住所を有すれば受給資格を得ることができる。

（2）受給資格者でみる場合

　手当の支給要件に該当する支給要件児童等と受給資格者は、必ずしも同一ではない。例えば、①児童手当、②児童扶養手当、③特別児童扶養手当は、児童本人ではなく児童を養育している父母等に支給されるという点で共通している。これに対して、④障害児手当、⑤特別障害者手当の受給資格者は障害児・者本人である。このようにみてみると、③特別児童扶養手当、④障害児手当、⑤特別障害者手当は同じ根拠法（特別児童扶養手当等の支給に関する法律）をもつ手当であるのだが、受給資格者に違いがあることも含めて、それぞれの特徴をみていく必要がある。

（3）要保障事由でみる場合

　いずれの手当も金銭給付であることから、所得保障としての役割をもっている点で共通している。具体的には、①児童手当は児童の養育という支出の増加、②児童扶養手当は婚姻解消や生計中心者の障害や死亡などに起因する所得の喪失、③特別児童扶養手当は重度障害児が在宅で生活をしていくための支出の増加に着目して給付がなされる。さらには、次節以降でふれるように、例えば、④障害児福祉手当は、③特別児童扶養手当と併給することによって、在宅の重度障害児の所得保障につなげている。⑤特別障害者手当は障害基礎年金（国民年金）と併給することによって、特別の支出を必要とする在宅の重度障害者の負担軽減につなげている。このように、それぞれの社会手当の関係性に加えて、年金制度とのかかわりもポイントになってくる。

第2節　児童手当

1 児童手当の概要

　児童手当は、中学校修了までの児童を養育している父母等[*4]に対する金銭給付である。児童手当法によれば、「家庭等の生活の安定」という所得保障としての側面とともに、「次代の社会を担う児童の健やかな成長」につなげていくという社会福祉の側面を併せもっている（第1条）。児童手当の財源の一部（被用者への支給分）として事業主拠出金が組み込まれているのは、この「次代の社会を担う児童の健やかな成長」によって、将来の労働力の維持・確保という社会全体の利益につながることが期待されているからである。

　現在、児童手当は、**表11－1**のように、年齢や児童数に応じた手当が支給されている。手当額は、3歳未満の児童は一律で月額1万5,000円、3歳から小学校修了までの第1子と第2子がそれぞれ月額1万円、第3子以降は月額1万5,000円、中学生は一律で月額1万円である。所得制限額以上の者に対しては、特例給付として月額5,000円が支給される

＊4
監護生計要件を満たす父母等をさす。監護とは、児童の生活について通常必要とされる監督、保護を行っていると社会通念上考えられる主観的意思と客観的事実が認められることをいう。生計関係については、父母にあっては生計同一関係が、父母以外にあっては生計維持関係が求められる。生計同一とは、必ずしも同居を必要とするものではないが、児童と養育者との間に生活の一体性があることをいう。生計維持とは、児童の生計費のおおむね大半を支出していることをいうが、そのための資金は必ずしも養育者本人の資産または所得である必要はない。

〈表11－1〉　児童手当の概要

制度の目的	○家庭等の生活の安定に寄与する ○次代の社会を担う児童の健やかな成長に資する			
支給対象	○中学校修了までの国内に住所を有する児童 　（15歳に到達後の最初の年度末まで）	所得制限 （夫婦と児童2人）	○所得限度額（年収ベース）960万円未満 　年収1,200万円以上の者については、 　令和4年10月支給分から支給対象外	
手当月額	○0～3歳未満　一律15,000円 ○3歳～小学校修了まで 　・第1子、第2子：10,000円（第3子以降：15,000円） ○中学生　一律10,000円 ○所得制限以上　一律5,000円（当分の間の特例給付）	受給資格者	○監護生計要件を満たす父母等 ○児童が施設に入所している場合は施設の設置者等	
		実施主体	○市区町村（法定受託事務） 　※公務員は所属庁で実施	
		支払期月	○毎年2月、6月及び10月（各前月までの分を支払）	

〈表11－1〉（費用負担部分）

| 費用負担 | ○財源については、国、地方（都道府県、市区町村）、事業主拠出金（※）で構成
※事業主拠出金は、標準報酬月額及び標準賞与額を基準として、拠出金率（3.6/1000）を乗じて得た額を徴収し、児童手当等に充当されている。 | | | | | | |

			被用者		非被用者		公務員
0歳～3歳未満	特例給付 （所得制限以上）	国 2/3		地方 1/3	国 2/3	地方 1/3	所属庁 10/10
	児童手当	事業主 7/15	国 16/45	地方 8/45	国 2/3	地方 1/3	
3歳～ 中学校修了前	特例給付 （所得制限以上）	国 2/3		地方 1/3	国 2/3	地方 1/3	所属庁 10/10
	児童手当	国 2/3		地方 1/3	国 2/3	地方 1/3	

（出典）内閣府資料をもとに一部改編

（令和5〔2023〕年度）。

　なお、他の児童扶養手当や特別児童扶養手当などの手当額には物価スライドが組み込まれているが、児童手当の支給額は定額であり、物価スライドの仕組みはない。現行の児童手当には、確かに所得制限が設けられているが、その所得制限は必ずしも厳格なものではなく、むしろ、子どもが養育される家庭の経済状況にかかわらず広く児童一般を対象としている。例えば、児童が施設に入所していたとしても、その施設設置者が申請手続きを行うことによって、児童手当の支給を受けることができる。これに対して児童扶養手当や特別児童扶養手当では、児童が施設に入所をしている場合には支給が停止される。その父母によって児童の監護や養育が行われているかどうかということがここでのポイントとなっているからである。

　制度の実施主体は、法定受託事務として市町村が担うが、公務員の場合にはその所属庁が実施する。財源構成は、国、地方、そして事業主拠出金が混じり合っている。この事業主拠出金は、厚生年金保険料と一緒に年金事務所（日本年金機構）が徴収している。ただし、事業主が全額負担をしていることから、保険料のように個々の従業員が負担をしているわけではない。事業主に拠出（負担）を求めているという点では社会保険と類似していて、ここにも社会手当の多様な側面をみることができる。このような事業主拠出金の仕組みは、他の児童扶養手当や特別児童扶養手当などにはない。

　ちなみに、近接する子ども・子育て支援法とのかかわりでみると、児童手当は、子どものための現金給付（第9条）として位置付けられている（具体的な給付内容は、子ども・子育て支援法ではなく児童手当法に委ねられている）。また、児童手当の財源の一部となっている事業主拠出金は、子ども・子育て支援法に根拠規定（第69条）が置かれている。この拠出金の使途が児童手当にだけではなく、地域子ども・子育て支援事業や仕事・子育て両立支援事業にも充当されるためである。

2　児童手当の沿革

　昭和47（1972）年に導入された児童手当は、国際労働機関（ILO）の102号条約（社会保障の最低基準に関する条約）の家族給付（第7部）に対応するものである。この児童手当は、長くその創設が求められながらも、遅れて制度化された仕組みである。その一因には、財源確保など

＊5
父母がいない場合や父母がいても虐待等により父母が監護生計要件を満たさない場合には支給対象となる者がいなかった。そこで、入所施設の設置者等に対して手当が支給されることになったのである。

の問題に加えて、賃金体系の中に配偶者手当や扶養手当が従来から組み込まれてきたという状況がある。児童手当の制度化は、こうした各企業が対応してきた家族給付的な性質をもつ手当に代わるものとして想定された側面もあるが、実際には、各企業による類似の手当が引き続き継続されている場合が少なくない。

こうしたことを背景としながら、第1子からではなく義務教育修了前の第3子以降を対象にして月額3,000円の児童手当として始まったのが、昭和47（1972）年のことである。その後、支給対象となる児童が第3子から第2子へ（昭和61〔1986〕年）、さらに第1子（平成4〔1992〕年）へと拡大されたものの、それとは反対に、支給期間が義務教育修了前から義務教育就学前へ短縮（昭和61〔1986〕年）、さらに3歳未満へ短縮（平成4〔1992〕年）といったように、これらの制度改正は、支給期間（児童の年齢）の短縮化を伴うものであった。

2000年代以降、少子化対策への取り組みに重点が置かれるようになり、前述の支給期間に変更が加えられていくことになる。具体的には、3歳未満から義務教育就学前まで延長（平成12〔2000〕年）、次いで小学校第3学年修了前まで延長（平成16〔2004〕年）、さらに小学校修了前まで延長（平成18〔2006〕年）されることになる。なお、平成19（2007）年の制度改正では、3歳未満の児童に対する手当額が一律で月額1万円へと引き上げられている。[*6]

児童手当に代わって子ども手当が導入されることになったのが、平成22（2010）年のことである。それまでの児童手当に設けられていた所得制限が撤廃され、中学校修了前までのすべての児童を対象にして月額1万3,000円の子ども手当が支給されることになった。その後、平成24（2012）年から児童手当へと再び立ち戻ることになるが、その際、所得制限によって児童手当が支給されなくなる者に対しては、当分の間の特例給付という形での支給が維持された（児童1人につき月額5,000円）。

なお、近年の制度改正では、[*7]この特例給付の対象者のうち、一定額以上の高所得者を支給対象外とする所得上限限度額の仕組みが令和4[*8]（2022）年から適用されている。

*6
乳幼児加算の創設。

*7
令和5（2023）年6月に閣議決定された「こども未来戦略方針」には、児童手当の拡充が盛り込まれている。例えば、所得制限の撤廃、支給期間を高校修了まで延長、第3子以降の手当増額などである。

*8
例えば、夫婦と児童2人の場合は年収1,200万円以上。

第3節　児童扶養手当

1　児童扶養手当の概要

　児童扶養手当は、児童を養育しているひとり親世帯の父母等に対する金銭給付である。児童扶養手当法によれば、母子・父子世帯等の生活の安定という所得保障の側面とともに、自立の促進という社会福祉の側面が強調される仕組みとなっている（第1条）。児童手当法と書きぶりがやや異なるが、所得保障の側面とともに社会福祉の側面を併せもっている点では共通している。

　児童扶養手当の支給対象（受給資格者）は、特定の状況に置かれている児童を監護する父、母または養育者（祖父母等）である。児童手当とは異なって、ここでいう児童（支給要件児童）は、18歳に達する日以後の最初の3月31日までの間にある者、または20歳未満で一定の障害状態にある者をいう。ここで特定の状況というのは、例えば、父母が婚姻を解消、父または母が死亡、あるいは母が婚姻によらないで妊娠・出産した家庭といったように、政令によって列挙されている。後にふれるように、ここには父母のどちらかに重度の障害がある家庭（両親がそろっている家庭）も含まれる。このように、形式的な意味でひとり親家庭かどうかということよりも、実質的な意味でひとり親家庭に近い状況に児童が置かれているかということに着目した給付となっている。

　その上で、児童数や受給資格者の所得に応じた手当額が支給される。例えば、所得制限による支給停止のない満額の手当額（全部支給）は、児童1人の場合、月額4万4,140円で、ここに児童2人目は1万420円が加算、児童3人目以降は1人につき6,250円が加算される（令和5〔2023〕年度）。例えば、児童手当では児童1人あたりの支給額が設定されていて、さらに第1子や第2子よりも第3子に手厚い支給が行われる仕組みであるのに対して、児童扶養手当は、児童が2人目あるいは多子の場合には、一定の額が加算される仕組みとなっている。この加算という仕組みが用いられてきたのは、そもそもの制度化の背景とのかかわりで、政策的な意図（救貧的な色合いが強い）が含まれていたことも、その理由の一つである。こうした考え方や組み立て方の違いは、受給資格者の所得制限額にも表れている。児童や家族の人数によって異なるが、児童手当に比べて、受給資格者の範囲がかなり限定されている。例えば、

＊9
児童扶養手当（父母のどちらかに障害がある場合）を示す。

勤め人のひとり親と子ども1人の世帯の場合、全部支給となるのは前年の年収160万円未満の場合であり、365万円以上の場合には支給が停止することになる（平成30〔2018〕年以降）。

　なお、児童手当に物価スライドはないが、児童扶養手当の手当額には物価スライドが用いられていて、その支給額は毎年度改定されることになっている。この点で、所得保障としての年金制度と共通している。

　制度の実施主体は、法定受託事務として都道府県、市、そして福祉事務所を設置する町村が担っている。財源構成は、国3分の1、都道府県・市・福祉事務所を設置する町村3分の2である。児童手当のような事業主拠出金はない。なお、児童扶養手当は、児童手当や特別児童扶養手当と併給することができる。ただし、児童が福祉施設に入所している場合には、手当は支給されない。前述のように、その父母によって児童の監護が行われていないものとしてみなされるからである。

2 児童扶養手当の沿革

　旧国民年金法（昭和34〔1959〕年）では、死別の母子世帯に対する拠出制の母子年金が設けられていたのだが、その一方で、無拠出制の福祉年金の1つとして、この拠出要件を満たすことができない死別の母子世帯を対象にした母子福祉年金が用意されていた。児童扶養手当は、この無拠出制の母子福祉年金との均衡を図るための仕組みとして始まっている（昭和37〔1962〕年）。ここで母子福祉年金との均衡を図るというのは、次のような意味である。母子家庭にとっては、その原因が死別であろうと生別（例えば、本人の決定によって生じる離婚など）であろうと、経済的にも社会的にも多くの困難を抱えている点では変わりはない。とはいえ、死別の母子世帯を対象にして母子福祉年金が制度化されているとしても、これと同様に、生別の母子世帯に対しても国民年金法の枠内で対応していくのは困難なことであった。生別に至った原因が必ずしも偶発的なリスクとしての保険事故になじまないと考えられたからである。そこで、生別の母子家庭に対しても所得保障を行うために、この児童扶養手当は、母子福祉年金を補完するための仕組みとして、別途、制度化されたのである。社会手当（児童扶養手当）と社会保険（所得保障としての年金制度）との関係性は、このようなところにもみることができる。

　その後、年金制度改正（昭和60〔1985〕年）によって、拠出制の母子年金と無拠出制の母子福祉年金が廃止され、これらは遺族基礎年金とし

て再編成されることになる。他方、児童扶養手当は、補完的な位置にあった年金制度とは切り離され、独自の制度として展開していくことになったのである。

　2000年代以降、支給額の抑制が強調されるようになり、いくつかの制度改正が行われている。平成14（2002）年の制度改正では、例えば、受給資格者の所得額に応じた給付の抑制、受給期間に応じた手当額の減額などが行われている。具体的には、それまでの児童扶養手当は、受給資格者の所得額に応じて全額支給と一部支給の2段階制であったのだが、このうち、一律であった一部支給の手当額が所得額に応じて10円刻みで逓減していく仕組みへと変更されている。また、受給期間が5年（支給事由発生から7年）を超える場合、就業が困難な事情（障害や疾病等）がないにもかかわらず就業意欲がみられない者への支給を一部停止する[*10]ことになっている（平成20〔2008〕年から実施）。低所得にあるひとり親家庭の所得保障よりも就労や自立の促進という側面に重点が置かれるようになってきたからである。なお、母子家庭だけではなく、それまで支給対象となっていなかった父子家庭の父にも支給対象が広がったのは、平成22（2010）年からである。

　なお、従来、遺族年金等の公的年金を受給できる場合には、児童扶養手当は支給されないという制限が設けられていたが、この年金額が児童扶養手当の額に満たないときは、その差額分の児童扶養手当が支給されることになった（平成26〔2014〕年）。さらに、近年の制度改正では、障害基礎年金と児童扶養手当の併給調整が行われるようになった（令和

＊10
最大で半額まで減額する。

〈図11-1〉 児童扶養手当と障害基礎年金（子の加算部分）の併給調整

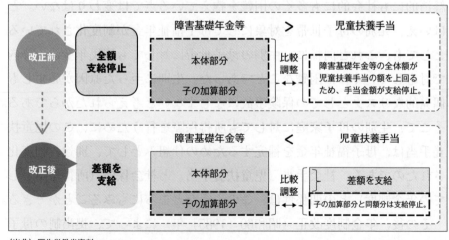

（出典）厚生労働省資料

３〔2021〕年）。児童扶養手当は、ひとり親家庭が主な対象であるのだ
が、前述のように、その父母のどちらかに重度の障害がある家庭（両親
がそろっている家庭）も当てはまる。その場合、例えば、父母などの養
育者が受給する障害基礎年金との併給が問題となってくる。従来、障害
基礎年金を受給している場合には、児童扶養手当の支給要件に該当して
いたとしても、手当全額が支給停止となっていた。児童手当は、もとも
と年金制度の補完的位置にあったとしても今日ではそれぞれ別の制度で
あるのだが、所得保障の必要性という点では同一の要保障事由としてみ
なされていたからである。この制度改正によって、**図11−1**のように、
児童扶養手当の額と障害基礎年金の子の加算部分の額が比較されるよう
になり、児童扶養手当の額が子の加算の額を上回る場合、その差額が児
童扶養手当として支給されるようになっている。

第4節　特別児童扶養手当等

1 特別児童扶養手当等の概要

特別児童扶養手当法は、特別児童扶養手当法等の支給に関する法律が正式な名称である。特別児童扶養手当に加えて、この"等"には、現在、障害児福祉手当と特別障害者手当が含まれる。言い換えれば、障害児や障害者の福祉の増進を目的にして支給される複数の社会手当の根拠となっているのが、この法律である。

（1）特別児童扶養手当の概要

特別児童扶養手当は、20歳未満で精神または身体に中程度以上の障害を有する児童を家庭で監護、養育している父母または養育者に対する金銭給付である。ただし、父母によって児童の監護が行われていないものとしてみなされることから、児童が福祉施設に入所している場合には支給されない。

ここでいう児童（支給要件児童）は、児童手当とは異なって、20歳未満で一定の障害状態にある者をいう。手当額は、障害の程度に応じて支給される。例えば、所得制限による支給停止のない手当額は、1級（重度）に該当する障害児1人につき月額5万3,700円（2級×1.5倍）、2級（中程度）に該当する障害児1人につき月額3万5,760円である（令和5〔2023〕年度）。この手当額に物価スライドが用いられているのは、児童扶養手当、障害児福祉手当、特別障害者手当と共通している。その際、受給資格者またはその配偶者・扶養義務者の前年の所得が一定額以上であるときは、その支給が停止される。[*11]

特別児童扶養手当の運営管理は、他の手当とは異なって、国が行っている。ただし、給付要件の認定は、都道府県知事または政令指定都市の長が行う。特別児童扶養手当の財源は、児童手当では国2分の1、児童扶養手当では国3分の1といった負担割合であるのに対して、全額国庫負担によって構成されている。

（2）障害児福祉手当と特別障害者手当の概要

❶障害児福祉手当の概要

障害児福祉手当は、20歳未満の重度障害児本人に対する金銭給付であ

*11
特別児童扶養手当の所得制限限度額表（令和3〔2021〕年8月〜）によれば、例えば、4人世帯（受給資格者本人と児童を含む扶養親族3人）の場合、年収770万7,000円以上であるときは支給されない。

る。特別児童扶養手当が父母等などの養育者に対して支給されるのに対して、障害児福祉手当は、障害児本人に対して支給される。具体的には、精神または身体に重度の障害の状態にあるため、日常生活において常時介護を必要とする在宅の20歳未満の者であって、都道府県知事、市長または福祉事務所を設置する町村長の認定を受けた者である。ただし、在宅の重度障害児を対象にしていることから、福祉施設に入所している場合には支給されない。

　手当額は、月額1万5,220円である（令和5〔2023〕年度）。その際、受給資格者（障害児本人）またはその配偶者・扶養義務者の前年の所得が一定額以上であるときは、その支給が停止される[12]。この手当額に物価スライドが用いられているのは、児童扶養手当、特別児童扶養手当、特別障害者手当と共通している。

　制度の実施主体は、法定受託事務として都道府県、市、福祉事務所を設置する町村が担う。障害児福祉手当の財源は、特別児童扶養手当が全額国庫負担であるのに対して、国4分の3、都道府県・市・福祉事務所を設置する町村4分の1である。

❷特別障害者手当の概要

　特別障害者手当は、20歳以上の最重度の障害者本人に対する金銭給付である。障害児福祉手当と同様に、この特別障害者手当は、障害者本人に対して支給される。具体的には、精神または身体に著しく重度の障害の状態にあるため、日常生活において常時特別の介護を必要とする在宅の20歳以上の者であって、都道府県知事、市長または福祉事務所を設置する町村長の認定を受けた者である。在宅の重度障害者を対象にしていることから、福祉施設に入所している場合や3か月以上入院している場合には支給されない。

　手当額は、月額2万7,980円である（令和5〔2023〕年度）。その際、障害児福祉手当と同様に、受給資格者（障害者本人）またはその配偶者・扶養義務者の前年の所得が一定額以上であるときは、その支給が停止される[13]。この手当額に物価スライドが用いられているのは、児童扶養手当、特別児童扶養手当、障害児福祉手当と共通している。

　制度の実施主体や財源は、障害児福祉手当と同様である。法定受託事務として都道府県、市、福祉事務所を設置する町村が手当の支給を行う。財源は、国4分の3、都道府県・市・福祉事務所を設置する町村4分の1である。

*12
障害児福祉手当と特別障害者手当では同じ所得制限限度額表が用いられている。この所得制限限度額表（令和3〔2021〕年8月〜）によれば、例えば、4人世帯（扶養義務者と児童を含む扶養親族3人）の場合、年収901万2,000円以上であるときは支給されない。

*13
所得制限限度額表（令和3〔2021〕年8月〜）によれば、例えば、2人世帯（受給資格者本人と扶養親族1人）の場合、年収565万6,000円以上であるときは支給されない。

2 特別児童扶養手当等の沿革

（1）特別児童扶養手当の沿革

　児童扶養手当の制度化が年金制度（無拠出制の母子福祉年金）と近い関係にあったように、特別児童扶養手当の制度化もまた、年金制度（無拠出制の障害福祉年金）とのかかわりがある。旧国民年金法（昭和34〔1959〕年）では、拠出制の障害年金が設けられていたが、その一方で、無拠出制の福祉年金の１つに障害福祉年金が設けられていた。ただし、この無拠出制の障害福祉年金が20歳以上の障害者を対象としているのに対して、20歳未満の障害児への社会的給付がなかったことから、この無拠出制の障害福祉年金との均衡を図るために、別途、制度化が求められるようになったのである。他方、在宅の知的障害児、とりわけ重度の知的障害児をめぐって、施設入所だけではなく在宅対策の充実・強化していくという流れもあった。国の責任において特別の手当を支給し、知的障害児の福祉を増進していくということもまた、強調されたのである。このような姿勢の一端は、特別児童扶養手当の財源構成にもみることができる（全額国庫負担）。

　こうしたことを背景としながら、重度精神薄弱児手当法（昭和39〔1964〕年）が制定され、当初の特別児童扶養手当は、重度の知的障害児のための手当制度として始まっている。その後、重度の身体障害児も支給対象に加わったことに伴って、法律の名称が特別児童扶養手当法へと改められることになる（昭和41〔1966〕年）。支給対象はさらに拡大し、内部障害、精神障害、身体障害と精神障害の併合（重複）障害へとその範囲が広がった（昭和47〔1972〕年）。なお、特別児童扶養手当の支給対象となる障害程度が１級（重度の障害）と２級（中程度の障害）に区分されたのが、昭和50（1975）年のことである。その理由の一つは、従来からの支給対象である重度の障害児（１級）に対する手当額の引き上げを行うため、もう一つは、支給対象の範囲を中程度の障害児（２級）にも広げるためである。

（2）障害児福祉手当と特別障害者手当の沿革

　特別児童扶養手当に加えて、重度の知的障害と重度の身体障害が重複し、常時特別の介護を必要とする者（障害児だけではなく20歳以上の障害者も支給対象）のための特別福祉手当が新たに設けられた（昭和49〔1974〕年）。特別児童扶養手当法から特別児童扶養手当等の支給に関す

る法律へと名称が改められることになったのは、この特別福祉手当が新設されたからである。その翌年の制度改正によって、特別福祉手当は福祉手当へと発展的に解消・吸収され、重度の重複障害だけではなく重度障害一般へと支給対象となる範囲が広がった（昭和50〔1975〕年）。この福祉手当は、年齢を問わず、障害を支給事由とする公的年金等の支給を受けることのできない在宅の重度障害児・者（身体障害者等級の１級程度）を対象としていた。例えば、無拠出制の障害福祉年金を受給する成人の障害者にとって、この手当は、拠出制の障害年金との偏りを緩和する役割を果たすものであった。

　その後、国際障害者年（昭和56〔1981〕年）を契機としつつ、所得保障をはじめとする障害者の生活保障の必要性が強調されるようになったことを背景にして、年金制度改正（昭和60〔1985〕年）のなかで障害基礎年金が創設されることになる。その際、無拠出制の障害福祉年金も障害基礎年金へと移行し、給付水準が大幅に改善されることになったのである。こうした年金制度改正とのかかわりで、福祉手当にも再び変更が加えられることになる。20歳以上の重度障害者に対応する福祉手当が再編され、新たに制度化されるようになったのが、特別障害者手当である（昭和61〔1986〕年）。この特別障害者手当は、とりわけ特別な費用を必要とする在宅の重度障害者の所得保障につなげていくために、障害基礎年金との併給によって、その負担の軽減を図るために重点的に支給しようとするものである（**図11-2**）。これに対して、従来の福祉手当の支給対象を20歳未満の児童（在宅の重度障害児）に限定する仕組みとして

〈図11-2〉 **障害児・者の所得保障のための手当や年金制度の関係性**

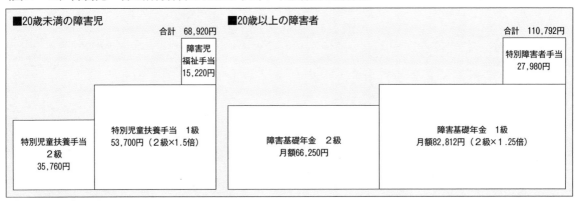

（注）手当額、障害基礎年金ともに令和５（2023）年度の月額である。
（出典）公益財団法人児童育成協会監修『児童扶養手当・特別児童扶養手当・障害児福祉手当・特別障害者手当法令通知集　第２版』中央法規出版、2021年、2002頁をもとに一部改編

再編されたのが、障害児福祉手当である（昭和61〔1986〕年）。手当の名称も福祉手当から障害児福祉手当へと改められているが、実質的にはこの障害児福祉手当が従来の福祉手当を引き継いでいる。この障害児福祉手当は、特別児童扶養手当との併給によって、在宅の重度障害児の所得保障につなげようとするものである（**図11－2**）。

第5節　社会手当の特徴と課題

1 社会手当の多面性

　例えば、児童手当をめぐって、何のための手当か、その目的や意味が曖昧であるという指摘は少なくない。ただし、目的の後付けや歯切れのよい説明よりも重要なのは、視点の当て方によって社会手当のとらえ方が変わってくるという点である。言い換えれば、社会手当のもつ多面的な要素がどう併存しているのかという観点からみていくことが重要なのであって、これらを一面的あるいは対立的にとらえることは適切ではない。

　ただし、財政上の制約や政治状況によって、社会手当をめぐる受給資格や内容には変更がしばしば生じてきた。確かに、それぞれの支給要件を満たす限りにおいて社会手当を受給する権利が生じることになるのだが、ただし、財政や政治といった観点だけが突出して注目されるようになると、権利といってもこれらの状況に左右されやすいものになってしまう。こうしたことから、社会手当の支給要件に単に当てはまるかどうか、損か得かといったとらえ方ではなく、社会福祉の観点から、受給資格がどう対象設定されてきたのか、所得保障の必要性（ニーズ）とのつながりはどうか、近接する諸制度との関係性はどうかといった点に目を向けていくことが重要である。社会手当をめぐって、そのときどきの社会の姿勢がこうしたところに表出するからである。

2 給付の定型性と家族形態の非定型性

　社会手当がもつ給付の定型性という性質に対して、給付を受ける側の生活主体に目を向けてみるならば、その生活のありようや所得保障の必要性は、近年、かなり多様化している。具体的には、少子化という状況に加えて、離婚率の上昇、ひとり親や未婚の母も増加しつつある。虐待やDV（配偶者からの暴力）といった問題がかかわってくることもある。例えば、児童扶養手当が制度化されたころの社会であれば、一定の家族像が想定されていたかもしれないが、今日のような非定型的な家族形態や不安定な雇用形態にある家族のありようと、定型的な給付との間に一定のギャップが生じている可能性は少なくない。ややもすると見逃され

がちな点かもしれないが、こうしたギャップに目を向けていくこともま
た重要なことである。

参考文献
● 伊奈川秀和『＜概観＞社会福祉法』信山社、2018年
● 厚生労働統計協会 編『国民の福祉と介護の動向2022／2023・厚生の指標　増刊』第69
　巻第10号、2022年
●『五訂　児童手当法の解説』中央法規出版、2013年
● 坂元貞一郎『児童福祉法の解説』社会保険研究所、1972年
● 坂本龍彦『児童扶養手当法・特別児童扶養手当等の支給に関する法律の解釈と運用』
　中央法規出版、1987年
● 黒田有志弥「社会手当の意義と課題－児童手当制度及び児童扶養手当制度からの示唆」
　『社会保障研究』第1巻第2号、国立社会保障・人口問題研究所、2016年
● 福田素生「第9章その他の社会保障制度」精神保健福祉士・社会福祉士養成基礎セミ
　ナー編集委員会 編『社会保障論 第7巻』へるす出版、2008年

第 **12** 章

諸外国における社会保障制度の概要

学習のねらい

　諸外国における社会保障制度の概要を、国際比較の観点から学ぶ。諸外国の社会保障制度は、各国の経済社会システムのあり方との関係でその特色をとらえるべきである。経済社会システムと社会保障との組み合わせとしての福祉国家の類型は、アメリカ型、大陸ヨーロッパ型、北欧型に分けられ、日本も独自の特色を有している。また、医療、年金、福祉など各分野ごとの世界的潮流についても学ぶ。

　イギリスは税財源による国民保健サービスを特色としており、政権交代で改革が行われてきた。ドイツは職種ごとに分立した社会保険制度と、日本の先例となった介護保険制度を特色とする。フランスの制度は、職種ごとに分立した社会保険制度と社会扶助制度から成る。スウェーデンは、広範かつ高水準の所得保障と自治体による医療・福祉サービスを特色としている。アメリカでは、年金のほかは限定された医療保障と公的扶助制度しか存在しない点が特色である。

第1節　社会保障の国際比較

1　国際比較を見る視点

　わが国の社会保障を理解するためには、国際比較はおおいに参考になる。ただし、諸外国の制度について、単に「先進的な」ものとして取り入れていこうとするアプローチには限界がある。社会保障制度の体系は国により大きく異なっているが、それは、その国の文化や歴史など社会的背景に支えられたものであり、文化も歴史も異なるわが国にそのまま取り入れられるものではないからである。

　一方で、1980年代以降の「福祉国家の危機」[*1]への対応には、多様な類型が見られるなかで、各国において共通に見られる流れ、つまり、世界的潮流というものも見られる。低成長のもとで、経済財政的な観点での社会保障の効率化と、新たなニーズに対応した社会保障の拡充の両面である。各分野でも共通した流れが見られる。

　このように、国の文化的歴史的背景に基づき、異なる部分と共通した改革の方向性の両方に着目して国際比較を行うべきである。

　わが国の社会保障はかなり先進的な段階に達し、遅れているとはもはやいえない。福祉関係者にはまだ「先進国に学べ」的な考え方が強いが、キャッチアップ段階はすでに過ぎた。各国とも同じように悩んでいるのであり、お互いに学び合う双方向の交流が必要である。世界に類のない国民皆保険・皆年金制度など、わが国の制度にも先進的なところが多い。

2　エスピン-アンデルセンの福祉国家の3類型

　福祉国家の類型論としては、従来さまざまなものが試みられてきた。古くは、経済が発展するほど社会保障が発展するという説明に基づき、先進的な国と後進的な国に分類する単線的な進歩史観に基づくものが中心であった。その後、福祉国家の比較研究が行われるようになったが、これは社会支出の額の大きさで分類し、都市化、高齢化、経済成長、労働運動の強さなどの要素の影響を分析する定量的なものであった（ウィレンスキー〔Wilensky, H. L.〕など）。

　ティトマス（Titmuss, R. M.）の福祉国家3類型（産業的業績達成モ

＊1
福祉国家とは、経済的には資本主義、政治的には民主主義を前提とし、社会保障と完全雇用政策を第一義的な政策課題として位置付ける国家のあり方をいう。1950～1960年代には経済成長と社会保障の拡充が両立しており、福祉国家の黄金時代とされていたが、1970年代初めの石油ショックを機に、先進国は軒並み低成長に移行する一方で、少子高齢化が急速に進行し、社会保障の負担と給付の見直しが必要とされ、福祉国家の危機とよばれるようになった。

デル・制度的再分配モデル・残余的福祉モデル）を発展させ、福祉国家
の類型論を完成したといわれるのが、**エスピン-アンデルセン**
(Esping-Andersen, G.) の類型論である。これは、ある単一の基準に従
って位置付けるのではなく、各国の多様性に注目して、いくつかの類型
に分類するものである。エスピン-アンデルセンは、社会保障給付がど
の程度賃金や雇用期間など労働者の市場への依存度合いに基づいて決め
られているか（脱商品化度）、制度がどの程度職域ごとに分立している
かや公的扶助の比重など（階層化度）、家族による負担がどれだけ軽減
されているか（脱家族度）の３つを主な指標として、次の３つのレジー
ムに福祉国家を類型化した。

　エスピン-アンデルセンの福祉国家の類型論は、社会保障支出の大き
さのみに着目する従来の単線的な福祉国家観を克服し、国ごとの経済・
社会・文化の多様性をふまえたものとして、福祉国家の理解に大きな影
響を与えた。一方で、制度構造に着目したもので、福祉国家の危機に対
する各国の改革動向の視点が弱い、分析対象が年金を中心とした現金給
付中心である、分類が欧米中心で日本の位置付けが不明確であり、北欧
モデルを優位とする偏りがあるなどの欠点も有するが、各国の社会保障
の類型をおおまかに理解するには有益なものであるといえる。

　第一の類型は、保守主義レジームである（大陸ヨーロッパ型）。大陸
ヨーロッパ諸国であるフランスやドイツがこれに含まれる。これらの国
では、就労できない場合でも生活が維持できるよう社会保障給付が手厚
く、脱商品化度は高いが、企業従業員・公務員・自営業者など、職業的
地位に応じて制度が分立していて、職業的地位による格差が維持されて
おり、階層化度が高い。また、教会の強い影響があり、伝統的な家族主
義の維持が図られており、脱家族度も低い。社会保障給付と負担の水準
は中程度（中福祉中負担）であり、現物サービスの給付より現金給付が
多く、高齢者向け給付が多い。中核的な技能労働者を保護し、高賃金の
維持と雇用の保護を図ってきたが、一方で雇用硬直化を招き、高い失業
率と福祉に依存するアウトサイダーを増やすこととなった。また高水準
の社会保障は、社会保障費の上昇を招き、財政赤字を深刻にした。

　第二の類型は、社会民主主義レジームである（北欧型）。スウェーデ
ンなど北欧諸国がこれに含まれる。全国民を対象とする普遍的な社会サ
ービスを中心とした高水準の社会保障制度が存在し、脱商品化度が高く、
階層化度は低い。家族主義が弱く、男女平等が進み、社会的扶養が一般
的で、脱家族度が高い。社会保障給付と負担の水準は高く（高福祉高負

担）であり、現金給付よりも現物サービスの給付が多い。中核的な技能労働者の雇用を重視する一方、非熟練労働者にも福祉など公的部門で雇用を提供している点で、フランスやドイツと異なっており、公的部門の割合はきわめて高くなっている。また、職業訓練などによって職を求める人に産業の期待に応じた職を提供し、低生産性部門から高生産性部門への労働力の移転を促す積極的労働市場政策を進めてきたため、失業率も抑えられてきた。こうした仕組みのもとで、社会的平等を達成することができた一方で、高水準の社会保障は社会保障費の上昇を招き、財政赤字と企業のコスト増を招いている。

　第三の類型は、自由主義レジームである（アメリカ型）。アメリカ、カナダ、オーストラリアなどが含まれる。個人の責任を強調し、最低限の保障と資力調査付きの給付が特色であり、働く代わりに福祉を選択することがないよう、低所得者に給付対象は限定されており、脱商品化度が低い。多くの人は民間企業が提供するサービスを市場を通じて購入するなど、階層化度は高い。子育ても個人的責任とされ、公的支援はひとり親の低所得者を中心とする扶助制度などに限定され、脱家族度も低い。機会均等のためのノーマライゼーションや差別禁止が重んじられる一方、社会保障給付の水準は低い（低福祉低負担）。労働市場は柔軟であり、賃金抑制によって低賃金の雇用を確保し、比較的低失業を維持する一方、不平等と貧困が広範に見られ、所得格差が大きくなっている。[*2]

3 日本型の福祉国家類型

　エスピン-アンデルセンは、日本の位置付けに苦しみ、自由主義的レジームとコーポラティズム的保守主義レジームの独特な合成型と一応は定義しつつ、当時は制度の歴史が浅くまだ発展途上にあるため、最終的な判定はできない、としていた。ここでは、無理に類型に当てはめようとせず、日本型福祉国家の特色を掲げておこう。

　日本では、高度成長期に社会保障制度の整備が進み、昭和36（1961）年には国民皆保険が達成され、昭和48（1973）年には給付水準の大幅引き上げが行われた（福祉元年）。

　社会保障制度の特徴としては、まず、職業別に分立した社会保険制度を中心とし、扶養手当や福利厚生など手厚い企業福祉が社会保障制度を補完してきた。また、国民健康保険や政府管掌健康保険（現 協会けんぽ）など、農業者や中小企業などに配慮した制度が、社会保障制度の普

*2
イギリスはしばしば「英米型」としてアメリカと一緒にされるが、構造としては、社会保障の分野におけるイギリスとアメリカの違いは大きいことに注意する必要がある。イギリスでは、もともと普遍的な社会保障制度が確立していたため、サッチャー／メイジャー政権（1979-1997年）による社会保障改革はアメリカ型の改革と同じ方向性を向いたものであったが、既存の制度の効率化を主とするものにとどまった。イギリスはベヴァリッジによる社会保障の祖国であり、社会保険と税による基礎保障が組み合わされており、構造的には、イギリスの社会保障制度は大陸ヨーロッパ型と北欧型の組み合わせともいえる。

及に不可欠な役割を果たしてきており、世界に例のない「皆保険制度」を達成している。脱商品化度は低く、階層化度は高いといえるが、皆保険制度により全国民に対し普遍的なサービスを提供していることも特色である。さらに、こうした社会保障制度は、労働組合と事業主団体の合意よりも、官僚が欧米「先進国」の制度を輸入する形で発展してきたが、健康保険組合や医療法人・社会福祉法人など、民間事業者が実施主体になっていることも、特徴としてあげられる。一方、家族給付の水準が低いことや、社会保険における被扶養の仕組みなどが強いことなどから、脱家族度は低いといえる。

　こうした日本の社会保障制度の特徴は、経済社会システムの特徴、つまり、終身雇用、年功賃金、企業別労働組合という日本型雇用慣行、農村と中小企業への手厚い保護政策による公平な富の分配の達成、強力な官僚制による市場機能の補完という産業政策などと整合してきたものといえる。

　輸出志向による経済成長の持続によるパイ（経済）の拡大を優先課題としてきたため、社会保障制度の創設ないし成熟が比較的遅れている間に、急速な人口の高齢化と社会保障関係のコスト増への危惧に由来する社会保障の合理化の動きが始まった（「日本型福祉社会」の提唱や医療費適正化の開始は1980年代）。こうした改革により、これまで、社会保障の給付水準の高さ（特に年金・医療）とコストの低さ（GDP〔国内総生産〕比や医療費）で総じて良好なパフォーマンスを示してきた。これまでの社会保障の給付と負担の程度は中程度（中福祉中負担）であったといえる。

　しかしながら、こうした対応は1990年代のバブルの崩壊を機に行き詰まったことが、2000年代に入って認識されるようになった。まず、経済のグローバル化の波により、これまでのやり方は、国内の閉鎖的慣行であるとされ、政府規制や補助などの政策介入や、慣行的な企業運営をむずかしくした。また、急速な少子高齢化や経済社会の変動は、これまで比較的少なくて済んだ各種の社会保障給付へのニーズを増やしている。さらに、雇用の流動化による労働市場の変動や、女性の雇用の増加等による家族構造の変容は、これまでの経済社会システムが前提としてきた、家族と企業への依存を許さなくしている。こうしたなかで、給付と負担の伸びの抑制を中心とした社会保障改革が進められてきたが、経済の低迷と社会格差の拡大のなかで、それをいっそう徹底するのか、転換を図るかの選択を求められている。

第2節 先進諸国における社会保障制度の概要

1 イギリス

（1）社会保障制度の概要

　イギリスでは、第二次世界大戦中に出された「ベヴァリッジ報告」により社会保障制度の青写真が示され、その後、その体系が整備されていった。この中では、税財源により原則として無料で医療サービスを提供する、イギリス独特の**国民保健サービス（NHS）**と、社会保険方式による年金制度が特徴的である。

　1980年代〜1990年代なかばにかけて、保守党のサッチャー／メイジャー政権下で、年金や失業給付などの所得保障給付の水準の大幅引き下げ、市場原理に基づく競争を重視した医療制度や高齢者介護制度の改革などを行い、イギリスの社会保障は大きく変質した。

　その後、1997年に発足した労働党のブレア政権は、サッチャー政権以来の自立自助路線を継承しつつ、社会的公正の視点でこれを調整していく「第三の道」を標榜した改革を推進してきた。このため、積極的な雇用促進策、就労促進的にするための社会保障給付の見直しと低所得者への重点的な資源配分を推進してきた。

　また、公的医療制度については、手術や入院の長期間待機が慢性化しており、これに対処すべく医療供給体制の改革が進められてきた。

　2010年に保守党政権が発足してからは、いっそう就労促進的な制度に向けて社会保障改革を進めてきた。

（2）年金制度

❶老齢年金制度

　すべての就業者（所得が一定額以下の者を除く）は、公的年金である国民保険の保険料を拠出する義務がある。長い間、基礎年金と所得比例年金の2階建ての制度であったが、構造の簡素化が図られ、2016年から全就業者等を対象とする一層型年金のみの仕組みとなっている。これにより、被用者は所得比例で保険料を支払い、定額の給付を受けることになった。

被用者の場合の保険料率は原則25.8％（被用者12.0％、事業主13.8％）、支給開始年齢は現在66歳で、将来68歳まで引き上げられることが決まっている。公的年金の満額支給額は、週185.15ポンド（2022年度）が基本である。

❷近年の改革

イギリスの公的年金の給付水準が高くなく、高齢化の速度も比較的緩やかであるため、年金財政への危機感は比較的小さく、中・低所得者の給付水準の充実などが中心的な課題とされてきた。1999年及び2000年の年金改革では、従来の国家所得比例年金に比べて低所得者の給付額を高めた国家第二年金を創設して国家所得比例年金と置き換えるとともに、高齢者向けの最低所得保障制度が創設された（2003年に「年金クレジット」という名称に変更）。また、管理費用を縮減することにより、保険料を低額に抑えた確定拠出型個人年金であるステークホルダー年金を創設し、公的年金を補完することとされた。事業主にアクセス提供義務を課したが、加入は低調であり、2012年から低・中所得者向けの個人勘定年金であるNEST（国家雇用貯蓄信託）が導入され、労働者が自動的に加入すること（任意脱退可能）となった。

このほか2007年改革で、支給開始年齢の段階的な68歳までの引き上げなどが決められている。

2010年の保守党政権の成立の後、支給開始年齢の引き上げの前倒しが決まった。2014年には、２階建ての構造になっていた年金制度を１階建てに再編し、給付は定額とするとともに、それまであった、一定の基準を満たす職域年金等に加入している場合は一部加入免除される仕組みを廃止する改革法が成立し、2016年から施行されている。

（3）国民保健サービス
❶制度の仕組み

イギリスでは、1948年に創設された国民保健サービス（NHS）によって、すべての住民に医療サービスを税財源により原則無料で提供する仕組みとなっている。なお、民間保険や自費によるプライベート医療も行われており、国民医療費の１割程度を占めている。

国民は、救急医療の場合を除き、あらかじめ登録した**一般家庭医（GP）**の診察を受け、必要に応じGPの紹介により、病院の専門医で受診する仕組みとなっている。これまで医療費の抑制には成功してきたが、

長年にわたる病床数の削減等を背景として、入院や手術等の待機期間の
長期化が問題とされてきた。

❷NHS改革

1991年に保守党サッチャー政権下で行われたNHS改革では、NHS組
織の硬直性と非効率の是正のため、競争原理の導入を主眼として、それ
まで国営であった病院を国から独立した公営企業（NHSトラスト）と
し、一般家庭医（GP）に登録患者にかかわる予算管理を行わせる（予
算保持一般家庭医）ことにより、紹介患者の治療について両者に価格交
渉させ、NHS内部にいわば「疑似市場」を創設する改革が行われた。

この改革は一定の成果を得たものの、投資不足と相まって、待機期間
の長期化等の問題が深刻化した。そこで、1997年の労働党ブレア政権の
発足後、2007年までの5年間をかけてNHS予算を毎年引き上げた。ま
た、2000年にNHS改革の計画が策定され、これに基づき地方分権、施
設や人員の拡充、質の向上などのための改革が進められた。ただし、保
守党政権下で設けられた内部市場の仕組みについては、予算保持一般家
庭医を廃止し、地域ごとに予算管理を行うプライマリーケア・トラスト
（PCT）制度に移行させ、独立採算制であるNHSトラストの制度をさら
に進めて、NHSファンデーショントラスト（FT）にするほかは、おお
むね維持することとされた。

2010年の政権交代の後、FTの自由度を高める、PCTを廃止してGPを
中心に構成される団体（CCGs）がFTに病院での医療を委託する仕組み
にするなど、医療分野におけるいっそうの規制緩和と分権化が進められ
ている。

（4）社会福祉制度

❶公的扶助

イギリスの公的扶助は、長い間、収入・資産が所定の基準で算出した
所要生計費に満たない場合、実際の収入との差額が支給される所得補助
制度を中心としていた。

労働党政権下では、「福祉から雇用へ」のかけ声のもと、福祉給付受
給者に対する就労支援が強化され、就労能力のある者の所得保障は所得
補助ではなく、就労を厳しく求められる求職者給付制度で行うこととさ
れ、1996年から導入された。

また、いっそうの就労促進のため、2003年から、一定所得以下の場合

に所得の補塡のための給付を行う給付つき税額控除制度（児童税額控除・就労税額控除・年金クレジット）が創設された。それぞれ就業者のいない児童のいる家庭、児童がいない貧困家庭、高齢者等が対象に含まれた。

　その後、2010年の政権交代を受けて、2012年法により、従来の所得補助・求職者給付・給付付き税額控除などの制度を統合して、求職活動を義務付けるなど就労促進的な統一的公的扶助制度であるユニバーサルクレジットを創設することが決まり、2024年までかけて段階的に施行されている。

❷高齢者福祉

　イギリスでは、保健医療サービスは国営のNHS制度の下で、また、福祉サービスは地方自治体による対人社会サービスとして、いずれも税方式で提供されている。

　保守党政権下のコミュニティケア改革により、1993年以降、地方公共団体がケアマネジメントを行うことにより、申請者個々の福祉ニーズを総合的に評価し、望ましいサービスの質及び量を具体的に決定する一方、これを最も効率的に提供できる供給者を競争で選び、契約によってサービスを提供する方式が採用された。これにより自治体直営のサービスが縮小し、民間サービスへの移行が進んだ。

　その後、労働党政権になって、保守党政権下の民間参入の促進と、地方分権の推進の結果、地域間・利用者間の不公平が拡大したとして、サービス提供者や地方公共団体に対する国レベルの関与が強化され、従来自治体ごとに異なっていた、各種サービスの国レベルの基準の整備や監督の強化などが進められてきた。

　2010年の政権交代の後、従来錯綜していた関係各法を統合し、理念を明確にするとともに、国レベルでの最低限の受給資格を設定することなどを定めた2014年ケア法が成立し、順次施行されている。

❸障害者福祉

　身体障害者及び知的障害者については、地方自治体が中心となって、デイケア、ホームヘルプサービス、施設、給食、補装具の支給、住宅改造、職業訓練等のサービスを提供している。

　また、障害による就労不能による就労不能給付や、重度障害による生活費の加重を補う障害者生活手当等の現金給付がある。精神障害者につ

いては、保健医療サービスはNHSが、福祉サービスは地方自治体が中心となって、デイサービスセンター、入所施設等を提供している。

　障害者の自己決定の観点から、障害者に介護者の雇用のための現金を支給する直接支払制度（ダイレクトペイメント）が導入され、拡充されていることが特色となっている。

❹児童福祉

　イギリスでは、少子化対策は行われておらず、児童福祉・家族政策の中心課題は、全児童の約3分の1といわれる子どもの貧困の問題である。これまで、貧困児童を半減させることをねらいとし、母子家庭への職業訓練などを柱とした「福祉から雇用へ」という一連の施策を実施したほか、現金給付においても、従来の児童手当（16歳未満まで）に加え、児童税額控除制度等により貧困からの脱却を促す施策が展開されてきた。また、不利な環境にある家庭を対象として育児環境の総合的改善を図る取り組み（シュア・スタート）を推進してきた。2010年には子ども貧困法が成立し、相対的貧困を10%以下にするなどの国家目標を設け、そのための基本的な戦略を策定して対応することとした。

　一方、家庭責任を有する者の仕事との両立支援策については、育児休暇の不備など、立ち遅れが目立つ。保育サービスについても、原則自己負担であるほか、早期教育と保育を統合して提供する仕組みがつくられているものの、公立の施設は数が少なく、ひとり親家庭など特別なニーズがある児童が優先利用しており、施設の多くは、企業内託児所や民間企業が設立したものになっている。

　2010年の保守党への政権交代後、2013年から児童手当への所得制限導入などが行われている。

2 ドイツ

（1）社会保障制度の概要

　ドイツの社会保障制度は、世界で最初に社会保険を制度化した19世紀末のビスマルクの疾病保険法に始まる。現在では職種ごとに分立した年金、医療保険制度と、日本の先例となった介護保険制度を特徴とする。

（2）年金制度

❶制度の概要

　年金制度は、被用者年金、公務員年金、自営業者年金、農業者年金など、職種ごとに分立している。被用者・公務員は原則として強制加入することになっているが、多くの自営業者には任意加入が認められており、国民皆年金とはなっていない。

　財源は原則労使折半の保険料（賃金の18.6％相当額、2023年）及び国庫補助（約4分の1）であるが、保険料の引き上げを抑えるため、近年、付加価値税や環境税など多様な税財源を年金財源に充ててきている。老齢年金は原則66歳以上の者に支給されるが、将来67歳までの引き上げが行われる予定である。

❷改革の動向

　近年、保険料負担の増加を抑えるという観点から、給付水準の引き下げ、環境税等保険料以外の財源の確保、国庫補助のある個人年金であるリースター年金の導入などを行ってきており、政権交代により多少の動揺はあるものの、一貫してこの観点で改革を継続してきている。

　2001年年金改革では、公的年金の給付水準の引き下げの補完を目的として、補助金等の優遇措置のある個人年金であるリースター年金の導入が行われた。2004年改革では、現役世代に対する年金受給者の割合の増加の分だけスライド率を引き下げる方式への変更（持続性要素の導入）が行われ、2007年改革では、支給開始年齢を将来的には段階的に67歳へ引き上げることが決まっている。

（3）医療制度

❶医療保険制度

　医療保険制度は、一般労働者や職員などを対象とした一般制度と、自営業者を対象とした保険制度とに大別され、地域、企業などを単位とした**疾病金庫**（96金庫〔2023年〕）を保険者として、運営されている。一定所得以上の者や公務員などは強制適用ではないが、実際に公的医療保険でカバーされる者は、全国民の約9割に達している。なお、2007年改革で、すべての者が原則として公的または民間の医療保険に加入を義務付けられることになった。

　財源は原則として労使折半で負担する保険料であるが、被扶養者等に対する給付等に充当するための国庫補助がある。なお保険料率は、これ

第12章

まで疾病金庫ごとに定められていたが、2009年から統一され、14.6%（2023年）となっている。

　給付内容については、現物給付を原則としており、医療給付のほか、予防給付、医学的リハビリテーション給付などがあることが、特色となっている。

❷医療供給体制

　患者は、開業医については自由に選択できるが、病院へのアクセスは、一般開業医による紹介が必要であり（ただし直接専門医にかかることは禁止されていない）、患者はこの紹介をもとに病院に行くことになる。

　病院は大きく分けて、市町村や州が運営する公立病院や、宗教団体などによって経営される公益病院及び私立病院の3種類がある。病院は疾病金庫と個別契約することで保険医療機関となる。

❸改革の動向

　1993年の医療保険構造法において、疾病金庫選択制（全被保険者が自ら加入する保険者を選択できる）を導入したことは、保険者間の競争により効率化を図る方策の導入として画期的なものであった。これ以降、疾病金庫の統合再編が大きく進んだ。

　2004年から施行された公的医療保険近代化法では、外来初診時の定額診察料の導入など自己負担の拡大、歯科治療の公的保険対象からの除外などのほか、疾病金庫の契約の自由度の拡大、入院医療における疾病分類別包括払いの全面導入などが行われ、効率化への動きも進んでいる。

　2007年には、公的医療保険競争強化法が成立し、2009年からすべての国民の医療保険への加入の義務付けと、医療基金が単一保険料を徴収し、各疾病金庫に交付する仕組みが始められた。

（4）社会福祉制度

❶公的扶助

　連邦社会扶助法に基づく社会扶助には、必要不可欠な生計費等を保障する生活扶助と、高齢や稼得不能による生活困難者に対する基礎保障がある。財源は地方自治体の一般財源が原則であるが、近年連邦負担が引き上げられている。

　なお、2005年のハルツ改革により、従来の失業扶助（失業保険が終了した人に資力調査の上で支給するもの）が廃止され、就労能力のある失

業者であって、扶助が必要な状態にある者に対しては、求職活動を条件にした求職者基礎保障（失業給付Ⅱ）が支給され、高齢や就労不能な者が受給する社会扶助と明確に区別されることとなった。

❷介護保険・高齢者福祉

　日本が参考にした介護保険制度があり、被保険者は原則として医療保険の被保険者と同じ範囲であり、年齢による制限はない。財源については、労使折半（年金受給者の場合には、年金保険者が事業主分を負担）による保険料で、保険料率は3.05％である（2023年）。

　給付の要件は、「メディカルサービス（MDK）」（疾病金庫が地域に共同で設置し、医師、介護士等が参加）の審査に基づき、要介護度及び介護給付の決定を介護金庫から受けることである。給付内容は、在宅介護給付と施設介護給付とがあり、介護金庫と契約を締結した事業者が提供しているが、現金給付を選べるので、現金給付を選択する場合が多い。なお、対象は高齢者に限定されない。また、施設サービスとしては、老人居住ホーム、老人ホーム、老人介護ホーム等が存在し、要介護度別に介護保険から給付が行われる。

❸障害者福祉

　障害者福祉を行っている団体は、民間団体及び自治体などの公的団体であるが、民間団体、特に宗教団体の役割が大きい。サービスの内容としては、障害者福祉施設の設置等が行われている。介護保険の給付も受けられる。

❹児童福祉

　ドイツの家族政策は、伝統的家族維持型とされ、少なくとも子どもが3歳になるまでは母親のもとで育てるべきだとの考えが強い。合計特殊出生率は低い。公的保育サービスの整備よりも、育児休業期間を延長して母親が自宅で育児できるようにすることを援助する政策を重視してきた。

　こうした観点から、育児休暇は最長3年間と長く、従前賃金の一定割合を保障する両親手当もある。保育所の整備水準は低かったが、拡充が進められている。

　児童手当は、所得の多寡にかかわらず、原則として、18歳未満のすべての子どもを対象に支払われる（税額控除方式）。一方で、児童扶養控

除制度（所得控除方式）も併存し、有利なほうが適用される。

　なお、年金計算上の評価の措置として、子どもを養育している者は、誕生から3年間、その間の平均報酬に相当する保険料を支払ったものとして評価される。

3 フランス

（1）社会保障制度の概要

　1945年に**ラロック**（Laroque, P.）による社会保障プランが発表され、国民連帯の理念に基づく社会保障制度の創設が図られた。フランスの社会保険は、職域に応じて多数の制度が分立することが特徴である。ただし、国民の大多数は、いずれかの年金制度及び医療保険制度によってカバーされている。保険料負担は労使で分担するが、使用者負担の割合が非常に大きいことが特徴である。なお、介護保険制度は存在しないが、介護給付として、高齢者自助手当（APA）が存在する。

（2）年金制度

❶制度の概要

　フランスの公的年金制度は、法定基礎制度として職域ごとに強制加入の制度が多数存在する。ただし、無業者は任意加入となっているので、国民皆保険とはなっていない。各職域年金の管理運営機構として、金庫（caisse）が設置されている。その中で代表的な制度は、民間の給与所得者等を対象とする一般制度である。

　一般制度の財源は、被用者の場合、労使拠出の保険料で、報酬全体を対象に被用者が0.4％、使用者が1.9％の保険料を負担し、さらに報酬限度額までを対象に、被用者6.90％、使用者8.55％を負担する（2023年）。支給開始年齢は62歳、満額年金の支給開始年齢は67歳である。給付率は、満額年金であれば、原則として、従前賃金のうち最も高い25年間の平均賃金の50％となっている。

　なお、法定基礎制度の上乗せとして補足年金制度があり、労使合意による労働協約により多くの職場に適用されて、重要な役割を果たしている。

❷改革の動向

　将来における保険料水準を抑えるため、1990年代からたび重なる年金

改革努力を行ってきているが、政治的争点になり、あまり成功してこな
かった。そうしたなかで、保険料財源以外からの財源調達努力をしてき
ており、一般社会拠出金（CSG）、社会保障債務償還拠出金（CRDS）、
たばこ税やアルコール税などが、年金の財源とされている。

　2010年法により、支給開始年齢の62歳への引き上げや満額受給するた
めの拠出期間の延長を行うことが決まった。2014年法では、保険料率の
引き上げや保険料拠出期間の延長を行うことが決まった。2018年には自
営業者の制度が一般制度に統合された。

（3）医療制度
❶医療保険
　フランスの医療保険制度には、法定制度として職域ごとに分立した強
制加入の多数の制度があるが、このうち、国民の9割が一般制度に加入
している。現在、国民の99.9%が保険でカバーされている。

　財源は、一般制度では使用者が全額の13.0%を負担する保険料と、国
庫負担である（2023年）。給付率は医療行為により異なるが、外来の場
合は70%（原則は償還払い）、入院の場合は80%が原則である。ただし、
多くの場合、自己負担分は共済組合や相互扶助組合等の補足制度により
カバーされている。

❷医療供給体制
　フランスの医療供給体制は、医師に対する出来高払いによる診療報酬
を原則とすることと自由開業制をもつことで、日本と類似が多い点が注
目される。医療施設としては、公立病院の比率が高く、そのほか民間病
院、自由開業医がある。患者の受診にあたり、医療機関の選択は自由で
ある。

❸改革の動向
　フランスでは、各種計画を用いた医療費抑制の方策は早くからとられ
ていたが、1996年に導入された医療費の総額規制は、画期的な医療費抑
制策として注目された。その後、2004年から診断群分類による支払い方
式が導入されるなど、現場の医療サービスの効率化策もとられつつある。

　2004年の改革法では、保険給付範囲の見直し、自己負担の増（外来診
察時1ユーロの負担）などの医療費抑制策がとられる一方、かかりつけ
医制度の導入（ただし、イギリスのものと異なり、紹介状なしでも専門

医にかかることはできる）、保険者機能の強化、医療技術評価の強化などの効率化策もとられている。

2017年のマクロン政権の成立後、保険料の被用者負担をなくして税負担の割合を増やしている。

（4）社会福祉制度

❶公的扶助

活動連帯扶助（RSA）は、25歳以上で、生活に困窮し、失業している場合は就業努力を行っている者を対象としており、財源は国庫負担である（2009年に従来の最低社会復帰扶助〔RMI〕が再編されたもの）。また、高齢者連帯手当（ASPA）は、65歳以上で、年収が一定の額に達しない高齢の生活困窮者を対象とする給付である。

❷高齢者福祉

高齢者介護のための制度として、2002年に創設された高齢者自助手当（APA）の制度が存在する。適用対象は、60歳以上で、日常生活に支障のある高齢者である。財源は、国庫負担金（2004年に導入された使用者が支払う介護手当負担金を含む）及び県の負担金、年金保険の分担金等である。制度の運営は、全国自立連帯基金（CNSA）が行っている。要介護認定に基づき、在宅及び施設サービスが給付対象になる。

高齢者介護の施設サービスとしては、集合住宅、要介護高齢者居住施設及び長期医療ケア病床等の整備が図られている。在宅サービスとしては、地域社会福祉センターを経由したホームヘルプサービス等が行われている。

❸障害者福祉

施設入所福祉サービスとして、児童向けに知的障害児施設、運動障害児施設、重複障害児施設、再教育施設などがあり、成人障害者向けに障害者居住施設、障害者生活寮、重度障害者成人寮などがある。

また、在宅サービスについては、障害児教育のための地域支援センターの設置、各県の進路・職業委員会による職業指導等が行われている。20歳以上の障害者に支給される成人障害者手当（AAH）の受給者が多い。

❹児童福祉

　フランスにおいては、出生率の向上を明確な政策目的に据えて、積極的な公的介入を行っている。第３子以降にかかる経済的支援に重点を置いており、公的な保育や育児休業制度などにおいても、積極的な対応を行っている。合計特殊出生率は高いが、最近は低下している。

　社会保険制度の一つとしての家族手当は第２子から給付され、20歳になるまで支給される。子どもの数と年齢により段階的に割り増しがある。長く所得制限がないことが特色であったが、2015年から所得に応じて支給額が変動するようになった。

　税制上も、子どもが多いほど有利な所得課税方式や保育控除があり、年金制度上も、保険料納付期間や給付額の計算にあたり、子どもがいる者を優遇する措置がとられている。

　保育所は３歳未満の子どもを預かる施設であるが、供給は少ない。その一方で、在宅での保育サービスが発達しており、認定保育ママが保育需要の多くを担っている。この費用については、乳幼児受入手当として補助される。３歳から保育学校とよばれる義務教育が始まる。

　育児休業については、３歳に達するまでの間に最長３年間の休暇が可能であるとともに、所得等の要件を満たせば、手当が支給される。

4 スウェーデン

（1）社会保障制度の概要

　スウェーデンの社会保障制度は、高福祉・高負担で知られ、広範かつ高水準の所得保障を特徴としている。年金、児童手当、傷病手当などの現金給付は国の事業として実施されており、保健・医療サービスは、主にレギオン（日本の県に相当する広域自治体）が供給主体となっている。1990年代に行われたエーデル改革以来、福祉サービスは、**コミューン**（日本の市町村に相当する基礎的自治体）によって担われており、高齢者福祉サービス、障害者福祉サービス等が実施されている。

（2）年金制度

　老齢年金は、1999年の制度改正により、社会保険方式の所得比例年金に原則一本化し、年金額が一定水準に満たない者には、税財源による保証年金で補足する形になった。2021年からは補足年金によっても補足される。

保険料率は、将来にわたって18.5％に固定することとされており、そのうち16％が賦課方式で、2.5％が積立方式で財政運営される。賦課方式部分の支給額は、生涯に納付した保険料に対し、賃金上昇率をみなし運用利回りとして個人勘定で年金総額を決め、受給時の平均余命で割って年間支給額を決める方式となっている。このような方式は、賦課方式でありながら、拠出額があたかも個人勘定に積み立てられていき、それをもとに支給されるように見えることから、「概念上の拠出立て」とよばれ、若い世代に支払いのメリットを理解しやすくする方法として、世界的に注目された。日本の年金制度における「マクロ経済スライド」もこれを参考にしている。

支給開始年齢は、62歳以降自ら選択することができる（支給開始年齢に応じて年金額を増減）が、保証年金は66歳からである。

（3）医療制度
❶医療保障

スウェーデンの医療は、税方式による公営サービスが中心となっている。すなわち、県にあたる地方自治体（レギオン）が医療施設を設置、運営し、費用はレギオンの税収及び患者一部負担によってまかなわれる仕組みとなっている。

❷医療供給体制

公営サービス中心であることと関連して、スウェーデンの医療提供体制においては、医療機関の役割分担が明確になっている。具体的には、全国7つの保健医療圏に計7つの圏域病院があり、特に高度先進的な医療を提供している。

また、各レギオンごとに当該レギオン全体をカバーするレーン病院と、複数の地区に分けてカバーするレーン地区病院とがあり、さらにプライマリーケア地区ごとに地域医療センターなどがある。

レギオンに属する病床数は、1992年に実施されたエーデル改革で多くの長期療養病床等が福祉施設としてコミューンに移管されたことなどにより、相当程度縮減されている。

（4）社会福祉制度
❶公的扶助

わが国の生活保護にあたる社会扶助は、コミューンの責任のもとに運

営されており、財源はコミューンの一般財源である。就労能力のある者には求職活動が要求される。給付額は申請者の資力と所得を総合的に算定した額と、各コミューンが決めた基準額との差額となる。受給世帯類型別に見ると、シングルマザー世帯、若年世代、長期の受給者が多い、といった特徴がある。

　なお、高齢者に対しては、低額の老齢年金受給者のための住宅費補助や高齢者生計費補助の制度がある。

❷高齢者福祉

　高齢者福祉サービスには、わが国と同様、在宅福祉サービスと施設福祉サービスがある。スウェーデンにおける「施設」は、入所施設というよりも高齢者のための「特別の住居」ととらえられており、高齢者の集合住宅であるサービスハウス、重度の介護が必要な人のためのナーシングホーム、認知症の人のためのグループホームなどがあるが、境界はあいまいになってきている。

　サービスの提供主体は基本的にコミューンであるが、民間委託も増加傾向にある。費用はコミューンの税財源とサービス利用者の自己負担でまかなわれる。

❸障害者福祉施策

　障害者関係施策は、福祉サービスや所得保障施策（障害年金などの現金給付）のほか、教育、住宅、交通、就労支援、文化、福祉機器の提供など幅広い分野において、障害者の完全参加と平等の理念のもとに実施されている。

　障害者サービスはコミューンを中心として運営されており、ホームヘルプ等の在宅サービスや、グループホーム、サービスハウス等の施設サービスがある。

❹児童福祉

　スウェーデンでは、仕事と家庭の両立の観点から、保育サービスや育児休業制度が普及するとともに、児童手当が充実している。

　育児休業に関しては、子どもが12歳に達するまでのうち両親手当（事業主が支払う社会保険料を財源とする）を受給できる期間（最長480日間）の休業が可能である。給付水準も高い。育児休業の取得率も、男女とも極めて高くなっている。

保育サービスも充実しており、保育所の多くはコミューンにより設置運営されている。学校の一分類とされる保育所（プレスクール）と家庭保育（ファミリー・デイケア）があり、これらを利用する者の割合は1〜5歳児の85％程度となっている。両親休暇制度があるため、0歳児の保育所利用は基本的にはない。

16歳未満の子をもつ親は、所得制限なしで税財源による児童手当を受けることができる。第2子以降は、段階的に支給額が多くなる。税制による支援はなく、児童手当に一本化されている。

5 アメリカ

（1）社会保障制度の概要

アメリカの代表的な社会保障制度としては、広く国民一般をカバーする**老齢・遺族・障害年金制度（OASDI）**がある（1935年にルーズベルト大統領の「ニューディール政策」の中で創設された）が、公的医療保障は、原則として高齢者及び障害者向け医療保険であるメディケアと、低所得者向け医療扶助であるメディケイド（1965年にジョンソン大統領の「偉大な社会」計画の中で創設された）しかなく、公的扶助も極めて限定されたものしか存在しない。

とりわけ、医療保障、退職後所得保障の分野において民間部門の果たす役割が大きいことが特徴であり、また、公的な制度は州政府が制度運営の中心的役割を果たすものも多い。

（2）年金制度
❶老齢・遺族・障害年金

OASDIは、一般に社会保障年金（Social Security）とよばれ、連邦政府が運営している。この制度は、被用者や自営業者の大部分を対象とし、社会保障税を原則10年以上納めた者に対し年金を支給する社会保険制度である。

財源である社会保障税の税率は、OASDI相当分で2022年現在12.4％であり、被用者は事業主と折半してその半分を、自営業者は全額を負担している。給付については、老齢年金の支給開始年齢は2022年現在66歳であるが、2027年までの間に段階的に67歳に引き上げられることとなっている。

❷企業年金制度

アメリカにおいては、公的年金である社会保障年金に上乗せされるものとして、企業年金が多様な発展を見せている。

企業年金を大別すると、確定給付年金と確定拠出年金の2つの形態があり、近年は401kプランに代表される確定拠出年金が多くなってきている。こうした企業年金プランの創設は事業主の任意であり、法的に強制されているわけではないが、現実的には、大企業を中心とするほとんどの企業は、何らかの企業年金を有している。

（3）医療制度

❶医療保険制度

公的医療保険制度としては、高齢者及び障害者に対するメディケア及び低所得者に対する公的扶助であるメディケイドがある。

メディケアは連邦政府が運営しており、65歳以上の高齢者や障害者が対象であり、約6,020万人（2021年）が加入している。入院サービス等を保障する強制加入の病院保険（パートA）と、外来等における医師の診療等を保障する任意加入の補足的医療保険（パートB）などで構成されており、パートAが社会保障税（税率で2.9％相当分）を財源としているのに対し、パートBは加入者の保険料と連邦政府の一般財源によりまかなわれている。なお、メディケアでは、介護サービスはカバーされていない。

メディケイドは、低所得者に公的医療扶助を行う制度であり、2021年の加入者数は約6,190万人である。財源は州と連邦の歳入からまかなわれる。メディケイドは、通常の医療サービスをカバーする以外に、メディケアがカバーしない介護サービスもカバーする。

現役世代の多くは、雇用主を通じて民間の医療保険に加入しているが、全く医療保険の適用を受けていない国民が約2,700万人も存在する（人口の8.3％〔2021年〕）。

近年、各種保険の適用拡大、促進のための措置が講じられてきており、1997年の法律で、メディケイドの拡大による「児童の医療保険プログラム（CHIP）」が創設され、加入者は約906万人（2020年）となっている。

2009年に成立した民主党オバマ政権は、発足直後にCHIPを拡充したが、その後無保険者問題の技本的な解消のため、民間の医療保険を含めいずれかの保険加入の義務付け、低所得者の保険加入支援、企業に対する保険提供の義務付け、民間保険に対する規制強化、メディケイドの対

象拡大などを図るオバマケア法を2014年から本格施行し、無保険者の減少に一定の成果を上げた。2017年に成立した共和党トランプ政権は、オバマ政権が行った医療制度改革を廃止するとし、個人の医療保険加入義務の廃止や補助金の縮小等による弱体化を図ったが、廃止には至らなかった。2021年からの民主党バイデン政権の下で、医療保険への補助金増額など、医療保険への加入を促す政策が進められた。

❷医療供給体制

アメリカでは、患者は通常、まず近所で診療所を開業するプライマリーケア医を受診し、その後プライマリーケア医の推薦する専門医で受診することとなる。アメリカの専門医は病院に雇用されている勤務医ではなく、病院の近くに自前の事務所を抱える独立事業主となっている場合が多い。病院の多くもこのようなオープン病院のシステムをとるところが多く、専門医は、自らの契約する病院の機器、病床を使って治療（手術等）を行い、退院後は自らのオフィスに患者を通院させることとなる。

アメリカにおいて際立つのは、保険者が契約を結んだ病院しか受診できず、給付内容について保険者が審査を行うことを特徴とするマネジドケアである。保険料を支払った者は、契約医療機関におけるサービスが受けられるHMO（健康維持機構）が代表的なもので、保険者・医療機関側の収入は一定であるから、でき得る限り効率的に医療を提供しようとするインセンティブが生まれる。

アメリカの医療費はGDP比・国民1人当たりとも、世界最高になっている。医師人件費を中心とした医療財の価格の高騰と、高度な医療技術の多用が原因である。マネジドケアなどを通じた医療費の効率化策は進んでいるが、無保険者も多く、平均寿命や乳児死亡率などの健康指標は先進国中最低であるなど、アメリカの医療制度を参考にする際には、その長所と短所におおいに注意が必要である。

（4）社会福祉制度

福祉の分野においては、1996年の一連の福祉改革により、「福祉から雇用へ」が連邦政府の福祉政策の基本方針となっており、福祉受給者に対し就労を厳しく求める制度設計となっている。

❶公的扶助

日本の生活保護制度のような、連邦政府による包括的な公的扶助制度

はない。高齢者、障害者、児童など対象者の属性に応じて各制度が分立
し、また、州政府独自の制度も存在している。

　主要な制度には、州政府の制度に連邦政府が定額補助する制度である
子どものいる世帯に対する貧困家庭一時扶助（TANF：受給者約195万
人〔2022年〕）のほか、連邦政府の制度である高齢者・障害者向けの補
足的保障所得（SSI：受給者約757万人〔2022年〕）と栄養補給支援プロ
グラム（SNAP：受給者約4,119万人〔2022年〕）、また税額控除として
勤労所得税額控除（EITC）がある。

❷高齢者福祉

　アメリカでは、日本のような公的な介護保障制度は存在しない。その
ため、介護費用を負担するために資産を使い尽くして自己負担ができな
くなった場合に、初めてメディケイドがカバーするということになる。

　また、食事の宅配、入浴介助等、医療の範疇に入らない介護サービス
については、アメリカ高齢者法（Older Americans Act）によって、一
定のサービスに対する連邦政府等の補助が定められているが、この予算
規模は極めて小さいものとなっている。

　アメリカにおける高齢者介護サービスは、民間部門（営利企業や
NPO）の果たしている役割が大きいのが特徴である。

❸障害者福祉

　障害者に対する保健福祉サービスとしては、障害年金の給付や補足的
所得保障による現金給付、メディケア及びメディケイドによる医療保障
が中心である。また、障害保健福祉施策を総合的に提供する組織は存在
しない。

❹児童福祉

　児童及びその家庭に対する福祉施策としては、児童を養育する低所得
家庭を対象とする貧困家庭一時扶助のほか、児童虐待対策などが行われ
ている。また、児童扶養強制プログラムにより、養育を行っていない親
からの養育費徴収を行っている。なお、子どもを養育する全家庭を対象
とした児童手当制度は存在しない。

　保育サービスについては、国全体を通じた制度はなく、設置基準は各
州政府によって設定されており、連邦政府は州政府に対し助成を行って
いる。

6 社会保障の各分野の世界的潮流

（1）医療制度

　医療政策の動きとしては、医療の効率化と質の向上の追求が特徴的である。1970年代には、全体としての医療費の抑制が追求されてきたが、1980年代からは、質の向上を含めた医療サービス自体の効率化（費用対効果を高めること）が求められるようになっている。

　一方では、競争原理の導入、出来高払いから包括払いへの支払方式の変更、医療の標準化や情報化などの医療提供側のサービス提供行動の効率化が、他方では、自己負担率の引き上げ、介護サービスの充実、健康づくり施策の推進などによる患者側の受診行動の効率化策が、世界的にとられつつある。患者が満足でき、かつ安全な、質の高い医療が求められるようになってきている。

（2）年金制度

　年金政策の方向性としては、公私の役割分担と生涯現役時代の実現が大きな課題となっている。

　これまで、支給開始年齢の引き上げ、給付率の引き下げ、スライド方式の変更などにより、公的年金の給付水準の引き下げを図り、少子高齢化の中で年金財政を安定化させるための制度改革が進められてきている。同時に、公的年金の給付水準を引き下げた分を補う形で、企業年金や個人年金の制度を整備し、公私の年金の組み合せのもとに老後生活を保障しようとする政策が進められている。

　また、高齢者の労働市場からの引退と年金生活への移行を遅らせ、生涯現役時代を実現することが課題となっている。いっそうの支給開始年齢の引き上げなど年金制度における対応のほか、年功賃金や定年制など柔軟な雇用形態を阻害する慣行の改革などで、高齢者が働き続けるインセンティブを設ける仕組みが導入されつつある。

（3）社会福祉制度

　高齢者介護に関しては、個人のニーズに応じたサービスを、高齢者ができるだけ自宅や地域で暮らすことができるようコーディネートするとともに、公平かつ適切な個人負担を伴いつつ、効率的で安定した公的財源を確保した統合的なシステムを構築することが、現在各国での共通の課題となっている。わが国やドイツで導入されている介護保険制度は、

代表的なものであり、世界的にも注目されている。韓国でも導入されている。

児童福祉に関しては、職場と家庭の両立支援、子どものいる家庭や母子家庭への適切な生活支援、虐待や遺棄に対する児童の保護が世界的に課題になっている。これらはいずれも、単に出生率を向上させるための政策ではなく、家族構造の変化、家庭機能の低下に伴う、多様なニーズに的確に対応することを目的にしている。

障害者政策に関しては、障害の有無によって分け隔てられることなく共生する社会を実現するという考え方のもと、居住環境のバリアフリー化や雇用機会の均等などを通じた社会参加の支援と、介護などのコミュニティケアサービスを通じた生活の支援が進められている。

失業者や母子家庭、生活保護世帯の所得保障に関しては、教育訓練などの就労支援と所得保障とのリンクが積極的に追求されている。この流れは「福祉から雇用へ（Welfare to Work）」とよばれる動きである。教育訓練制度やソーシャルワークと連携した所得保障制度の設計などによ

〈図12－1〉諸外国の公的年金・医療制度

	日　本	アメリカ	イギリス	ドイツ	フランス	スウェーデン
年金	○国民皆年金 ○社会保険方式 ○国庫負担は、基礎年金の1/2	○被用者・自営業者は強制加入、無業者には適用なし ○社会保険方式 ○国庫負担なし（ただし、年金課税に対する税収を年金財政に繰り入れ）	○被用者・自営業者は強制加入、無業者は任意加入 ○社会保険方式 ○国庫負担は、保険料で不足する費用（原則なし）	○被用者は強制加入、自営業者（一部業種を除く）・無業者は任意加入 ○社会保険方式 ○国庫負担は、保険料で不足する費用（給付費の約4分の1）	○被用者・自営業者（一部業種を除く）は強制加入、無業者は任意加入 ○社会保険方式 ○保険料が6割強、その他、一般社会拠出金等	○被用者・自営業者は強制加入、無業者には適用なし（保証金は保障） ○社会保険方式 ○所得比例年金部分は全額保険料、保証年金部分は全額国庫負担
医療	○国民皆保険 ○社会保険方式 ○国庫負担あり	○公的医療保障は、高齢者・障害者、低所得者のみ ○メディケアは社会保険方式、国庫負担あり ○メディケイドは税方式により低所得者をカバー	○全国民を対象 ○保健サービス方式 ○税方式	○国民の9割を対象（自営業者・高所得者は任意加入） ○社会保険方式 ○若干の国庫負担あり	○全国民の99%を対象 ○社会保険方式 ○保険料が6割弱、その他一般社会拠出金等	○全国民を対象 ○保健サービス方式 ○税方式

年金

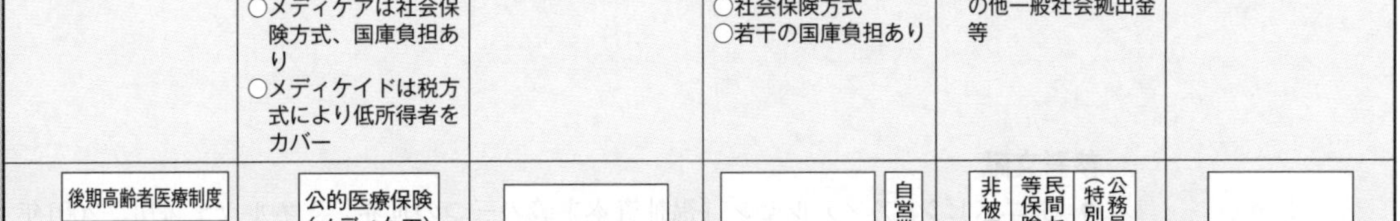

医療

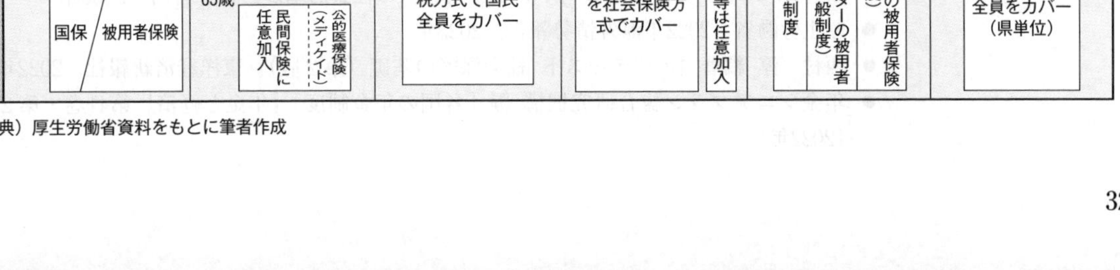

（出典）厚生労働省資料をもとに筆者作成

り、これらの人々が福祉の受給者から脱却し、自立し就労することを援助することが重要施策となっている。

　最後に、諸外国の公的年金・医療制度について、**図12－1**にまとめておく。

参考文献
- G. エスピン-アンデルセン『福祉資本主義の三つの世界』ミネルヴァ書房、2001年
- G. エスピン-アンデルセン『ポスト工業経済の社会的基礎』桜井書店、2000年
- 厚生労働省『2022年海外情勢報告』2023年
- 西村　淳 編著『入門テキスト 社会保障の基礎（第2版）』東洋経済新報社、2022年
- 年金シニアプラン総合研究機構 編「各国の年金制度」『年金と経済』第41巻・第2号（2022年）

さくいん

330

担当編集委員

みやもと　たろう
宮本　太郎（中央大学教授）

にしむら　じゅん
西村　淳（神奈川県立保健福祉大学教授）

執筆者 (執筆順)

たけがわ　しょうご
武川　正吾（明治学院大学教授）
第1章 第1節・第2節

みやもと　たろう
宮本　太郎（中央大学教授）
第1章 第3節

おの　たいいち
小野　太一（政策研究大学院大学教授）
第2章
第4章

うの　ひろし
宇野　裕（NPO法人日本介護経営学会理事）
第3章

ほった　かずよし
堀田　一吉（慶應義塾大学教授）
第5章

かわくぼ　ひろし
川久保　寛（北海道大学准教授）
第6章

にしむら　じゅん
西村　淳（神奈川県立保健福祉大学教授）
第7章
第8章
第12章

きたおか　だいすけ
北岡　大介（東洋大学准教授）
第9章

よしなか　としこ
吉中　季子（神奈川県立保健福祉大学准教授）
第10章

てらだ　まこと
寺田　誠（神奈川県立保健福祉大学講師）
第11章

※執筆者の所属・肩書は、令和5年11月30日現在のものです。

社会福祉学習双書2024
第6巻
社会保障

発　行	2021 年 2 月26日　初版第 1 刷
	2022 年 2 月25日　改訂第 1 版第 1 刷
	2022 年 9 月 8 日　改訂第 1 版第 2 刷
	2023 年 2 月28日　改訂第 2 版第 1 刷
	2024 年 2 月28日　改訂第 3 版第 1 刷

編　集　『社会福祉学習双書』編集委員会

発行者　笹尾　勝

発行所　社会福祉法人　全国社会福祉協議会

〒100-8980 東京都千代田区霞が関3-3-2 新霞が関ビル
電話 03-3581-9511　　振替 00160-5-38440

定　価　2,970円（本体2,700円＋税10%）

印刷所　共同印刷株式会社　　　　　　　　　　禁複製

ISBN978-4-7935-1447-0 C0336 ¥2700E